Dieses vorliegende Buch ist Teil der Buchreihe „Einweihungen", in welcher ich über die mir gegebene Gabe der Kommunikation mit feinstofflichen Energien das Bewusstsein für die geistigen Welten erwecken und die Kommunikation mit ihnen fördern möchte.

Dieses Buch ist deiner Seele gewidmet.

Mögen diese Botschaften uns lange überdauern
und bis in alle Ewigkeit in unseren Seelen klingen.

Impressum

© 2022 by Silverline Publishing
Herstellung: BoD – Books on Demand
Cover- und Buchgestaltung: Anja Jakob; www.ey-jay.com
Lektorat: Birgit Groll, Benediktbeuern; www.birgit-groll-coaching.de
Grafik Stockerpoint

ISBN: 978-9962-702 25-2

Kontaktinfo Sylvia Leifheit
www.sylvialeifheit.de
contact@silverline-publishing.com

Bücher aus der Silverline Publishing gibt es in jeder Buchhandlung
und in den bekannten Online-Shops.

Geliebter Mensch,
geliebte Seele,

*Band 4 der ewigen Antworten aus dem Kosmos habe
ich der Weisheit König Salomons gewidmet, weil er
mir mehrfach schon so hilfreich und pragmatisch zur
Seite stand. Seine Art, das Leben zu betrachten, seine
weisen Impulse, die Hürden des Lebens zu meistern,
all das will ich mit diesem Buch teilen und gleichzeitig auch vor dem Vergessen schützen.*
*Die Seele, die als König Salomon ihre letzte Inkar-
nation erfuhr, war anders als so viele andere Menschen mit derartiger Macht. Und das macht ihn noch
mehr zu einem König des Lebens. Doch seine Weisheit hatte Lehrer. Das Geheimnis, wer sie waren und
wie sie lehrten ist nicht die einzige, aber vielleicht
überraschendste Erkenntnis aus diesem Buch.*
*Lass dich einweihen in ihr Wissen und seine Erfah-
rungen, wie er dieses Wissen lebendig gemacht hat.*

*Sei bereit, das Leben mit anderen Sinnen wahrzuneh-
men, und dafür alle deine Glaubensmuster über Bord
zu werfen, dann bist du bereit für diese Einweihung.*

Danke.
Liebe.

∞

Inhaltsverzeichnis

I. Intro

II. Salomon's Vermächtnis

III. Die 100 Lebensformeln Salomon's

V. Epilog

∞

8

„Bewusstsein und Liebe sind feinstoffliche Elemente
wie Feuer, Wasser, Luft und Erde Elemente unseres Planeten sind.“

Sylvia Leifheit

Einleitung

Das Leben ist dazu da, in Freude schöne Erfahrungen zu machen und im besten Fall nur Liebe zu geben. Jedes andere Gefühl, das nicht mit Liebe unterstrichen ist, und jede Tat, die nicht aus einem liebenden Herzen entsteht, ist nicht im Einklang mit dem Kosmos und wird Resonanzen hervorrufen, die sich vielleicht in Krankheit oder anderen negativen Erfahrungen widerspiegeln werden.

Tatsache aber ist, dass es keinen Grund gibt, nicht im Einklang mit den Gesetzen zu handeln. Nicht einmal das Vergessen, das mit der Wahrnehmungsveränderung im Inkarnationsprozess einhergeht, darf die Verantwortung von uns nehmen - im Gegenteil. Jeder Mensch ist für sich selbst und seine Taten verantwortlich. Also muss auch jeder Mensch in dieser Eigenverantwortung den Prozess der Erkenntnis und damit der Reinigung ganz alleine durchwandern. Niemand kann ihm das abnehmen.

Lediglich um kosmische Hilfe können wir bitten, doch auch diese kann nur dort wirken, wo wir wirklich dazu bereit sind.

*

Über die Vermittlerin

Seit meiner frühen Kindheit bereise ich andere Welten. Wenn ich aus meinem Körper „heraustrat", war das oft verbunden mit dem Gefühl, als würde man mir einen Panzer abnehmen. Ich fühlte mich federleicht und frei von allen Zwängen des weltlichen Seins. Kehrte ich dann wieder zurück, fühlte es sich an, als würden mir tausend Tonnen schweres Blei um den ganzen Körper gelegt werden und alles wurde beklemmend und unangenehm heiß. Schon früh begann ich die Erlebnisse in den anderen Wahrnehmungswelten aufzuzeichnen.

Doch im Laufe der Jahre wuchs der Druck der „Armee Menschheit", wie ich sie nenne, mich doch den Regeln und Gesetzen des irdischen Seins anpassen zu sollen. Eingebunden in feste Strukturen fügte ich mich dem, und mit jedem Tag, an dem ich meine Gedankenfreiheit aufgab, verschwand meine Fähigkeit des Bereisens anderer Bewusstseinsebenen.
Bis ich sie fast vergessen hatte.

Doch eines Tages, inmitten einer ganz normalen Nacht, erinnerte sich meine Seele wieder an den Zustand der Freiheit. Das Tor wurde wieder geöffnet und ich schwor mir, von nun an nie wieder die Wahrnehmung der Getrenntheit, die die Menschen leben, als meine eigene Wahrnehmung zu akzeptieren.

In meiner Wahrnehmung gab es nie eine Trennung zwischen den Menschen und den feinstofflichen Energien. Im Gegenteil. Die Menschen kamen mir immer wie die Schüler einer Vorschule vor, die auf ihre sehr unbewusste und vernebelte Art versuchten, die Welt zu beherrschen, dabei jedoch noch nicht einmal das ABC konnten. Dementsprechend missverständlich betrachteten sie meine Art zu denken und zu handeln - bis ich es aufgab, die Gedanken zu teilen. Die Lieblosigkeit der Menschen ist vielfältig und ich hatte schlicht und ergreifend keine Lust mehr, sie zu provozieren. Also tat ich einerseits so, also sei ich Teil der „nie hinterfragenden und immer nur alles ausführenden Armee Menschheit" und andererseits erweiterte ich meine Gabe von Jahr zu Jahr immer mehr.

So lebte ich in dauerhafter Kommunikation mit Elfen, Zwergen, Engeln, Meistern, Lehrern, Schutzgeistern, Verstorbenen, hohen Energien aus Ebenen, die keinerlei Form mehr kennen - und so vielen mehr. Sie waren und sind Teil des Ganzen - wie wir alle Teil eines Ganzen sind.

Eine mich immer begleitende Kraft ist meine Neugier. Und vor allem ist es die Neugier, den Kosmos zu „verstehen". Wie eine feinstoffliche Wissenschaftlerin nutze ich meine Gabe der Kommunikation mit feinstofflichen Energien, um von ihnen Wissen zu erfahren. Nichts was ich jemals geschrieben habe oder schreiben werde, habe ich in anderen Büchern gefunden. Die Suche dort nach Antworten habe ich sehr schnell aufgegeben, da ich niemals eine derartige Vielfalt an Erklärungen für die wirkliche Ganzheit fand, wie ich sie erfuhr, wenn ich mit den feinstofflichen Energien Kontakt aufnahm.

Der Weg ist das Ziel und so hat mich der Forschergeist in mir immer weiter und weiter geformt, bis ich eines Tages vor dem Medium Joao de Deus stand, weil ich selbst aus den feinstofflichen Welten bis dato keine Antwort bezüglich meiner immer schwächer werdenden Augen finden konnte. Also hoffte ich, dass mir dort geholfen würde. Das wurde es, doch wie ich jetzt weiß, waren meine Augen nur ein Anker in eine Richtung, die ES in mir leben wollte. Denn ziemlich gegen Ende meiner ersten Reise zu Joao und den Wesenheiten sprach die Wesenheit aus ihm: „Du wirst eine Gabe entwickeln."

Für den Leser dieser Zeilen mag das nicht sehr „besonders" klingen, doch für mich bedeutete dieser eine kleine Satz die Welt. Denn ich wusste, es gibt jemanden, der meine Fähigkeit erkannte und mich sogar auch noch darin bestätigte. Ich fühlte mich wie ein Kind, das sich schon damit abgefunden hatte, immer alleine mit sich auf der Welt zu sein und das nun von jemandem an die Hand genommen wurde, der ohne Worte genau wusste, was des Rätsels Lösung war. Deshalb war dies nicht nur irgendein Satz für mich, sondern die Bestätigung, wieder mehr zu dieser Fähigkeit zu stehen und sie noch deutlicher zu leben.

Von da an veränderte sich meine innere Haltung mit jedem Schritt und jeder Antwort aus der geistigen Welt. Ich entwickelte mich zu einem Menschen, der die Verbindung mit allem bewusst erfährt und lebt und in dauernder Kommunikation mit anderen Ebenen und deren Energieformen steht.

Und damit war der Startschuss gegeben, das erste Buch mit dem bis damals erfahrenen Wissen zu veröffentlichen. Das 1x1 des Seins fasst dieses Wissen zusammen und soll so einen ersten Einblick in die Ewigkeit geben, wie sie sich meinem forschenden Geist, seit ich denken kann, offenbart. Jeder, der sich für das Wieso, Weshalb, Warum des Kosmos interessiert, findet dort erste Antworten.

Die Gabe hat sich weiter entfaltet. Ich kommuniziere mit Verstorbenen, mit Wesenheiten aus unterschiedlichen Ebenen und mit Tieren. Alles, was durch Bewusstsein belebt wird, trägt Informationen, die, wenn es erlaubt ist, gelesen werden können.

Um den Leserinnen und Lesern dieses Buches eine kleine Grundlage mit auf den Weg zu geben, will ich eine kleine Einführung in die kosmischen Gesetze geben, wie ich sie von den Wesenheiten der anderen Ebenen gelehrt bekommen habe. Das kann helfen, die kommenden Kommunikationen mit den Wesenheiten besser zu verstehen und einzuordnen. Daher bitte ich, dies vor den Botschaften dieses Buches sorgfältig zu lesen.

1. Ein bestimmter Teil des kosmischen Wissens erreicht die Menschen immer nur zu einer bestimmten irdischen Zeit. Das hat kosmisch-energetische Ursachen.

2. Wissen ist Verantwortung. Verändern sich die kosmisch-energetischen Umstände, so verändert sich die Wahrnehmung der Menschen und damit ihr Bewusstsein. Dies geht eng einher mit der Verantwortung, die es zur Umsetzung des erlangten Wissens in der Materie bedarf. Je bewusster ein Wesen, umso verantwortungs- und respektvoller sein Umgang.

3. Der menschliche Organismus unterliegt Naturgesetzen, doch auch diese unterliegen in der Fortführung den kosmisch-energetischen Gesetzen. Diese Gesetzmäßigkeiten sind dafür verantwortlich, welches Wissen die Menschen erreicht haben und wie sie es »übersetzen«, verstehen und aufnehmen. Der Mensch wirkt also als Filter, durch den diese Energien in Form von Wissen fließen können. Die Bildung des Betrachters, des Filters Mensch, ist zusätzlich entscheidend dafür, wie das eintreffende Wissen dann gedeutet, formuliert und ver-

standen wird. Aus diesem Grund sind beispielsweise unsere bisherigen Naturwissenschaften keine Wissenschaften der Natur, sondern Wissenschaften der menschlichen Interpretation der Natur.

4. Die Dimensionalität eines Planeten erschafft die Wahrnehmungsmöglichkeiten der Wesen, die auf ihm leben. Unsere dreidimensionale Wahrnehmung gibt die Grenzen vor, in denen das Wissen verstanden werden kann. Ein anderer Planet schafft andere Voraussetzungen. Auch andere Körperlichkeiten können andere Sinne hervorbringen und somit dieselbe Information ganz anders wahrnehmen. Vierdimensionalität lässt vierdimensional wahrnehmen usw.

5. Alles, was du aus der Vergangenheit an Wissen irgendwo niedergeschrieben findest, galt für die damalige Zeit und das damalige Bewusstsein, für den »Filter« dieses Menschen und der Gesellschaft, für die Bildung und das Glaubenssystem, in die dieser Mensch eingebunden war.

6. Deshalb bewahre dir immer die Offenheit und die Neugier, dieses alte Wissen nicht als das einzig Geltende und Richtige anzuerkennen, sondern achte auf die Interpretationen der damaligen Zeit. Und solltest du Impulse haben, bestimmte Dinge anders zu sehen, dann gehe ihnen nach und gib ihnen Raum.

7. Denn das Wissen des Universums ist so allumfassend, dass wir immer nur ein Stück von ihm verstehen und auch wirklich aufnehmen können. Das bisher kommunizierte Wissen ist ein Teil davon, doch das, was du heute empfängst, ist ein weiterer Teil, eine weitere Stufe.

∞

8. Es gibt keine Grenzen, und alles ist möglich – nur allein mit dem Bewusstsein. Das Bewusstsein ist ins Unendliche erweiterbar und dehnbar.

9. Die Energie in uns nutzt die unterschiedlichen Ausdrucksformen der Materie, um das Bewusstsein zu formen und über die Körperlichkeit das Wissen zu erfahren. Das Bewusstsein ist dabei der Schlüssel, wie die Erfahrungen aufgenommen, verarbeitet und verstanden werden.

10. Nur die Bewusstwerdung allen Seins in allen Formen, in allen Möglichkeiten und Frequenzbereichen bedeutet, die Ganzheit des Seins zu erfahren. Es gilt nicht nur, zu wissen, sondern das Wissen zu werden. Dann BIST du ganz, weil dein Bewusstsein alles Sein durchdringt.

Meine Gabe ist es, Energien so stark zu „fühlen", als seien sie Teil meines Körpers. Jeder noch so kleine Muskel wird dabei durch diese feinstofflichen Energien gelenkt. Ich habe im Laufe der Zeit durch viele Übungen einen Weg gefunden, das Wissen dieser Energien so zu kanalisieren, dass es für uns verständlich wird.Dabei begebe ich mich in einen meditativen Zustand, vollziehe bestimmte Regeln des Schutzes und dann lasse ich die jeweils erfühlte Energie durch die Bewegung meiner Muskeln schreiben. Im wahrsten Sinne des Wortes schreiben sich die Buchstaben einer nach dem anderen von Geisterhand. Nie weiß ich, wenn der erste Buchstabe sich schreibt, welches Wort sich schließlich formen will. Dies fordert meine vollste Hingabe und Konzentration, doch ist dieser meditative Zustand gleichzeitig sehr entspannend und gibt mir unendlich viel Kraft. Die kosmische Energie, die dabei ungebremst durch mich fließt, nimmt mir keine Kraft sondern erfüllt mich ausschließlich mit einem sehr weiten, unendlichen Gefühl an Liebe und Vertrauen.

Die Antworten des Kosmos fließen sehr schnell im Vergleich zu unseren menschlichen Abläufen, sodass ich im Laufe der Zeit diese Art des „Schreiben lassens" etwas verfeinern wollte und einen Weg fand, der nicht mehr an das Schreiben auf Papier gebunden ist, sondern die Hand in der Stellung eines bestimmten Mudras ohne Stift bewegen läßt.

Ich befinde mich während der Gespräche in einer anderen Wahrnehmung, die derjenigen ähnlich ist, wenn wir träumen. Das hat „leider" zur Folge, dass ich mir keine der Antworten merken kann. Und da sich die Botschaften nun nicht mehr auf Papier schreiben, spreche ich das, was sich schreibt, gleichzeitig laut aus und lasse dabei immer ein Band laufen. Das ermöglicht, dass ich einerseits jede einzelne Antwort wortgenau festhalten kann und gleichzeitig ermöglicht es eine vielfachere Geschwindigkeit. als die, wenn die Botschaften sich über einen Stift und der möglichen Bewegung auf dem Papier festhalten würden. Du liest daher den direkten Dialog, genau so wie er sich schrieb. Die Energien/Wesenheiten, die ich dabei kontaktiere, nutzen meinen Wortschatz und mein Wissen, um die Antworten zu schreiben. Es ist, wie den Finger in ein Meer aus Informationen zu halten aber nur mit meinen Messgeräten diese dann verständlich für die Menschen aufzubereiten.

Ich werde und darf die Antworten der Wesenheiten niemals verändern, da ich als Kanal diene und nicht als wertender Filter. Das eine oder andere Mal mag es etwas ungewohnt sein, einen mündlichen Dialog zu lesen, doch es vermittelt gleichzeitig auch ein Gefühl für das jeweilige Wesen.

Jede Antwort formt meine weiteren Fragen. Ich setze unbewusst das Wissen aus all den vorherigen Antworten voraus, daher ist es in jedem Fall ratsam, dass ihr die anderen Werke auch einmal gelesen habt.

Außerdem beanspruche ich auf keinen Fall, dass das, was ich auf diesem Weg erfahre, die einzig richtige Beschreibung des Unsichtbaren sein soll. Es ist MEIN Zugang, meine Gabe, aus meiner Perspektive und meinem Kraftpotential. All dies wandelt stets. Daher ist das hier festgehaltene in jedem Fall „nur" eine Momentaufnahme meiner Wahrnehmung in diesem Leben, durch diesen Körper, in dieser Kraft

∞

meiner Seele. Sicher gibt es noch viele andere wunderbare Seelen, die ähnlich wahrnehmen - oder auch nicht. Das ist wertfrei und sollte es in jeder Richtung bleiben. Auch ich bewahre mir diese Offenheit, um weiter wachsen und dehnen zu können. Dennoch teile ich sehr gerne diese Momentaufnahme der Erkenntnis mit euch.

Kein Mensch und auch keine Wesenheit ist allwisswend, doch schenken sie uns in diesen Dialogen gerne ihre Art der Wahrnehmung. Die Durchsagen fordern daher von den Lesern auch eine gewisse Bereitschaft, die alten Formen unseres Glaubens in Frage zu stellen und einmal aus einer anderen Perspektive zu betrachten.

Ich wünsche dir viele erweiternde Erkenntnisse und vielleicht auch die Antworten auf schon lange unbeantwortete Fragen. Wenn du wirklich bereit bist und dich öffnest, wirst du sie hier finden!

Sylvia

PS: Vor jeder Session beginne ich mit den Worten:

„Ich bin bereit, ich vertraue. Ich bitte um die Erlaubnis, den Schutz und die Verbindung mit ... in diesem Buch: Freund der Indianer."

Ich rate auch Dir, diese Worte immer zu sprechen, wenn Du Dich mit diesem Buch beschäftigst. Es ist Erlaubnis, Schutz und Führung zugleich.

∞

20

Intro

Einführung - Die Leben

Liebster König Salomon, ich freue mich sehr, dass wir endlich dieses Buch beginnen. Es ist ein schöner Tag, es ist ein gutes Jahr, wir haben Maria Lichtmess und heute ist die Energie wieder ganz auf der Erde, stark genug, um in Kontakt mit anderen Ebenen und Wesenheiten zu kommen und mit ihnen zu kommunizieren. Lass uns dieses Werk beginnen nach all der Zeit, die wir schon Kontakt haben, und lass mich bitte damit beginnen, dich über deine Leben oder dein letztes Leben zu befragen, wie auch immer du möchtest. Wenn du beginnen möchtest, dann bitte sprich.

Eine große Freude ist in mir, dass wir dieses Werk nun erschaffen. Weise Sprüche gibt es auf der Erde genügend, doch die Beschreibung der weltlichen Problematiken, die das Leben mit sich bringt, befinden sich viel zu wenige noch auf der Erde. Ich möchte dies ändern und mit diesem Werk die Unterstützung bieten, die weit mehr noch wirkt als meine Aktivitäten zu meiner Lebenszeit. Wenn du Dinge abfragen möchtest, dann bitte tu dies, ansonsten möchte ich gerne die unterschiedlichen Themen besprechen.

Ja, so werden wir es tun. Ich werde dich reden lassen und das eine oder andere Mal werde ich vielleicht noch die eine oder andere Rückfrage haben.

Gerne.

Liebster König Salomon, meine erste Frage ist: Kannst du mir einen kleinen Einblick geben in das Leben, in dem du König Salomon warst? War das dein letztes Leben auf dieser Erde?

Ja.

Das heißt, du bist danach nicht mehr inkarniert?

Nein.

Und hattest du davor andere Leben?

Ja.

Viele?

Ja. Die vielen Leben haben mich sehr viel gelehrt.

Magst du über ein bestimmtes Leben oder über mehrere Leben - ganz wie du möchtest - vor dieser Zeit als König Salomon berichten?

Ja.

Dann bitte beginne.

Das weiseste Leben war tatsächlich die Zeit als König, weil ich die Möglichkeiten hatte, die Weisheit auch wirklich zu leben. Aber die lehrreichste Zeit als Mensch war die, als wirklich armer und sehr beschränkter, im Sinne von materiellen Möglichkeiten, Mensch. Du weißt, wie sehr die Seele das

Leben nutzen will, um zu lernen und die Kraft des Kosmos zu reinigen und zu beschleunigen. Aber wenn die materiellen Zwänge dies weitestgehend blockieren, dann ist die Herausforderung größer und die Erkenntnis deshalb auch. In einem warmen Meer lebst du nur faul vor dich hin, in einem kalten musst du schwimmen.

Hmm. Okay, dann magst du mir noch ein bisschen berichten von diesem anderen Leben? Was genau hast du erlebt, was hat dich so bereichert?

Bereichert hatte mich vor allem die über die menschliche Verbindung vonstattengehende Unterstützung. Menschen können in extremen Situationen sehr hilfreich sein und diese Hilfe kann dein Leben so verwandeln wie eine bewusstseinserweiternde Erfahrung. Damals hatte ich kein Wasser, um zu überleben und die Menschen des Dorfes brachten mir das Wasser als ich die Krankheit eines menschlichen Virus hatte. Diese Tat rührte mich so sehr, dass ich in mir erkannte, wie wertvoll das Miteinander im Kosmos ist. Das alleinige Wirken bringt dann etwas, wenn man eine Gabe in sich entdeckt und entfaltet, dann lebt man dieses Geschenk, aber solange man das pure Überleben als Aufgabe hat, wird das menschliche Miteinander das Wichtigste für die Seele. Dort kann viel Erkenntnis erworben werden.

Bitte berichte weiter. Gab es weitere Momente, die dein Bewusstsein bewegt haben?

Ja, das gab es. Zu Tausenden, Sylvia.

∞

Bitte berichte mir, was immer du möchtest, was immer du verewigt haben möchtest.

Die besonderen Begegnungen ... Menschen, die einander lieben, waren für mich auch immer sehr bereichernd, denn Liebe hat so viele Gesichter, so unendlich viele Gesichter. Die Liebe zwischen Mann und Frau, die Liebe zwischen den Geschwistern, die Liebe zwischen den Kindern zu ihren Eltern, die Liebe zu dem Kind, die Liebe zwischen Freunden, die Liebe zwischen Gleichgeschlechtlichen, die Liebe zu Tieren, die Liebe zu Pflanzen ... Alle Liebe zu erfahren war mein oberstes Ziel. Wenn ich lebens-traurig war, dann war es nur die Liebe, die mir wieder Kraft gegeben hatte.
Ein besonderes Erlebnis dazu war die Begegnung mit einem der Schöpfer.

Ui .... Wann, wie, wo .... bitte berichte Genaueres.

Die Begegnung mit dem Schöpfer war mir des Nachts in der Zeit des Lebens als König Salomon geschenkt. Das warme Wetter erlaubte, dass ich die Vorhänge weit offen lassen konnte. Mitten in der dunklen Nacht des Sommers begab ich mich auf den Balkon vor meinem Zimmer. Als ich den Himmel beobachtete, vernahm ich die Stimme eines Wesens, das ich aber nicht sehen konnte.

Wie ... du warst bewusst, du warst wach und hast eine Stimme gehört?

Ja.

Bitte berichte weiter.

Die Stimme begann zu rufen, wie du die Menschen rufst. Weit weg und doch so nah. Weitere Stimmen kamen hinzu. Sie alle begannen zu sprechen wie, als wenn du in einem Saal die Menschen reden hörst aber einzeln. Also waren es verschiedene Stimmen, die alle nacheinander redeten.

Mhm. Und was hast du erfahren?

Verschiedenes.

Bitte berichte. Bitte beginne.

Manche sprachen allgemein über das Leben, andere sprachen über den Kosmos.

Aber ... König Salomon kannst du mir ein bisschen mehr Details geben, bitte?

Ja. Das Wichtigste, was ich übermittelt bekommen habe, war, **dass die Kraft des Menschen sein Schicksal bestimmt. Die Kraft der Seele in diesem Menschen.**
Wenn eine Seele wenig Kraft hat, so kann sie sich im Körper auch nicht kraftvoll ausdrücken. Das wiederum bedeutet vielerlei andere komplexe Umstände. Dann sprachen die Stimmen zu mir, wenn **die Liebe den Weg des Menschen bereitet, so wird er diese Kraft in sich aufsaugen und diese Seele wird diese Kraft behalten.**

∞

Okay ... ich denke, wir kommen zu diesen Weisheiten oder zu diesen Informationen später noch, oder? Du kannst sie ja immer wieder auch benennen, denn du hast sie wahrscheinlich auch gelebt ...

Genau. Sie sind von mir aufgezeichnet worden und ich habe sie dann gelebt, umgesetzt, wann immer ich konnte.

Gibt es diese Aufzeichnungen noch?

Nein.

Aber es gibt Aufzeichnungen von dir. Es gibt Schriften.

Aber diese sind nicht meine Aufzeichnungen.

Könnte man deine Aufzeichnungen noch finden? Nein, gell ... die sind verwittert.

Ja.

Okay liebster König Salomon, lass uns später tiefer in diese wunderschönen Weisheiten, diese Energien hineingehen ... aber hast du denn jemals erfahren, wer sie waren?

Ja.

Bitte berichte.

Die Menschenfreunde ...

Wie genau meinst du das?

Die Schöpfer der Menschen, Sylvia. Weißt du nicht ihren Namen?

Doch. Du aber auch.
Ich möchte es von dir hören.

Die Sira.

Ah, okay, also du hast erfahren, dass du mit den Sira sprichst, aber du hast sie nicht gleich gesehen.

Genau.

Schade eigentlich, gell?

Ich habe sie gesehen, aber erst an einem anderen Tag ... später in meinem Leben. Nicht in dem Moment, den ich dir gerade berichtet habe.

Ach so. Verstehe! Das heißt, sie haben sich dir gezeigt?

Ja.

Oh, das ist spannend. Wie?

Durch die Dunkelheit der Nacht war plötzlich eine Gestalt vor mir, die sehr groß und sehr hell schien, wie die Figuren einer Heiligen Messe. Doch weniger fleischlich und dennoch

*Fleisch, wirklich unbeschreiblich schön. Dieses Wesen über-
brachte mir die Dankbarkeit des Volkes der Sira, indem es
mir die Begegnung schenkte.*

Wow. Wie alt warst du da?

Einundvierzig.

Und da hattest du schon wie lange mit ihnen Kontakt?

Sehr lange.

Sag mir ... Zehn Jahre, zwanzig Jahre?

Mehrere Jahre, ich weiß nicht mehr genau die Anzahl.

Wow ... und habt ihr euch umarmt oder so was?

*Ja, wir haben uns umarmt. Dieses Wesen war sehr, sehr kraft-
voll und sehr liebevoll. Aber es war kein feinstoffliches Wesen,
es war stofflich.*

Wow, das ist spannend,

*Die Sira haben die Menschen erschaffen. Alles andere war
Märchen und wird es auch auf ewig bleiben. Der kosmische
Schöpfer war die Quelle, aber keineswegs eine Rasse wie die
Sira. Daher betete ich die Sira als meine Schöpfer an und
nicht weiße feinstoffliche Kräfte.*

∞

Also ich fasse zusammen: Du hast die Sira kennen gelernt und sie haben dir Tipps gegeben, wenn sie auf deinem Balkon erschienen sind. Du hast sie also nicht im Schlaf gesehen?

Nein.

Hattest du auch irgendwelche Begegnungen im Schlaf?

Nein. Meist war meine Konversation mit den Sira meine Bereicherung an Wissen, Weisheit und Kraft.

Wow. Okay, du hast also nur einen Sira sehen können. Hatte er Kleider an?

Ja, natürlich.

Wie sahen die aus?

Weich, bis zum Boden fließend, weiß.

War es ein Anzug?

Nein.

Ein Kleid?

Ja, so eine Art wie sie die Bewohner von Wüstenländern tragen.

Ach, diese weißen Kaftans?

∞

Ja.

Ach. Das würde mich eh einmal interessieren, wer die erfunden hat, aber das muss ich separat rauskriegen.
Wie sah das Gesicht aus?

Wie ein Mensch, doch feiner.

Ach.

Wie eine feinste körperliche Schablone eines Menschen, verstehst du? Wir sind die Kombination aus dem Element, das in den Affen zu finden war, um seine Werkzeuge der Hände und Füße zu nutzen, und wir sind die Komponenten der Sira miteinander verbunden.

Wow, dann wird das jetzt auch ein Buch über das Wissen der Sira?

Mhm.

Mich interessiert ehrlich gesagt noch, ob er eine Kopfbedeckung hatte?

Nein.

Wie waren die Haare?

Weiß.

Ach, war er alt?

∞

Nein.

Und trotzdem weiße Haare? Volles Haar?

Ja.

Hmm, spannend. Schuhe?

Ja.

Männlich?

Ja.

Und du hast diese Stimmen immer nachts gehört?

Ja.

Hast du überhaupt nichts gesehen?

Nein, wirklich, gar nichts.

Und wie lange gingen diese Konversationen immer?

Manchmal lange, manchmal kurz.

Ach, aber du hattest doch sicher Begleiterinnen oder eine Begleiterin in deinem Bett. Was hat die dazu gesagt?

Wenn ich mit diesen Freunden sprach, war ich ganz alleine.

Okay, das ist wirklich sehr eindrucksvoll.

Lieber Salomon, bitte berichte mir weiter bezüglich deiner besonderen Begegnungen. Du hast vorhin gesagt, am meisten gelernt als Mensch oder als Seele hattest du aber auch über die Erfahrungen in anderen Leben. Magst du dort noch einmal hinschauen? Gab es noch andere außergewöhnliche Begegnungen?

Das gab es natürlich, viele. Die Kraft, die ich bekam über das Erkennen des Mitgefühls, wenn wirklich Leben auf dem Spiel stand. Diese Erkenntnis war auch sehr bewegend für mich. Wenn Menschen geopfert werden sollten und ich dies unterbrach, rettete ich ein Leben und dies war so ergreifend, dass ich jedes Mal weinen musste.

Berichte mir, wann war das?

In einem anderen Dasein, weit vor der salomonischen Zeit. Damals war ich Richter in einem Hause, das sehr grausam war, und wenn die Inhaber das Wirken dieses Menschen nicht mochten, dann verurteilten sie ihn. Ich aber konnte über meine Fähigkeit, die Menschen miteinander zu verbinden, in Kommunikation und Diskussion dies ab und zu abwenden. Und jedes Mal wenn dies geschah, war ich erfüllt von Liebe und Kraft.

Hmm ... das kann ich mir vorstellen.

Wie als würde die Dankbarkeit dieser Menschen mich kräftigen.

Hm, das ist spannend, darüber hab ich auch schon einmal nachgedacht - ob es vielleicht eine Art „Währung" in Form von Dankbarkeit anderer Menschen gibt, die die Seele so bereichert, dass man Kraft ansammelt, die ja die eigentliche Währung, die Energiewährung ist, im Kosmos.

Ja, damit hast du recht, dies habe ich erlebt.

Hmm, bitte berichte weiter.

Dann war ein anderes Leben, das ich erleben durfte, in dem die Kraft des Wirkens als Priester auch sehr bereichernd war. Denn ich betete damals sehr viel, aber ich wusste gar nicht so richtig wohin. Diese Frage beschäftigte mich so sehr, dass ich das Wirken als Priester mühsam fand. Doch dann war die Liebe meine Heilung. Weil ich das Leben als Mönch nur ohne Genuss an den körperlichen Freuden und der Berührung kannte, war das Brechen dieser Regel, das Brechen des Priestertums meine wirkliche Heilung und ich erkannte das, was ich immer in all dem Beten und Bitten suchte nur die menschliche Zuneigung war. Liebe fühlen, Lieben fühlen. Alles, was das menschliche Sein heilen kann, ist so einfach in diesen beiden Worten zusammengefasst. Damals war dieses Leben sehr intensiv, denn das Brechen des Priestertums wie auch das Lieben aus tiefstem Herzen und das Fühlen als das größte Geschenk des Seins zu erfahren, waren Gegensätze, die mich damals extrem bereicherten.

Bist du damals glücklich aus diesem Leben gegangen?

∞

Ja.

Schön. Kann man sagen, dass deine Seele immer schon auf der Suche war nach etwas Tieferem, etwas Höherem?

Ja, manchmal mehr, manchmal weniger.

Möchtest du noch von einem anderen Leben berichten?

Ja.

Dann bitte tu das.

Das Leben, in dem ich die Menschen gar nicht mochte, war, als ich als ein behindertes Wesen auf die Welt kam. Damals bekam ich keinerlei Leibesberührungen doch viel Hohn und Spott. Diese Erfahrung brachte meiner Seele sehr viel Traurigkeit.

Kannst du mir erklären, wie das passieren konnte? Weißt du die Gesetze dahinter, warum eine Seele in einem Körper landet, der ihr diese Erfahrung bringt?

Nein.

Okay. Dazu sollte ich besser Freund der Indianer und die anderen befragen?

Ja.

Also das war ein Leben, in dem du wahrscheinlich sehr viel Kraft verloren hast?

Genau. Dieses Leben war sehr, sehr traurig, sehr traurig, Sylvia.

Meine Güte, ja, ich fühle die Erinnerung und sie kommuniziert mir auch die Traurigkeit. Magst du noch etwas über dieses Leben sagen?

Nein.

Kann man pauschal sagen, du hast in diesem Leben sehr viel Energie verloren?

Ja.

Und wie hast du sie dann wiedergefunden?

In dem Leben danach über die Priesterschaft und die Erfahrung der Liebe danach.

Ich verstehe. Das heißt, du bist, nachdem du mit diesem kaputten Körper geboren warst und gestorben bist, als Priester wiedergeboren worden?

Ja.

Hm. Bist du auch einmal als Frau dagewesen?

Ja, natürlich, das war ich.

∞

Und?

Das war ich gerne.

Weil?

Weil die Lebensart so anders war, so viel anziehender.

Was meinst du mit „anziehender"?

Wenn Frauen sich schmücken, dann ziehen sie sich an und beleben die Kreativität des Make-up, Kopfbedeckungen, Haare schmücken usw. Verstehst du?

Ja, jetzt versteh ich es. Also du sprichst davon, wie sie sich schmücken konnten, wie sie sich kleiden konnten.

Genau.

Und was ist mit der Thematik, dass man als Frau Kinder bekommen kann?

Wirklich bereichernd war die Erfahrung des Belebens eines Körpers für mich nicht so. Ich genoss lieber den Moment des Schmückens und das viele Reden mit den Frauen und Austauschen und Sein. Als Mann auf der Erde muss man in einer anderen Haltung sein: kämpferischer, aggressiver, sehr viel weniger genussvoll dem normalen Sein gegenüber.

Na ja, ihr Männer könnt schon auch genießen.

∞

Ja, aber eben nicht durch das dauerhafte Sein, sondern über ab und zu Spitzen des Genusses, würdest du sagen.

Ja, ich versteh schon ... Lieber König Salomon, warst du öfters Frau?

Nein. Mehr Mann als Frau.

Verstehe. Und warst du auch mal auf anderen Planeten?

Ja.

Wie fandest du es dort?

Dort war es sehr viel leichter zu existieren als auf der Erde, aber die Erfahrungen als Mensch waren dann doch die lehrreichsten, wie ich schon gesagt habe.

Verstehe.

Wenn du mich fragen würdest, wo ich am liebsten war, dann würde ich tatsächlich die Erde benennen.

Hmm, weil?

Wegen ihrer Schönheit und wegen ihren vielen Möglichkeiten an Begegnungen.

Möchtest du noch etwas sagen zu diesen deinen Leben?

Nein.

∞

Dann beenden wir jetzt diesen Epilog und machen morgen weiter mit deinen Weisheiten. Ja?

Ja, gerne. Bitte beginne die menschlichen Umstände vorzubereiten, die du abfragen möchtest. Das Leben, die Liebe, das Wirken ... alles, was dich oder was du meinst, das andere interessiert, werden wir Stück für Stück abfragen.

Okay, aber mir ist schon auch recht, wenn du es aufbaust.

Aber ich brauche deine Hilfe, um es in die Form zu bringen, die die Menschen verstehen.

Okay, wir schaffen das schon.
Ich danke dir vielmals, dieses erste Gespräch mit dir war sehr schön und unglaublich interessant. Jetzt beginne ich den Tag und freue mich auf morgen.
Bis gleich.

Danke.

Liebe.

Die Sira

Liebster Salomon, ich möchte gerne wissen, ob du in der Zeit, in der du gelebt hast, mit der weisen Bruderschaft Kontakt gehabt hast?

Nein, nicht bewusst.

Also für dich waren die Impulsgeber wirklich die Sira. Ab wann wusstest du, dass sie keine Meister, keine Engel oder irgendetwas anderes sind, sondern tatsächlich Außerirdische?

Das wusste ich, als ich sie zu Beginn befragte. Ich sagte, seid ihr die Götter und sie meinten nein, wir sind auch nur Geschöpfe dieses Kosmos, aber wir sind weiterentwickelt als ihr es seid. Wir wirken mit Telepathie untereinander, und du hast die Gabe, uns auf diese Art und Weise zu verstehen.

Dann hast du niemals ihr Raumschiff gesehen?

Nein.

Du weißt also nicht, wie ihr Planet oder ihr Raumschiff aussieht?

Nein. Sie waren immer nur als diese Stimmen präsent.

Und eben am Ende, als du das Wesen vor dir gesehen hast.

Ja.

∞

Hmm, hattest du da Angst?

Nein. Sie waren sehr liebevoll.

Hast du eine Ahnung, warum sie dich ausgesucht haben, also wie das gegangen ist? Wie sind sie darauf gekommen, dass du sie verstehst?

Wenn du sie fragst, werden sie dir das erklären können, aber ich vermute, dass sie durch ihre Technologien sehen können, wenn jemand diese Gabe in sich trägt und das haben sie in mir.

Hast du gesprochen oder hast auch du nur gedacht? Wie ist das vor sich gegangen?

Wenn sie gesprochen haben, so habe ich das mit den Möglichkeiten meiner Zeit festgehalten, so wie du jetzt versuchst aufzunehmen, was ich schreibe. Aber wenn ich mit ihnen gesprochen habe, dann benutzte ich dazu keinerlei Werkzeug. Die ausgesprochenen Worte waren nicht nötig.

Wow, ihr habt also echt Telepathie erlebt?

Ja.

Hast du jetzt noch Kontakt zu den Sira?

Nein.

Fehlen sie dir?

∞

Ja.

Hmm, dann hattest du bestimmt auch täglich mit ihnen Kontakt?

Ja, sie waren meine treuen Begleiter und haben mir wirklich sehr viele, sehr schöne und hilfreiche Impulse gegeben. Dafür bin ich ihnen auf ewig dankbar. Die Begegnung mit dem Wesen damals war mein intensivstes Erlebnis als Mensch.

Schade eigentlich, dass du sie jetzt nicht mehr kontaktieren kannst. Ich dachte gerade, wenn sie Telepathie können, dann können sie doch auch mit den feinstofflichen Ebenen kommunizieren.

Nein, sie sind anders Sylvia, anders. Sie haben die Werkzeuge der Telepathie untereinander, aber sie wirken nicht mit den kosmischen Kräften wie wir es gerade tun in Kommunikation.

Hmm, wenn jemand so weise ist, denkt man, er ist dauerhaft auch gelehrt von weisen feinstofflichen Kräften.

Sie haben wie auch immer dazu einen anderen Zugang, der ihnen andere und doch genauso richtige Arten der Kommunikation ermöglicht und dadurch die Information zukommen lässt. Aber wie genau dies vonstattengeht, weiß ich nicht. Ich weiß nur, dass ich sie gehört habe, alle, und manchmal nur einen, aber ich weiß nicht mehr über sie.

Hmm, hat dich das nicht interessiert? Mich hätte das interessiert ... so nach dem Motto: kann ich mal euer Raumschiff sehen, und solche Sachen?

(Lacht) Wenn du mich so genau fragst, dann sage ich dir, dass ich gar nicht wusste, was ein Raumschiff ist, daher stellte ich diese Frage gar nicht.

Ja, okay, das ergibt Sinn. Aber wolltest du nicht wissen, wo sie leben?

Doch.

Und was war ihre Antwort?

Wir leben mit dir.

Ach du meine Güte. Konntest du mit der Antwort etwas anfangen?

Nein.

Aber du hast sie nicht weiter hinterfragt, oder?

Ja, denn sie waren sehr liebevoll, sehr hilfreich und sehr erhaben. Du würdest auch nicht solche Fragen stellen, glaube mir.

Hmm, okay. Gut, mein lieber Freund. Zu deinem Leben frag ich jetzt nicht weiter, ich mach jetzt Schluss, vielleicht komme ich dann noch einmal zurück.

Okay, danke dir. Liebe.

Erinnerungen

Lieber König Salomon, willkommen.

Hallo.

Ich werde heute versuchen, die Fragen so zu stellen, dass sie die Menschen unserer Zeit nahe an dein Leben in deiner Zeit heranführen können. Ist dir das recht?

Absolut.

Gut. Magst du uns bitte erzählen, wie die ersten Jahre deiner Kindheit waren, an die du dich erinnerst, als du ein kleiner Junge warst?

Das tue ich gerne. Wenn du dir eine liebevolle Kindheit in deinen schönsten Träumen vorstellst, dann bist du meinen Erlebnissen schon sehr nahe, denn sie war sehr freudig. Wenn die weltlichen Themen mich aus der Fassung brachten, wie ihr es nennt, dann waren meine Eltern und Begleiter sehr liebevoll mit mir im Umgang. Alles in Allem war die Lebensfreude aber die überwiegende Kraft. Allerdings war ich manchmal etwas beunruhigt durch die alten Formen des Wirkens der damals herrschenden Menschen, die meine Eltern berieten. Das wenig liebevolle und respektlose Handeln der Kaufmänner, Wirte oder anderer Industriellen war mir zuwider und ich wollte die Welt besser machen. Doch das war nur eine Frage der Zeit, dass ich dies umsetzen konnte.

∞

Du fragst aber sicher, um die Umstände meiner als Menschenkind wahrgenommenen Heimat zu erfahren. Diese waren liebevoll, kraftvoll, weich und warm. Mit Freunden und anderen Gelehrten wuchs ich in Frieden auf und genoss die Zeit der ungetrübten Verantwortungslosigkeit.

Danke für diese ersten Sätze. Sie geben ein schönes Bild deiner Herkunft, körperlich und seelisch. Du hast von Beratern gesprochen. Könnte man sie als Priester bezeichnen?

Jaein.

Hatte deine Gesellschaft, hatten die Menschen deiner Zeit einen oder mehrere Götter, zu denen sie gebetet haben?

Einen.

Und hattet ihr das Gefühl in eurer Welt, dass dieser Gott euch Gesetze gibt, nach denen euer ganzes Leben geregelt wird?

Ja.

Warst du mit diesen Botschaften, diesen Gesetzen zufrieden, oder hast du über sie nachgedacht und in Frage gestellt?

Nein, weil sie mir starr und kalt schienen. Wenig flexibel, wenig individuell, wenig liebevoll.

Hattest du einen Menschen, mit dem du über diese Gedanken und über diese Zweifel bezüglich dieser starren Gesetze reden konntest?

Ja.

Wer war dieser Mensch, wer waren diese Menschen?

Die Freunde meiner Eltern, deren Kinder und sie selbst. Meine Eltern sowie die Freunde dieser. Wir waren immer aufgerufen, die Regeln zu befolgen, aber durften weitestgehende Fragen dazu stellen.

Ich habe das Gefühl, dass ihr eine liebevolle Gemeinschaft wart, die auf dem Weg war, neuere, weitere, liebevollere Regeln zu formulieren. Empfinde ich das richtig?

Mhm.

Hattet ihr in eurer damaligen Zeit eine Art Trennung zwischen den Geschlechtern, die Männer und Frauen in unterschiedlichen Bereichen sah?

Ja.

Hattest du nur männliche Freunde oder auch Mädchen unter deinen Freunden?

Du weißt, dass die Trennung an sich keine wirkliche gleichberechtigte Freundschaft ermöglichte, aber meine Liebste durfte mir ein solcher Freund werden. Dennoch, wenn du zurück in die Kindheit fragst, damals waren wir nur befreundete Männer und Jungs.

∞

Ich weiß, dass es für die Menschen unserer Zeit ein wichtiger Impuls für ihre Gefühle ist, zu verstehen, wie du und die Menschen deiner Zeit damals ihren Tag verbracht haben. Kannst du uns bitte den Ablauf eines Tages erzählen - was du in der Früh gegessen hast, was du dann getan hast, dein Mittag und dein Abend und deine Nacht - bitte?

Das kann ich gerne, aber zu welchem Zeitpunkt?

Als du ein Junge warst von zehn Jahren, wie hat ein Tag in deinem Leben ausgesehen?

Als ich zehn Jahre jung war, begann mein Tag mit Beten und danach dem Wirken in der Schule. Das waren private Lehrer, die mich unterrichteten. Danach war die Sonne so stark am Horizont, dass ich die Mittagszeit schlafen ging, um zu rasten und zu ruhen. Danach begaben wir uns alle mit den Freunden in die abendliche Gesellschaft, um dort das Leben zu genießen und zu sein. Als junges Kind war mein Tag dennoch nicht sehr erfüllt von Verpflichtungen, sondern die abendliche Vereinigung war ein schöner Ausgleich, doch natürlich nicht so lange wie die Erwachsenen.

Kannst du bitte noch berichten, was du im Lauf eines Tages an Nahrung zu dir genommen hast, wie ihr euch damals ernährt habt?

Das Fladenbrot, wie ihr es kennt, war unsere Basis. Dazu gab es sehr viele Soßen und andere Kräuter, die man dazu mischte. Dann gab es leckere Süßigkeiten, die das miteinander Vermischen des Fladens mit diesen noch interessanter machte. Dann tranken wir einen besonderen Saft aus der Frucht des

Granatapfels, wie ihr ihn nennt, und anderer Früchte. Doch am liebsten war mir dieser.

Vielen Dank für diesen Bericht. Er lässt das Leben, in dem du aufgewachsen bist, voller Gefühle entstehen - verstehst du daher diese Fragen?

Mhm.

Habt ihr nicht auch abends gebetet, bevor du ins Bett gegangen bist?

Nein.

Echt nicht?

Nein.

Mhm, also echt nur am Morgen?

Ja. Die Begrüßung des morgendlichen Wirkens der Kraft Gottes war wichtig, aber nicht das Verabschieden, denn wirklich verabschieden tut man sich nicht nur, weil man schläft. Die Kraft wirkt ja weiterhin, verstehst du?

Ja, das verstehe ich, aber trotzdem hat man sie am nächsten Morgen wieder begrüßt.

Ja, weil sie dadurch wieder in das Bewusstsein gegeben wurde.

∞

Mhm, verstehe.

Wir haben von den Brüdern das kosmische Kreuz gelehrt bekommen, als Morgengebet, in dem wir um die Energien des Kosmos von oben, unten, links und rechts bitten, die sich in unserem Herzraum vereinigen, um sich zu reinigen und frei zu machen für neue Wege. Hattest du auch so eine Art Gebet, das mit einem gedanklichen Ritual verbunden war?

Ja.

Darf ich dich bitten, uns dein Morgengebet, dein Ritual zu erzählen?

Wir haben die Sonne angebetet und durch die Bewegung des linken Arms wie auch die Bewegung des rechten Arms in das Herz geholt. Dann legten wir uns mit dem Rücken auf die Erde, um diese Kraft noch tiefer zu empfinden und den ganzen Körper in diese Kraft zu tauchen. Die besonderen Sprüche des Betens wurden uns in der Schule gelehrt und dabei gesprochen.

Das heißt, ihr habt euch nicht auf den Boden gekniet und nach unten geschaut, sondern genau das Gegenteil getan?

Ja.

Ach. Ist es erlaubt, dass du uns einen Spruch dieses Sonnengebets sagst?

Gerne.
Du wirkst in diesem Körper wie auch in dieser Natur wie

∞

der Atem des Lebens. Du bist der Anfang und das Ende. Du wirst mit mir sein für alle Zeit, denn deine Kraft ist die Kraft Gottes. Danke den kosmischen Kräften des heiligen Vaters.

Das ist ein wunderschönes, starkes und liebevolles Gebet der Dankbarkeit und der Bewusstheit. Ist es uns erlaubt, in unseren Tagen diese Worte auch zu sprechen in Demut und Liebe?

Das ist es natürlich, aber ihr lebt bereits diese Worte durch eure Rituale.

Ich würde es als eine Form der Liebe und der Hochachtung vor deiner Zeit, deiner Seele und deinem Wirken betrachten, und es wird vielleicht Menschen geben, die dir und deiner Zeit zu Ehren diese Worte sprechen wollen. Ist es diesen Menschen erlaubt?

Ja.

Gut, danke. War euch bewusst, dass es in Ägypten einen Sonnengott gegeben hat und die Ägypter auf ihre Weise ebenfalls zu ihm gebetet haben?

Ja.

Waren es Überlieferungen, die man euch von diesem Land Ägypten erzählt hat?

Ja.

War das Land Ägypten für euch ein Freundesland, ein neutrales Land oder ein Feindesland?

Ein altes Feindesland, doch mich interessierten diese politischen Strukturen nicht. Ich wollte die Informationen dieses Glaubens besser verstehen.

Kann man sagen, dass bei dir und den Menschen deiner Welt die Liebe zu Gott und das Gebet zur Sonne aus sich selbst heraus entstanden sind und nicht von Fremden beeinflusst waren?

Eine Ursache dafür kann ich dir nicht wirklich sagen. Es war so wie es war und jeder hat es in sich gefühlt mit seinem Bewusstsein. Der eine sprach zu einer Person, der andere zur Sonne, der Nächste zum kosmischen Vater. Wenn du nach diesen Details suchst, wirst du nicht fertig. Die Information ist eine andere. Es gab eine Kraft, die wir anbeteten. Diese Kraft war positiv, liebevoll, kraftvoll und hell. Sie war falsch gelebt in manchen Formen, doch letztlich gut.

Ich kann mir gut vorstellen, dass deine Lehrer dir beigebracht haben, mit der Sprache und der Schrift umzugehen und wahrscheinlich auch mathematische Aufgaben zu lösen. Du bist in einer Königsfamilie groß geworden und du musstest stark werden, auch als Mann und Führer. Hat es auch körperliche Ertüchtigungen gegeben, wie zum Beispiel das Reiten, Bogen schießen und anderes, die ein junger Mann lernen musste?

Solche Aktivitäten gab es, doch mochte ich sie nicht.

Sie waren zu hart und zu kalt nicht wahr?

Ja.

Ja, verstehe.

Sehr grob. Ich war eher feinsinnig veranlagt.

Wenn du das sagst, dann erscheint vor meinem inneren Auge ein Bild. Hat es Musik gegeben, die dir gefallen hat?

Mhm.

Kannst du beschreiben, auf welche Art in deiner Zeit in deinem Leben Musik gemacht wurde?

Sehr unterschiedlich ... die Frauen sangen, sie tanzten zu gitarrenähnlichen Instrumenten wie auch zu Flöten, doch auch andere zitherähnliche Konstrukte waren verfügbar, zum Beispiel Trommeln. All dies gemeinsam war das Miteinander in den Orchestergruppen, wie ihr es nennen würdet, mal klein, mal groß, mal mehrere, mal wenige, alles in allem sehr verspielt.

Konntest du selbst auch ein Instrument spielen oder hast du lieber nur zugehört?

Nein, das war mir zu kompliziert.

Hattet ihr so etwas, was wir in unserer heutigen Zeit Dichtkunst nennen?

Mhm, ja.

∞

Hast du selber auch Zugang zur Dichtkunst gehabt?

Ja, ja, durchaus. Ich mochte das Formulieren der Sätze und begann damit zu spielen wie ein Philosoph.

Hattest du in dieser wunderschönen Jugend, von der du erzählst, und sie scheint wie ein warmes, angenehm glühendes, sonnenuntergangsfarbiges Bild zu sein. Hattest du damals in dieser Zeit das Gefühl, dass du - ich nehme das Wort in aller Demut in den Mund - ein außergewöhnliches Menschenwesen bist?

Nein.

Du warst einer unter vielen Freunden?

Mhm.

Wodurch wurde dir in deinem weiteren Leben bewusst, dass du doch etwas Außergewöhnliches unter den Menschen darstellst?

Wenn ich andere Fragen stellte als die anderen, begann dies zu blühen in mir wie ein Licht, das andere nicht kennen. Dann hatte ich weise Unterstützer, die mir bestätigten, dass meine Wahrnehmung sehr ungewöhnlich ist. Doch am allermeisten begann ich dies zu registrieren und anzunehmen, als ich die Stimmen vernahm.

War dir, bevor du zum ersten Mal die Stimmen vernommen hast, bewusst, dass in deinem Körper, in dem du damals leben durftest, eine Seele anwesend war, die schon frühere Leben in einem Körper erlebt

∞

hatte? Waren dir frühere Leben bewusst?

Jein.

Ist dir nach deiner ersten Begegnung mit den Stimmen dann bewusst geworden, dass deine Seele schon mehrfach in einem Körper inkarniert war?

Ja. Dazu befragte ich sie auch, denn ich wollte verstehen, was passiert, warum ich dies wahrnehmen konnte und andere nicht. Daher befragte ich sie auch zu meinen anderen Leben und Details waren sehr interessant.

Du hast in einem früheren Gespräch einmal gesagt, dass du einen Lehrer hattest in einem der früheren Leben. Hat dieser Lehrer deiner Seele etwas mitgegeben, wodurch du dann später, als du Salomon warst, die Bereitschaft entwickeln konntest, die Stimmen zu hören?

Eine gute Frage. Weil alles immer miteinander verbunden wirkt, war dies vielleicht auch ein Samen, der damals in Lemuria gelegt wurde, doch auch die Leben ohne jegliche Begabung oder Lebensaufgabe waren Teil des Weges, der am Ende, oder besser zu dieser Zeit mit diesen Möglichkeiten als ein König, dies verwirklichte.

Die Frage, die ich jetzt stelle, kommt aus dem wissenschaftlichen Denken unserer heutigen Zeit. Ich bitte trotzdem um Erlaubnis, dass ich sie stellen darf? Unsere heutigen Wissenschaftler haben festgestellt, dass es im Menschen Entwicklungssprünge gegeben hat, die dazu geführt haben, dass er überhaupt zur Sprache finden konnte.

∞

Verstehst du, was ich meine?

Mhm.

Gut. Hat es in deinem Körper, in deiner Körperlichkeit etwas gegeben, eine Entwicklung, die so außergewöhnlich war, dass nur du zu diesem Menschen wurdest, der du dann als Salomon warst? Hat es in deinem Körper eine Bereitschaft gegeben, die Stimmen zu hören, die auch nur in deinem Körper möglich war?

Ich verstehe die Frage nicht.

Ich versuche es anders zu formulieren. Ich glaube - und wenn ich mich irre, dann kannst du mich bitte korrigieren -, dass es im Körper, in der Materie des menschlichen Körpers so etwas gibt wie ein inneres Ohr, das bei manchen Menschen entwickelt ist und bei manchen Menschen nicht entwickelt ist, so dass man Stimmen aus den anderen Welten hören kann oder eben nicht. Ist das richtig, oder ist dieser Gedanke falsch?

Mhm, weiß ich nicht.

Ist in Ordnung. Lass uns noch ein bisschen darüber reden bitte, denn ich vermute, dass es eine große seelische Bereitschaft gegeben hat, diese Wahrnehmungen der Stimmen zu erkennen. Kann ich es so formulieren?

Du willst darauf hinaus, dass die Möglichkeiten dieses Lebens so günstig waren, dass diese Gabe ihre volle Entfaltung im besten Sinne leben konnte, richtig?

∞

Besser kann man es nicht sagen, du hast mich völlig verstanden.

Ja. Dies mag sein, ja.

Das führt mich zu einer weiteren Frage. Ich habe erst gestern ein Gespräch zu diesem Thema geführt. Wenn wir in unserem menschlichen Körper Dinge tun, die uns vernebeln und die uns betäuben, ich spreche hier von Alkohol, schädlicher Nahrung wie übermäßiger Zucker, Fett, Fleich, etc., Drogen, dann verschließen wir doch die Kanäle, um feinstoffliche Welten wahrzunehmen?

Ja.

Und wenn wir diese Dinge unterlassen und uns reinigen, dann sind wir offen für die anderen Welten?

Mhm.

War dir bewusst, oder hat man dir auch beigebracht, dass die Reinigung des Körpers eine Grundlage ist, um feinstofflich besser wahrzunehmen?

Ja, das auf jeden Fall. Dennoch war es immer auch ein innerer Impuls, diese Arten der Reinheit zu leben, sich dafür zu interessieren. Verstehst du? Wenn die innere Bereitschaft dafür nicht da ist, brauchst du auch keinen Lehrer, denn du hörst ihm nicht zu. Doch in mir war wie eine königliche Weisheit, eine Art Erkennen, die wusste: Achtung ,diese Chance ist einmalig, nutze sie jeden Tag. Und dazu gehörte auch das weise Ernähren.

∞

Ich frage das aus folgendem Grund, und du verstehst mich und kennst die Herkunft meiner Fragen: Einige Menschen glauben, wenn sie dem Lebensgenuss entsagen und Askese betreiben, also nur Wasser und Brot zu sich nehmen und keine Sinnesfreuden erleben, dass sie dann offen wären für den Zugang zu Gott. Ich bin der Meinung, dass die Lebensfreude in Form eines bewussten, vernünftigen sich Erfreuens der Sinne, die sich in Liebe, Gesang und Tanz und auch in der Art der Ernährung ausdrückt, viel mehr Bereitschaft erschafft, die Schönheit des Kosmos und die Schönheit der feinstofflichen Welten wahrzunehmen. Siehst du das auch so?

Absolut. Diese Menschen blenden den Kraftverlust aus, der mit dem Freudeverlust einhergeht. Diese Kraft aber ist energetisch so wichtig, wie kein Brot und kein Wasser dieser Welt jemals ersetzen kann. Daher würde ich diesem Schüler eine Fünf geben nach eurem Bewertungssystem, oder doch besser eine Sechs? Alles in Allem falsch. Ganz falsch. ***Die Geiselei des Körpers sollte keineswegs die Freudeenergie verbrauchen.*** *Im Gegenteil, sie erhöhen, sie steigern. Denn wie du nun schon mehrfach erfahren hast, ist es nur diese Form von Energie, die die Seele anreichern kann oder auch verlieren kann.*

Ich danke dir sehr für diese Worte und besonders auch aus folgendem Grund: Wir in unserer Welt haben eine bestimmte Tradition der Philosophie und eine Tradition der Geistes-Schule. Und in dieser Tradition giltst du als einer der weisesten Menschen, die jemals gelebt haben. Das sage ich ohne jede Wertung, es ist so, und du weißt es. Und ich finde es ganz wunderbar und beispielgebend und wie einen Leuchtturm in der Dunkelheit, dass du, der du als der Weiseste der

Menschen gilt, den Menschen zurufst: Erfreut euch eurer Sinne, liebt einander, Männer und Frauen liebt euch in eurer Sinnlichkeit, nehmt Nahrung zu euch, auf dass sie euch erfreut, lacht, tanzt, singt, genießt und belebt euren Körper als das Instrument, das die feinstofflichen Welten wahrnehmen kann. Ich sage das so deutlich, weil es auch eine große andere Tradition in unserer sogenannten Geistes-Schule gibt, die das Gegenteil predigt: Die Entsagung, die Freudlosigkeit, die Askese. Und darum danke ich dir so sehr für deinen Ruf über alle Zeiten hinweg, wie wichtig es ist, das Leben mit all den uns gegebenen Sinnen gesund und im Maßhalten zu feiern.

Gerne.

Wann war dir zum ersten Mal bewusst, dass du für dein Volk ein Weiser sein wirst?

Wenn die Entscheidungsträger meiner Eltern wieder einmal Mist geredet haben.

Wie alt warst du da?

Sieben.

Hat dich das erfreut oder hat es dich auch etwas erschreckt? Wie war das Gefühl?

Eine schöne beflügelnde Kraft, dieses Ziel zu leben, anzugehen.

Verzeih mir meine nächste Frage, ich stelle sie nur, weil ich da ge-

∞

schichtlich nicht wirklich informiert bin. Hattest du Geschwister?

Nein.

Verstehe. Es gab also keine Fragen, Probleme oder Neid, weil du der Sohn warst und als dieser König werden sollte?

Mhm.

Und du wurdest von allen darauf vorbereitet, in allem, was ein König zu tun hat?

Mhm.

Das stelle ich mir sehr großartig vor. Hat man dich gelehrt, dass von deinen Worten ganze Schicksale abhängen können?

Ja, schon.

Hat man dich die juristischen Gesetze deines Landes gelehrt und wenn ja, ab welchem Alter?

Ja, ab dem sechzehnten Lebensjahr.

Und wie alt warst du, als du tatsächlich zum König ausgerufen wurdest?

Weit über die Zwanzig.

Was ich jetzt sage, sage ich in größter Freude, in Zuneigung, in Liebe und in Demut. Du hast schon öfter von deiner Liebsten gesprochen, und ich freue mich so sehr über alle Zeiten hinweg, dass dir dieses Geschenk der Liebe zuteil geworden ist und du kein einsames Leben leben musstest, sondern die Frau gefunden hattest, mit der deine Seele, dein Herz und dein Körper glücklich waren. Darf ich dich fragen, wie du sie kennen gelernt hast und wann?

Assia war die Tochter der Freunde meiner Eltern. Sie war meine Tanzpartnerin, als wir die Weihe der Jugendschule absolvierten. Damals war ich achtzehn Jahre jung. Alle wollten mit ihr tanzen, doch sie nur mit mir. Das war sehr erfreulich. Das war unser Beginn.

Ich nehme an, dass sie eine sehr schöne junge Frau war?

Mhm, extrem.

War es euch erlaubt, Zeiten auch zu zweit und miteinander zu verbringen, oder wart ihr immer unter Beobachtung?

Ja, allein war möglich.

Und wie lange nach eurem wunderbaren ersten Kennenlernen hat es gedauert, bis ihr heiraten konntet?

Wenige Wochen.

Oh.

Das war damals alles sehr schnell geregelt. Solange die Kraft der Verbindung stark ist, wollte man sie feiern.

Mhm, und habt ihr erfahren, ob ihr einander in früheren Leben schon einmal begegnet seid?

Nein.

Das war euer erstes Mal?

Weiß ich nicht.

Ah so, war es kein Thema?

Nein.

Ich verstehe, und sie hat dich geliebt und geschützt und auf dich auf-gepasst als Frau, wenn man seinen Mann liebt, richtig?

Ja, absolut. Sie war die Liebe meines Lebens.

Das ist wunderschön zu hören. Habt ihr in eurer jetzigen Daseins-form Verbindung miteinander?

Jaein.

Darf ich dich bitten, das etwas deutlicher zu besprechen, wenn es dir möglich ist?

Sie befindet sich wieder in einem Körper. Ich aber mag nicht mehr inkarnieren. Daher werden unsere Seelen weiter in Ver-

bindung bleiben, aber auf anderen Ebenen.

Mhm. Das führt mich zu einer sehr, sehr wichtigen Frage. Hast du in deinem Leben im Körper bewusst den Gedanken formuliert: ich möchte bitte nicht mehr in einen Körper inkarnieren?

Nein.

War dir das erst auf der anderen Ebene bewusst?

Ja.

Wie ist es zu dieser Erkenntnis gekommen? Kannst du das beschreiben bitte?

Eine tiefe Trauer, dass das Leben, das ich lebte sehr außergewöhnliche Möglichkeiten mit sich brachte und diese Möglichkeiten so selten sind, wie man mit Worten nicht beschreiben kann, ließ mich beschließen, diese Art des Wirkens nicht mehr zu wählen, sondern als feinstoffliche Energie meine Botschaften und meine Hilfe zu geben.

Das ist sehr interessant. Ich sage das deswegen, weil unser Freund, Bruder und Lehrer Freund der Indianer mich eines Tages hat wissen lassen, dass wenn man im Körper den Beschluss fasst, nicht mehr inkarnieren zu wollen, die Seele ab diesem Moment sich auf den Übergang vorbereitet in einer nie dagewesenen anderen Art. Wenn du jetzt sagst, dass dir das möglich war, als du in den feinstofflichen Welten angekommen bist, dann möchte ich dich bitten, uns zu sagen, wie deine letzten Tage und Wochen in diesem Leben waren. Welche

∞

Gefühle hattest du, als du gemerkt hast, du wirst nun langsam diesen Körper verlassen müssen?

Wenn die Kraft weniger wird im Körper, dann verändert sich auch die Wahrnehmung, wie du dir denken kannst. Also verlor ich auch jegliche Art der Gefühle, die ich bisher kannte. Der Wunsch, die Reise anders zu gehen wurde größer und ich schaute nicht mehr zurück.

Die nächste Frage stelle ich aus der Empfindungswelt eines Menschen. Ich möchte, dass du das weißt, bevor ich die Frage stelle. In den feinstofflichen Welten, in denen du jetzt existierst und wirkst, gibt es dort das, was wir eine Freundesnähe nennen würden? Hast du Wesen um dich, mit denen du dich in Freundschaft verbunden fühlst?

Aber ja, das weißt du doch.

Ja. Ich frage für die Menschen, die dieses Buch lesen und auf diesem Weg zum ersten Mal Dinge erfahren, die sie bislang noch nie erfahren konnten - nach deiner Empfindung den Welten gegenüber, deiner Empfindung den anderen Wesen gegenüber. Und daraus folgt eine weitere Frage. Du hast einmal gesagt, dass dein innigster Wunsch jetzt, in deinem Zustand, in dem du lebst, in dem du existierst, in dem du wirkst, ist, dich zu weiten. Habe ich das richtig empfangen?

Mhm.

Bitte versuche es einem Menschen, der in einem Körper lebt und auch noch räumlich und zeitlich denkt, zu erklären. Wie ist dieses Weiten in den Bereichen, in denen du wirkst, zu verstehen und zu fühlen?

Eine ganz einfache Beschreibung dazu: Wenn du dir vorstellst, dass deine Seele eine Kugel ist, die dir ermöglicht, in diesem Kugelraum zu empfinden. Dann stell dir vor, dass diese Kugel sich weiten kann, dehnen kann, flexibel ist, rund, oval, eckig ... unterschiedlichste Formen annehmen kann.

Das Weiten der Form bedeutet also, dass sie mehr wahrnimmt, richtig?

Richtig.
Dies ist das Ziel, das mit der Weite einhergeht, Wahrnehmung weiter zu erweitern und dadurch die Verbundenheit mit all dem, was man vorher nicht wahrgenommen hat, aufzunehmen.

Das ist eine phantastische Erklärung und bitte verstehe, dass ich diese Fragen aus dem Denken und der Erfahrungswelt menschlicher Erfahrungen stelle. Hast du das Empfinden, hast du das Gefühl, dass du in deiner jetzigen Existenzform die Quelle deutlicher empfindest als du es im menschlichen Körper konntest?

Eine lustige Frage. Natürlich.

Ja. Lieber Bruder, ich muss langsam und Schritt für Schritt fragen, damit wir dir folgen können.

Wie ein Vogel, der die Möglichkeiten des Sonnenaufgangs und des Sonnenuntergangs in einem Blick hat, so sehe ich

∞

alles nun mit anderen Augen und ja, auch die Quelle sehe ich viel deutlicher und bin deshalb auch noch ein bisschen stärker mit ihr verbunden als dies in der Wahrnehmung des Körperlichen möglich war.

Siehst du, und diesen Satz werden die Menschen lesen, und er wird eine Resonanz in ihnen hervorrufen und ein Echo, so als ob du eine Saite an einem Instrument anschlägst. Allein die Vorstellung dieses wunderbaren Bildes des hoch schwebenden Vogels, der Sonnenaufgang und -untergang in einem erfasst, dehnt die Vorstellung im menschlichen Gehirn - ich nehme dieses Wort ganz absichtlich in den Mund - und lässt den Menschen auf der Erde fühlen, dass es noch etwas Weiteres gibt als ihre einfachen menschlichen Bedürfnisse des Alltags. Verstehst du jetzt, warum ich diese Fragen Schritt für Schritt so vorbereitet habe?

Ja, natürlich.

Das ist ganz wunderbar. Nun wieder eine etwas menschlichere Frage, damit wir den Kontakt zu deinem Leben halten können. Man erzählt sich in unserer Menschenwelt, dass du viele Pferde hattest. Stimmt das?

Das ist relativ. Was ist viel?

Okay, ich fange an zu zählen und du sagst „Halt", machen wir dieses Spiel?

Wenn du Stunden jetzt zählen möchtest, gerne.

∞

Lass uns ein wenig scherzen, das gehört dazu. Hattest du mehr oder weniger als hundert Pferde?

Mehr.

Hattest du weniger oder mehr als tausend Pferde?

Nein.

Siehst du. Hattest du mehr oder weniger als fünfhundert Pferde?

Weniger.

Hattest du ungefähr vierhundert Pferde?

Ja.

Siehst du, jetzt haben wir ein Bild, weil die Menschen immer davon schwärmen, dass König Salomon so viele Pferde hatte. Es scheint ihnen viel zu bedeuten. Nun eine Frage: In unserer heutigen Zeit gibt es eine Pferderasse, die als die wertvollste Pferderasse gilt. Wir nennen sie Araber. Das sind die hochgezüchtetsten, gepflegtesten, edelsten Pferde. Welche Art Pferde hattest du damals?

Pffff ....

Waren sie eher klein, waren sie groß, stämmig, schmächtig, sehnig?

Die Pferde waren unterschiedlich. Sie waren hoch, manche sehr schwarz, andere braun.

∞

Das deckt sich mit dem Bild, das wir in unseren Phantasien von deinem Reich und von deinem Leben und dem, was dir gehört hat, hatten. Hattet ihr Menschen, die sich darauf konzentriert haben, diese Pferderasse durch Züchtung weiter zu veredeln?

Mhm.

Siehst du. Es kann also sein, dass in deiner Zeit diese Pferde die Grundlage gebildet haben für unsere heutigen hochgezüchteten Araber-Pferde.

Unter anderem, ja. Viele Menschen sind auf unterschiedliche Dinge spezialisiert, selbst ein Schuster.

Richtig. Und weil ich den Menschen gerne etwas über deine Welt der Gefühle in deinem Alltag näher bringen möchte: Hattest du diese Pferde gern?

Ja.

Bist du manchmal Wagen gefahren mit ihnen?

Nein.

Aha. Bist du lieber geritten?

Nein.

Mhm. Wie hast du dich hauptsächlich fortbewegt, wenn du durch deine Ländereien gereist bist?

Ich bin relativ wenig gereist, aber wenn, dann musste ich diese Pferde nutzen, ja. Verstehe mich nicht falsch, ich mochte es nicht, es war ungemütlich.

Ja, das kann ich gut verstehen.

Aber ja, es war der einzige Weg, um weite Strecken fortzubewegen, aber am liebsten bin ich gelaufen, denn durch das Fühlen am Fuß war ich verbunden mit der Erde.

Siehst du, diese Fragen und Antworten zeigen den Menschen der heutigen Zeit, wie dein Alltag ausgesehen hat und machen dich, König Salomon, zu einem Wesen, das ich begreifen und fühlen kann. Verstehst du daher meine Fragen?

Ja.

Ich habe das Bild, und du wirst mir sagen, ob es stimmt oder nicht, dass du in einer großen Freude und in deiner liebevollen Königskraft in deinem Palast gelebt hast, mit großer Freude die Liebe zu deiner Frau gelebt hast, und dass du es gerne gesehen hast, wenn die Menschen zu dir gekommen sind, richtig?

Mhm. Absolut. Ich mochte das Regieren mehr als das Reisen.

Und die Menschen wussten nach einigen Jahren deiner Regentschaft, dass du zu vielen Fragen, auf die sie keine Antwort gefunden haben, die Lösung hattest, richtig?

Mhm.

∞

Aufgrund deiner Daraufsicht auf die menschlichen Probleme, richtig?

Mhm.

Und sie haben oft deinen Rat gesucht und ihn dann angenommen, wenn du ihn gegeben hast?

Ja.

Hat sich dieses Ratgeben auch in Gesetze fortgesetzt?

Aber natürlich.

Mhm. Und hattest du Menschen, die wir in unserer Zeit Beamte nennen, die deine Gesetze aufgeschrieben haben?

Ja.

Hat man das auf Tontafeln, auf Papyrus, auf Papier gemacht - wie habt ihr geschrieben?

Alles in Stein gemeißelt.

In Stein?

Mhm.

Das ist interessant. Könnte man noch irgendwo Gesetzestexte in Stein gemeißelt von dir finden?

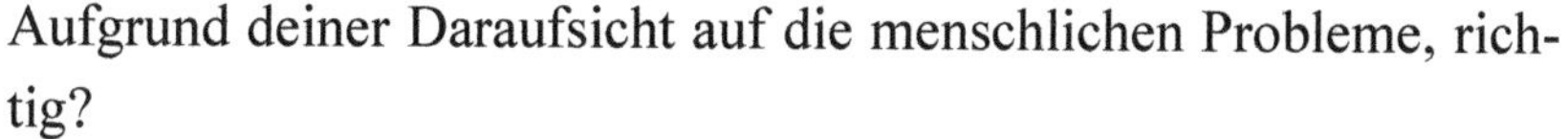

Hm, weiß ich nicht.

Hat man schon welche gefunden?

Nein.

Oder ist das alles verschollen?

Mhm.

Es ist verschollen?

Eher verschollen und kaputt.

Mhm. Aber nun in diesem Buch hast du und wirst du die Möglichkeit haben, vieles von dem erneut zu dokumentieren.

Ja.

Das ist uns sehr wichtig.

Mhm.

Du hast mir gesagt, dass die Frauen und die Männer damals in eurer Kultur eher voneinander getrennt gelebt haben.

Mhm.

Mit deiner Frau hast du aber sicher in Gemeinschaft gelebt, oder?

Auch, aber nicht immer.

Ah, wie war denn euer Zusammenleben bitte?

*Die Möglichkeit des getrennten Schlafens wollte ich mir be-
wahren, weil ich die Berater brauchte, die ich des Nachts
wahrnahm. Das war mir wichtig. Daher hatten wir getrennte
Schlafgemächer.*

Mhm. Damit die Menschen wieder ein Gefühl bekommen für dein
Leben ... Hattest du ein völlig ruhiges Schlafgemach?

Ja.

War das auf ebener Erde oder in einem Stockwerk?

Oberer Stock.

Hat dich dieses Erfahren der Botschaften gekräftigt oder hat es dich
auch manchmal ermüdet?

*Ausschließlich gekräftigt, weil es wie eine „Energiedusche"
wirkte. Alles wurde belebt, der Geist, der Körper, die Sinne,
alles.*

Hattest du das Gefühl, dass die Berater auch tagsüber, wenn die
Sonne aufgegangen war, noch zu dir sprachen, damit du ihre Rat-
schläge weitergeben konntest,oder war das nur in der Nacht möglich?

Es war nur nachts möglich, weil die Ablenkung sehr stark war tagsüber. Ich konnte mich tagsüber nicht darauf konzentrieren. Vielleicht wäre es gegangen, wenn keinerlei Menschen um mich herum gewesen wären, aber es waren immer Menschen um mich.

Hattest du das Gefühl, oder war es so, dass die Botschaften den Sinn hatten, die Gesellschaft der Menschen, in der du gelebt hast und für die du ein König warst, zu verbessern?
Hat es zum Beispiel Vorschläge gegeben, wie Eltern und Kinder miteinander umgehen sollen?

Ja.

Kannst du dich an einen Ratschlag erinnern, kannst du ihn uns mitteilen?

Die Seele dieses Wesens ist Gast auf diesem Planeten, du bist der einzige Schutz, den sie hat, so lange bis dieser Mensch sich selbst versorgen und leben kann. Wisse um diese Verantwortung und lebe sie würdevoll, achtsam, liebevoll und menschlich.

Siehst du, nun ist dieser Satz wieder ins Leben gerufen, ich danke dir. Ich werde versuchen, dass ich so viele solcher Themen wie möglich abfrage, dass du derartige Sätze erinnern und festhalten kannst.

Ja gerne. Bitte tu dies.

Ein sehr komplexes Thema, das auch in unserer Zeit gerade wieder

∞

ganz, ganz, ganz wichtig wird für die Menschen, ist das Verhältnis zwischen den Männern und den Frauen. Es gibt immer noch unterschiedliche Kulturen auf dem Planeten, die dies in unterschiedlicher Form leben. Eine der ganz alten Formen aller Gesellschaften war die Trennung zwischen den Männern und Frauen. Ich frage jetzt nicht, warum das so gewesen ist - es war so. Hat es aber für dieses Verhalten zwischen Männern und Frauen auch einen Ratschlag der Berater gegeben, den du weitergegeben hast, zum Beispiel an die Männer?

Mhm.

Kannst du uns den bitte sagen?

Sei das, was du bist in all seiner liebevollsten, friedlichsten Form und höre auf, anders zu sein als das Geschlecht, das dir gegeben ist. Achte, liebe, ehre und respektiere das andere Geschlecht aber vor allem lebe deines. Frauen seid Frauen. Männer seid Männer und liebet einander, die Formen, die euch gegeben sind.

Hattest du das Gefühl, dass die Menschen deiner damaligen Zeit, als du ihnen diesen Aufruf nahe gebracht hast, ihn verstanden haben und auch zumindest einige von ihnen danach leben konnten?

Mhm, ja, schon.

Hattest du das Gefühl, dass viele Menschen oder einige Menschen in deiner Gesellschaft, das, was ihnen durch dich nahegebracht wurde, als Befreiung erlebt haben?

∞

Ja, aber so mancher wollte diese Befreiung nicht, er mochte die alten Formen sehr. Dies führte zu Spannungen. Aber wie immer, konnte man diese auch liebevoll lösen.

Du weißt, dass die Menschen Bilder brauchen, um etwas zu verstehen. Haben die Menschen deiner damaligen Zeit, wenn sie deine - ich nehme das Wort bewusst in den Mund - revolutionären Weisheiten gehört haben ... waren sie da der Meinung, dass du das Wort Gottes an sie weiterleitest, oder haben sie geglaubt und gedacht, dass es ausschließlich deine Haltung ist, die du ihnen vermittelst?

Verantwortung als König war meine Aufgabe und nicht als Priester, daher waren dies meine Worte.

Du hast ein Wort genannt, das mich zur nächsten Frage führt. Hattest du guten Kontakt zu der Priesterschaft deiner Zeit?

Ja, schon. Nicht sehr so, ja hmm ...

Du hast sehr weise Worte in die Gesellschaft gebracht, Worte, die man eigentlich aus der Priesterschaft kommend vermutet. Wie hat die Priesterschaft darauf reagiert, dass du als König diese Weisheiten mitteiltest, wo dies doch eigentlich die Aufgabe der Priester war?

Sie wollten das nicht.

Deswegen frage ich es. Du siehst, ich kann mir vorstellen, dass es so etwas Ähnliches wie Eifersucht oder Neid oder Konkurrenz gegeben hat.

∞

Mhm, aber ich verschaffte ihnen den Raum, in dem sie wirken konnten und versuchte, dass sie sich durch meine Botschaften nicht zu sehr bedrängt fühlten. Alles in Allem ... diplomatisches Geschick.

Ich nehme doch an, und ich gehen davon aus und ich weiß es, dass deine geliebte Frau von deinen Begegnungen mit den Ratgebern wusste.

Nein.

Nicht?

Nein.

Oh, darf ich dich fragen, warum du es ihr nicht gesagt hast?

Weil dies ihre Wahrnehmung überfordert hätte und vor allem meine Stellung ihr gegenüber verunsichert hätte.

Verstehe, ein sehr sensibles, sehr komplexes Thema. Konntest du es überhaupt irgendeinem anderen Menschen sagen?

Nein.

Es war euer Geheimnis?

Ja.

Ich verstehe. Wollten die Ratgeber jemals, dass du dem Volk mitteilst, dass sie dir Botschaften übermitteln?

Nein.

Es gibt in allen Völkern die uralte Überlieferung, dass der Mensch von den Göttern erschaffen wurde. Die Menschen nennen die Außerirdischen, fremde Kulturen, Zivilisationen im Weltraum - eben Götter. Gab es in deiner Gesellschaft so eine Geschichte, solch einen Glauben?

Ja, das gab es natürlich. Dennoch wollte ich immer wissen, wer denn diese Götter sind, und deshalb war ich umso glücklicher, als ich, wenngleich nicht die Götter selbst, aber Wesen getroffen habe, die mir die Antworten besser geben konnten als jeder Mensch davor.

Gibt es heute hier und jetzt an dieser Stelle noch etwas, das du von dir aus sagen möchtest, ohne dass ich die Frage im Moment kenne?

Eine Welt wird belebt, wenn wir sie beleben, nicht durch warten, nicht durch schauen. Ich habe die Möglichkeiten gehabt, die menschlichen Werkzeuge des Impulsgebens wie auch die hilfreichen Ratgeber von Außen zu benutzen, um täglich das zu tun, wofür ein Mensch geboren wird in meinem Anspruch. Ausschließlich liebevolle Spuren zu hinterlassen. Dies hab ich getan so oft und so viel ich nur konnte, so kraftvoll und so liebevoll ich es nur konnte, und dafür bin ich dankbar und sehr froh.

So möchte ich, dass die Menschen verstehen, dass das Leben eine einmalige Chance ist, die Werkzeuge dieses Lebens,

∞

welche auch immer diese sind, für jeden Einzelnen zu nutzen und zu leben und die Verbindung in den Kosmos, auf unendliche Weise, zu suchen und dadurch wieder das zu vereinen, was der Mensch getrennt hat, aber zusammen gehört ... Kosmos und Materie, Materie und Kosmos. Sie beide schwingen ineinander, miteinander, füreinander, voneinander und sie wirken miteinander. So wird es immer sein, so war es immer schon, und wenn der Mensch sein Potenzial in diesem Kräftespiel erkennt, wird er, jeder Einzelne zu Gott.

Das hast du schön gesagt, ich glaube, das ist ein schöner Schlusssatz für heute, hmm?

Ja.
Ich danke dir ganz herzlich.

Danke vielmals bis hierher.

Danke.

Liebe.

78

Salomon's Vermächtnis

Das Leben

Hallo, liebster Salomon, da bin ich wieder. Bitte sprich, was du mir als Nächstes erzählen möchtest.

Sehr gerne. Das Wichtigste in diesem Buch wird das Verständnis des ewigen Zusammenwirkens von seelischen Kräften mit den natürlichen Kräften deines Körpers und der Umwelt, die dich umgibt. Dazu möchte ich so viel ich kann das Wesen der menschlichen Art beschreiben und hoffe, dass ihr es versteht. ***Wenn du die Kraft, die dich lenkt, besser verstehst, dann weißt du, dass du der Schlüssel dazu bist, niemand anderes****, keine anderen Komponenten, du ganz alleine. Somit möchte ich die wichtigsten Stationen des menschlichen Lebens beschreiben und dazu die unterschiedlichen Erfahrungen und Impulse beschreiben und geben.*

Wenn das menschliche Leben beginnt, werden die Impulse gesetzt, wie der Körper empfinden wird ein Leben lang. ***Das bedeutet, dass die Kindheit eines jeden Menschen die Prägung seiner Gefühle und Emotionen ist.*** *Diese Zeit formt und bestimmt das Voranschreiten, das Urteilungsvermögen, das Wahrnehmen der Anderen, das Wirken in ihnen und so viel mehr, doch vor allem die Empfindsamkeit. Sicherlich werden Veranlagungen weitergegeben, wie auch dein Talent Sylvia, aber durch die Impulse, die dieser kleine Mensch von Außen bekommt, werden diese angeborenen Rezeptoren der Empfindsamkeit geformt.* ***Somit ist die Kindheit nicht nur die Zeit des Wachstums der körperlichen und geistigen Fähigkeiten***

∞

*- es ist auch und noch viel mehr die Prägung der Empfindsamkeit. Wenn du eine Rose bist, zart und fein doch Stacheln besitzt, wirst du immer sehr empfindsam sein, doch die Stacheln einzusetzen, wie, wann und warum, das gilt es zu üben und zu lernen. Die Interaktion der inneren und äußeren Werkzeuge mit dem Umfeld. Wenn ihr also Kinder bekommt und ihnen etwas Gutes tun möchtet, dann formt die Werkzeuge des Lebens und weist ihnen den Weg, diese weise einzusetzen. Wenn angeborene Talente gefördert werden schon früh in der Kindheit, dann kann aus ihnen sehr viel Schönes und Gutes für die Menschheit entstehen. Doch die Reflektion, die Erkenntnis und die Aufmerksamkeit dieser Gaben der Seelen zu erkennen, gehen meist verloren im Ablenkungswahn des Überlebens. **Wenn du das Leben als eine außergewöhnliche und unvergleichliche Chance erkennst, so ändert sich dein Blickfeld und jeder Schritt in diesem Leben wird ein bewusst gesetzter Schritt für die Verwirklichung deiner Seele und nicht nur deiner Wünsche des Egos.**

Liebster König Salomon, möchtest du jetzt die einzelnen Stufen des Lebens weiter durchgehen oder möchtest du dann einzelne Lebensweisheiten sprechen und kommentieren?

Auch das werde ich, ja. Bitte zunächst die jeweiligen Stufen des Seins aufschreiben, denn dadurch werden die engen Zusammenspiele der unterschiedlichen Werkzeuge und Umstände deutlicher.
Als Nächstes gehen wir in die Zeit der Pubertät. Dabei werden die unterschiedlichsten Werkzeuge und körperlichen Komponenten, wie in einer Sanduhr, oder wie ihr das nennt,

einmal gedreht. Die ganzen körperlichen Komponenten werden einmal über die hormonelle Umstellung gestört. Das wissend, sollten alle Menschen **den Pubertierenden gegenüber in Respekt und Liebe entgegentreten,** denn sie sind wie verlorene Kinder, die das Heim einerseits verlassen wollen aber andererseits die Angst vor der Ungewissheit nicht bändigen können. Wenige sind stabil in dieser Zeit. Auf den meisten Menschenkindern liegt eine machtvolle Verwirrung, die sie wenig kontrollieren können. Wer diese Komponenten der Verwirrung sieht, erkennt und aufgreifen kann, hilft ihnen, wie einem Kind beim Laufen. Das Wichtigste für diese Zeit wird das Verständnis der Umwelt bleiben, solange der Mensch keinerlei Stabilität in sich fühlt.

Auf eine andere Art und Weise und sehr intensiv aber wird die **Zeit des Erschaffens des eigenen Lebens** dann zu einer weiteren Probe an das Sein. Wer in der Welt der Menschen wahrgenommen werden will als unternehmerisch aktiv, der wird die Unternehmungen tun, die dazu nötig sind. Wer dies nicht möchte, wird andere Wege gehen, um die Bestimmung seines Lebens zu finden. Aber das Wichtigste bei all dem ist, dass ihr den Gefühlen, die ihr habt, folgt. **Intuition wird das Werkzeug eures Lebens, weil sie das Gefühl des Organs ist, das eure Seele belebt.** Wie die Intuition zu euch spricht in Wellenformen, Stimmen oder nur Gefühl, so spricht die Seele zu euch. Die Zeit des Wirkens als Mensch sollte immer durch die Intention und ihre Kraft geleitet werden. Wer aber dazu keinen Zugang findet, der sollte Übungen und Seminare besuchen, um diesen Pfad wieder zu finden. Es ist wirklich wichtig, **nur wer die Intuition in sich klar spürt, ist mit seiner Seelenkraft in Verbindung. Wer sie nicht spürt, verliert nicht nur täglich**

Kraft, er macht den menschlichen Weg zu einem Sklaventum der hilflosen Taumelei zwischen egoistischen Ansprüchen und Forderungen der Anderen. *All dies ist so leicht zu durchdringen /durchbrechen, aber es braucht die Bereitschaft, dass ihr die Intuition in euch wirklich fühlen und leben wollt.*

Das Leben wird durch den Verfall des Körpers andere Kräfte bereitstellen zum Verwirklichen eurer Impulse. Daher bitte verinnerlicht, dass die Kraft des jugendlichen und heranwachsenden Wesens in euch weniger werden wird, weniger und immer weniger. Achtet daher darauf, dass ihr eure Kräfte schont und sammelt so wertvoll wie Gold, Silber oder alle Rohstoffe dieser Welt, die euch wertvoll scheinen. ***Alle Kraft im Kosmos geht nicht verloren, doch die körperlichen Möglichkeiten gehen es.*** *Wenn ihr also Großes vorhabt in eurem Leben zu vollbringen, so startet früh, denn nur dann habt ihr den Atem und die Schlagkraft, das Projekt durchzuhalten. Dennoch möchte ich nicht behaupten, dass nur die Jungen eine Möglichkeit haben, dass sie Impulse geben, das können durchaus auch die Alten, aber sie brauchen dazu mehr Kraft als sie glauben.* ***Daher beachtet bitte, dass ihr durch das Leben wie die Jahreszeiten geht. Der Sommer, dann wenn die Sonne am höchsten steht, ist die Zeit, die tiefsten, schönsten, größten und weitesten Impulse des Seins zu setzen.***

Wer dies im Herbst tut, braucht mehr Kraft. Wenn ihr die Impulse des Lebens bereits gesetzt habt, dann sollte das ***Genießen*** *dieser auch als ein wichtiger Punkt des Seins erfahren werden. Wer das Genießen nicht mehr lebt, der ist verloren wie ein Kind in einem Raum der Dunkelheit.* ***Das Genießen***

des Lebens ist der Zauber der Materie. *Wirken, schaffen, Impulse geben, immer arbeiten sind Dinge, die Ausgleich fordern von eurer Seele wie von eurem Körper. Werdet euch also bewusst, dass diese Komponente in eurem Leben und für eure Seele sehr wichtig ist. Genießt. Sucht euch eine Art des Genusses aus, die Zeit nicht mehr existent „macht". Gleicht aus, um dem Körper und auch eurem Geist zu signalisieren, dass Leben nicht nur Wirken ist, sondern durchaus auch das Genießen. Um dies zum Abschluss zu bringen, möchte ich darauf hinweisen, dass diese Zeit des Genusses am Ende des Lebens unbedingt auch dazu verwendet werden sollte zu reflektieren, was die Intuition noch aus einem heraus spricht, was die Seele aus euch versucht noch auszudrücken. Wenn sie das Wirken und besondere Erfahren des Seins als Seele, ausschließlich als Seele fühlen will, dann lebt dies. Nutzt die Zeit, nutzt die Chance, die ihr habt, solange es geht.* ***Am Ende dieses Lebens steht nur eine einzige Tatsache in eurem Buch des Lebens: eine Zeit der Freude oder nicht.***

Warum die Freude?

Weil sie die Seele beflügelt. Wie alle Kraft im Kosmos alles bewegt, so kann Freude eure Seelen bewegen und wenig Freude eben nicht. Es wäre aber für eure Entfaltung und Entwicklung besser, wenn ihr viel Freude angereichert habt. Daher bitte, bitte, bitte vernehmt meine Worte am Ende dieses Kapitels: ***werdet zu Meistern der Freude in allem, was ihr tut.***
Lebt in Freude so oft ihr könnt.
Seid gewahr, dass nur die Freude eure Seelen erhellt, nur die Freudes-Kraft eure Seelen erhebt. Seid achtsam und liebevoll,

∞

denn so ist eure Seele.
Wer die Kräfte des Kosmos in seiner Seele fördert, der wird
von der Kraft des Kosmos gefördert wie ein Wechselspiel an
Aktion und Reaktion; so wirkt Seele im Kosmos und Kosmos
in Seele.

Hast du noch etwas dazu zu sagen?

Nein.

Dann danke ich dir vielmals dafür und habe gleich noch eine andere
Frage, die ich in einem anderen Teil aufschreibe.

Danke.

Liebe.

Aufruf an das bewusste Leben

Liebster Salomon, gibt es etwas, wie du diese Session beginnen möchtest?

Ja.

Wie denn?

Durch die weltlichen Themen hindurch werden wir das Wissen der Sira festhalten wie auch die Impulse aus meiner Seele. Wenn du möchtest, beginne du mit den Fragen zu den weltlichen Themen.

Es gibt so viel, ich weiß gar nicht, wo ich anfangen soll, aber gut, lass es mich versuchen. Ich möchte gerne wissen, was du zu dem Thema Familie sagst? Oder nein, lass es uns nach dem Alphabet machen. Wir fangen bei A an. Bei A fällt mir Arbeit ein. Also beginnen wir mit A, dem Thema Arbeit.

*Das Leben wird den Seelen geschenkt als eine Chance voller Chancen. Die Seelen treten in das Leben und können so ihre ganze Wahrnehmung schulen. **Wenn sie verstehen, dass dazu die bewussten Handlungen und kreativen Impulse in Liebe der Schlüssel zum Wachstum ihrer Kraft ist, dann haben sie das Wichtigste gelernt.***
Wenn Menschen ihr Leben wenig unbewusst leben, ist das auch in Ordnung, dennoch eine große Gefahr, Kraft zu verlie-

ren. Wie bei einem Spiel, wo du nach der Runde weiter hinten endest als du begonnen hast vorher. Wie ein Spiel der Kräfte so würde ich dieses Spiel benennen, denn wenn die Kraft der Seele wächst, ist das wie eine Neugeburt ihres ganzen Seins, wie alle Geschenke des Kosmos auf einmal. Wenn sie aber Kraft verliert durch unbewusstes Handeln, dann ist das traurig und weit tiefer problematisch für diese Seele als ihr bisher glaubt.

Aber wenn ich jetzt zum Beispiel Tiere betrachte, Tiere sind doch auch sehr unbewusst. Heißt denn Unbewusstheit gleichzeitig auch unbedingt, dass sie verunreinigen?

Nein, das ist eine ganz andere Problematik bei den Tieren, die keinerlei Werkzeuge des Bewusstseins haben. Aber wenn du Bewusstseinswerkzeuge besitzt und diese nicht benutzt über einen ganzen Lebenszeitraum, dann hat dies andere Auswirkungen als ein Tier, das ohnmächtig den Umständen der Unbewusstheit ausgesetzt ist.

Hm, verstehe. Du willst damit sagen, dass die Menschen, die ja Bewusstsein haben, sich auch bewusst gegen seelische Impulse oder eben liebevolle Impulse entscheiden können. Tiere dagegen nicht wirklich, denn sie sind getrieben von ihren animalischen Trieben, gell?

Ja.

Verstehe. Bitte weiter.

Eine Seele, die durch derartig unbewusstes Handeln trotz Werkzeugen eines Bewusstseins ihre Kraft verliert, kann dadurch übrigens in die Wahrnehmung des niedrigen Energielevels der Tiere geraten. Damit möchte ich sagen, dass so mancher Mensch trotz Seele so unbewusst lebt, wie beseelte Tiere. Und dies bedeutet, dass diese Seelen, die so viel Kraft verloren haben, im Laufe des Lebens eines Menschen, durchaus danach als Tiere wiedergeboren werden. ***Wenn du den Kreislauf von Kraft vergrößern und Kraft verringern verstanden hast, wird die ganze Vielfalt des Kosmos bewusster als Chance wahrgenommen. Erkennst du dies nicht, taumelst du einfach nur durch das Leben wie ein weltliches menschliches Körperkleid aber ohne die bewussten Impulse deiner Seele.***

88   Kannst du aus deiner Ebene, wo du jetzt bist, sehen, wie viele Menschen unbewusst sind und wie viele bewusst?

Ja.

Bitte kannst du es prozentual benennen?

Nein.

Versuch es irgendwie ein bisschen zu beschreiben, bitte?

Wenn ich Zahlen nennen soll, so kann ich dies nicht, da ich nicht die Kraft in Zahlen bemessen kann. Sie ist eine Stärke aber keine Masse.

Hm, bitte versuch es trotzdem.

Über die Kraft der Seelen kann ich ihren Bewusstseinsgrad erkennen. Um dir eine relativ angemessene Antwort zu geben, so sage ich dir, überwiegend unbewusste Menschen bevölkern die Erde. Doch gibt es wenige sehr bewusste Energien, die starke Impulse geben können.

Lieber König Salomon, möchtest du noch etwas dazu sagen?

Nein, eigentlich wollte ich zum Thema Arbeit etwas sagen.

Wir finden die Form schon.

Ja.

Vielleicht möchtest du diesem Kapitel einen Schlusssatz geben.

*Ja, gerne. **Das Leben, lieber Leser dieser Zeilen, wird deine Prüfung an dein Bewusstsein.** Willst du es vergeuden als Mensch ohne jegliche bewusste Wahrnehmung deiner innersten seelischen, tiefen Impulse oder willst du der Gott sein, der du bist?*
*Menschliche Impulse werden zu wirklichem Müll, wenn sie ohne Herz, ohne Liebe und ohne Bewusstheit in die Welt gesetzt werden. Und sie werden gleichzeitig zu den größten Liebeserklärungen des Kosmos, wenn sie in Liebe, Herzlichkeit und Bewusstheit getan werden. Ich bitte dich, lese diese Zeilen, **verinnerliche dein wirkliches Potenzial.** Willst du wirklich dein Leben nur so vor dich hin leben und vergeuden in be-*

langlosen Aufmerksamkeiten auf weltliche Bedürfnisse, oder willst du die wahre Größe in deiner Seele endlich erkennen und sie blühen lassen.

Bitte, hört endlich auf, das Leben als eine Abfolge unbewusster Taten an euch vorbei streifen zu lassen ohne die Verinnerlichung der wirklichen Potenziale in euch. Wie ein Vogel, der immer nur läuft, so lebt ihr alle ohne die wahre Bestimmung in euch gefunden zu haben.

Lieber König Salomon, ich danke dir vielmals - Es ist wichtig, dass wir ihnen helfen können, wie sie diese wahre Bestimmung finden können.

Ja. So wird es Übungen geben hier in diesem Werk. Wir werden diese festhalten. Ja.

Hast du denn eine Übung, die du als Erstes vielleicht jetzt schon mitgeben möchtest?

Ja.

Wie wollen wir sie nennen?

Die Übung der Wahrnehmung.

Mhm, bitte beginne.

Sehe deine Umgebung. Betrachte sie in Stille und Ruhe.

Sitze dabei so, dass du gemütlich weiter betrachten kannst. Dann beginne deine Wahrnehmung zu verändern, indem du bitte die Augen schließt. Was genau nimmst du jetzt wahr - das Gleiche wie vorher oder weniger oder etwas ganz Anderes?

Fühle einmal, was sich noch Anderes zeigt. Vergiss dabei das, was du noch eben gesehen hast und lass nur deine Gefühle sprechen. Sie nehmen entweder die Umgebung über die Gefühle wahr oder sie tragen dich hinfort in eine ganz andere Zeit und Raum, wo du über die Wahrnehmung deines inneren seelischen Auges die Kraft des Kosmos aufnimmst.

Dann beginne deine Handflächen langsam so zu öffnen, dass du die Kraft über deinen Handflächen verspürst. Warte eine Weile, ob sich ein magnetisches Gefühl einstellt und genieße diese Wahrnehmung. Dieses Spiel kannst du unendlich weitertreiben, dein Körper ist der Schlüssel in diese anderen Wahrnehmungen. Du musst erkennen, dass er die Brücke in die Wahrnehmung deiner Seele ist und wenn du ihn einsetzt, um diese anderen Wahrnehmungen zu erfahren, dann erfährst du deine Seele Stück für Stück mehr und mehr.

Möchtest du noch etwas dazu sagen?

Nein.

Dann danke ich dir vielmals dafür. Weißt du schon, worüber du als Nächstes berichten willst?

Das Wirken des Menschen.

Danke dir vielmals. Danke. Liebe.

Seelenwirken

Liebster Freund, du hattest gesagt, du möchtest heute über das „Wirken" sprechen. Bitte sprich.

*Wenn ein Mensch die materiellen Wünsche des Lebens beginnt manifestieren zu wollen, so kommt er unweigerlich an den Punkt, an dem er etwas erschaffen muss. Nichts entsteht durch Nichts-Tun. Wenn also deine Seele wirken will, so wird sie auch die Bedürfnisse des menschlichen Seins umsetzen müssen, denn beides braucht einander - **das Ego wirkt für die körperlichen Bedürfnisse, die Seele braucht den Körper, um zu sein und in ihm die Erfahrungen zu sammeln.***

Wenn also eine Seele die Aufgabe des Lebens formen möchte, so muss dies immer auch im Einklang mit dem Ego geschehen. Das bedeutet, dass die Aufgabe eures Lebens im Einklang mit den seelischen Wünschen geschehen sollte, Platz für sie erschaffen werden sollte. Wirken als Mensch ist daher immer auch dual. Ihr seid immer auch viele Schichten, niemals eindimensional.

*Wenn du die Aufgabe deines Lebens also gefunden hast, wirke immer im Einklang mit der Seele. **Wirke, um zu leben aber lebe auch die Seele.** Wenn die Formen so stabil geworden sind, dass sie dir ermöglichen, wieder leise der Stimme der Seele zu lauschen, um diese zu leben, so beginne auch diesen Weg so zu festigen, wie als sei es Materie. Damit meine ich, dass du die Formen der seelischen Ausdrucksformen wirken lässt allesamt als seien sie Träume deines Egos, die du ver-*

wirklichen willst.
Widme dich jedem Impuls der Seele genauso wie dem Impuls deines Körpers. *Wer dies schafft, der lebt die Göttlichkeit des Seins. Über die Zeit des Lebens werden so körperliche Wünsche und Bedürfnisse wie auch die seelischen zu einem Tanz des Seins, der euch beglückt und erfreut.* ***Die körperlichen Genüsse wie auch die seelischen Sehnsüchte weiter zu wachsen und zu entfalten, bilden die Gesamtheit des kosmischen Wesens, das ihr seid.***

Lieber Salomon, so mancher weiß aber gar nicht, erstens, was er will, also rein vom Körper und dem Ego her gesehen, geschweige denn, was die Seele in ihm will. Was gibst du solchen Menschen mit auf den Weg?

Du beginnst damit das nächste Kapitel: Wirken durch Reflektion.

Dann bitte sprich.

Wenn die Menschen die alltäglichen Abläufe des Lebens beleben, so werden sie immer wieder an Punkte gelangen, an denen sie reflektieren, nachdenken, überlegen, warum sie dies tun, was sie tun. Wenige geben diesen Gedanken Raum für längere Zeit, doch selbst wenn es nur ein kurzer Moment dieser Frage ist, so reicht er aus, die Reflektion zu leben. ***Nicht die Dauer eines Moments wertet seine Qualität, sondern das Erleben dieses Moments.***
Wer also diesen Moment erfährt, und das kann überall und jederzeit passieren, der sollte wachsam dies betrachten, was

∞

um diesen Moment herum geschieht. Ist es Liebe, die ihr dabei empfindet? Wut? Schmerz, Freude, Leere, Verunsicherung, Angst ...? Wie fühlt sich dieser Moment an? Wohl wird er meistens durch die Unbewusstheit getrübt, doch bleibt das Gefühl. Und wenn ihr dieses Gefühl mit Wachsamkeit betrachtet, so ist alles möglich, aus diesem Moment zu entstehen.

Bewegung geschieht nur aus dem Bewusstwerden der Richtung, in die ihr euch bewegen wollt.

Übermittle bitte den Menschen, dass über diese Verbindung von seelischem Rufen und körperlichem Schaffen die Chance des Lebens besteht, glücklich zu werden. Alles was ihr tut, alles was ihr lebt, will durch die Wirkung der Seele veredelt werden. ***Die Seele macht den Impuls des Egos zu einem göttlichen.***

Solange aber nur das Ego wirkt, werden diese Impulse verfliegen wie der Dunst am Morgen. ***Wirkt ihr aber mit der Seele im Einklang, so bleiben diese Taten lange im Kosmos und vor allem in euch als Erinnerungen des Lebens bestehen.***

Hmm, lass mich das kurz versuchen zu greifen ... du möchtest also sagen, wenn man unbewusst einfach nur den Dingen des Alltags im Leben folgt, ohne jegliche Reflektion, dann wird das alles irgendwann vergessen sein und keine ewigen Spuren hinterlassen. Wenn man aber mit der Seele im Einklang wirkt, tut man andere Dinge, trifft andere Entscheidungen und diese wiederum, weil sie mit der Seele geschehen sind, also mit bewusst gelenkter Kraft der Seele, werden weiter in der Seele schwingen und anders im Kosmos wirken, weil sie eben seelische Impulse waren, richtig?

∞

Ja, das hast du genau richtig erkannt. Du kannst es besser formulieren als ich.

Mal du, mal ich. Wichtig ist, dass es die Menschen verstehen. Bitte sprich weiter.

Ich möchte dazu ein Bild malen.

Ja bitte.

Wenn du dir einen Bildhauer vorstellst, der Aufträge hinterlässt, die die Menschen sich von ihm gewünscht haben, dann kann dies zu einer sehr lukrativen und wirtschaftlich guten Einnahmequelle werden. Das war alles und wird es auch dann nur bleiben.
Doch, jetzt stell dir vor, dieser Mensch gibt diesen Arbeiten dabei einen intensiven persönlich seelischen Impuls wie besondere Verzierungen, liebevolle Verschnörkelungen, Symbole oder allerlei Zusatz, der die Werke verschönert. Dann bemerken die Menschen dies und beginnen sich durch Kommunikation über die außergewöhnliche Arbeit mehr und mehr dafür zu interessieren. Die Resonanz dieser Taten beginnt also in Stein gemeißelt zu wirken. Etwas ganz Feinstoffliches, ein seelischer Impuls, wird so zu festester Materie und beginnt tatsächlich zu wirken. Menschen beachten den Bildhauer noch mehr, sie würdigen ihn, und vor allem: Sie ehren ihn noch weit über den Tod hinaus. Damit will ich sagen, dass ihr in jeder Sekunde die Möglichkeit habt, euer Wirken so zu verschönern und zu verewigen mit besonderen seelischen Impulsen, dass ihr weit über die Materie hinaus Resonanzen

erschafft - die eurer Seele. Sie werden lange noch in dieser schwingen und weiter und weiter wirken, wie auch immer, wo auch immer und wann auch immer.

Hm, das ist ein sehr schönes Bild, aber was machen Menschen, die nicht kreativ sind? Nicht jeder ist Bildhauer oder Maler oder Sänger oder was auch immer. Was machst du mit Menschen, die tatsächlich keine solchen Begabungen haben, die also einfach nur ins Büro gehen und dort ihre Arbeit machen? Wie können sie die Impulse der Seele manifestieren?

Wer sagt, dass nicht jeder derartige Begabungen hat?

Na ja, hmm ... du meinst, sie sind einfach nur unbewusst und verdeckt?

Ja, genau. Jeder ist kreativ, weil jeder Mensch eine Seele in sich trägt. Diese würde immer solche kreativen Impulse geben.

Aha, du meinst also, wenn wir die Kinder in der Schule noch viel früher in ihrer Kreativität fördern würden, dann würden sie noch viel mehr ihre Seelenkraft verwirklichen - schon von Anbeginn an?

Absolut.

Hmm ... schön, eine schöne Vorstellung ... aber es müssen ja nicht unbedingt solche Talente sein, es können ja auch tatsächlich andere Sachen sein. Jemand kann zum Beispiel vielleichteinfach unglaublich gut malern oder Häuser bauen oder Sachen reparieren.

Die Art und Weise, die die Seele sprechen lässt, ist von mir nicht zu benennen. Ich möchte darauf hinweisen, dass die Seele weit tiefer, intensiver, schöner und größer wirkt als das Ego dies jemals kann.

Na ja, das Ego auf diesem Planeten kann schon auch ganz schön viel. So mancher wird heutzutage in alle möglichen Positionen gebracht, in denen er wiederum Macht hat, und das ist ausschließlich ein Ergebnis des Egos und in den seltensten Fällen der Ausdruck einer Seelenkraft. Und dann gibt es Menschen, die ähnlich begabt sind wie ich, vielleicht sogar noch viel, viel begabter, und die überhaupt keinerlei Beachtung finden, im Gegenteil, sie ernten eher Hohn und Spott. Insofern ist das Ego schon sehr stark und präsent in unserer heutigen Welt im Vergleich zu der Achtung, die Menschen entgegen entgegenkommt, die medial begabt sind.

Ja, das mag sein, doch wenn wir die Thematik der Seelenwirkung hier besprechen, dann möchte ich noch einmal darauf hinweisen, dass nur die Seelenwirkung am Ende wirklich bleibt. Ein Manager, wie du ihn gerade benannt hast, der vielleicht ein Unternehmen leitet, wie viel hinterlässt dieser an seelischen Impulsen?

Na ja, das kann ich nicht beurteilen, aber in unserem Beispiel wahrscheinlich keinen einzigen.

Ja, und was bleibt ihm davon?

Nichts.

Was bleibt den Menschen, die er führte davon?

Auch nichts.

Dann beobachte Menschen, die Völker oder Firmen führen und die wiederum seelische Impulse geben.

Ja okay, sie gehen mehr in die Geschichte ein, wie man so schön sagen würde.

Absolut.

Gut, ich hab dich verstanden, und wenn aber so mancher Mensch doch gar nicht den Anspruch hat, wirklich etwas Großes, Seelisches zu hinterlassen?

(Lacht) ... jede Seele hat das, jede.

Hm, man könnte fast denken, die Seele hat ein Ego.

Das ist listig, Sylvia.

Ja, Entschuldigung, ich meine nur ... es geht darum, dass die Seelen sich ausdrücken können und sollten.

Ja.

Und wenn wir Menschen, am besten die Menschheit, diesen Seelen Ausdruck gibt, dann wird unsere Welt eine schönere, das kann man doch so sagen oder?

Ja, und ... eure Seelen reicher, schöner, freudiger, kraftvoller.

Hmm, schön. Seelenwirkung ist übrigens ein schönes Wort. Möchtest du noch etwas dazu sagen?

Nein.

Dann bitte sprich, was ist das nächste Thema?

Eine Ohnmacht des Lebens.

Mhm, okay, dann sprechen wir morgen über die Ohnmacht des Lebens, ja?

Ja.

Danke dir vielmals, Liebster. Danke. Liebe.

Seelenwahrheit - Zeit der Ohnmacht

Liebster Freund, du hast gesagt, du möchtest heute über die Ohnmacht des Lebens sprechen? Bitte beginne.

Eine Bitte dazu: Du würdest mich besser verstehen können, wenn du dir die Matten unter dem Kopf etwas flacher legen würdest ...

Upps, einfach eine weg ... besser so?

Ja. Dadurch fließt die Energie gerader durch deinen Körper.

Ach ja, das verstehe ich, das macht Sinn. Gut, dann sind wir bereit zu hören, was du über die Ohnmacht des Lebens zu sagen hast.

Ja. Das Leben wird durch verschiedenste Dinge bestimmt und geleitet, doch nicht alle sind über den freien Willen lenkbar. Das Besondere im Leben als Mensch ist, die Verbindungen in die unterschiedlichen Ebenen von Menschen zu verstehen. Einerseits bekommt der Mensch die Möglichkeit, Freunde zu gewinnen doch andererseits begegnet er Menschen, die ihm schaden wollen. Eine besondere Aufgabe auf dieser Reise wird es immer sein, die unterschiedlichen Charaktere einer Seele zu erkennen, ohne die Wahrheit dieses Menschen zu kennen.

*Das Wirken als Mensch ist also immer auch von der Ungewissheit des falschen Beurteilens geprägt. **Du kannst einen***

Menschen nicht so schnell kennenlernen, dass du sofort seine Seelenwahrheit kennst. *Du musst ihn erst über viele Wochen oder Monate gar verstehen lernen.*

Diese Zeit ist auf gewisse Art und Weise die Zeit einer Ohnmacht, denn ihr alle seid dabei in gleicher, wenn gar aus unterschiedlichen Bedürfnissen heraus, aber in gleicher Position. Die Menschen, die viel Bedürftigkeit erleben, sind in größerer Gefahr als diejenigen, die weniger bedürftig sind, denn durch diese Bedürftigkeit ist die Ohnmacht der Ungewissheit mehr eine Gefahr im gewissen Sinne als für die weniger Bedürftigen. Gefahr, weil man sich täuscht, weil man sich verirrt und über die Hoffnung viel Kraft gibt. Wird diese Kraft nicht erwidert, weil man sich völlig getäuscht hat, so ist dies eine Gefahr, denn das Kraftpotenzial der Seele verschwindet dabei.

Gibt es nicht irgendetwas, das man den Menschen noch mitgeben kann, damit sie durch diese Ohnmacht weniger in Gefahr sind?

Nein, weil dies eine logische Konsequenz des Lebens auf der Erde ist. ***Alle Seelen schwingen, aber die körperlichen Instinkte und Impulse überdecken dies. Die Zeit, in der ihr herausfindet, ob eine Seele die Resonanz mit eurer eingeht, wird immer auch Teil des Lebens sein.***

Wenn ihr durch Befragen oder mehrere Impulse austauschen, Leben und Verwirklichen, dies beschleunigen wollt, so ist dies dennoch möglich, aber die Zeit einer Ohnmacht der Seele dem Ego gegenüber wird immer bleiben, egal wie kurz oder wie lang. Diese Zeit ist unumgänglich.

Eine wichtige Botschaft an euch alle, da diese Erkenntnis die

Haltung in euch formen kann, durch diese Zeit des Kennenlernens anders zu gehen. Vorsichtiger und doch noch wachsamer. Denn wenn ihr lauscht, was die Impulse des anderen für eure Idee bedeuten, dann erfahrt ihr etwas schneller die Wahrheit dieser Seelenkraft.

Aber ist das wirklich die Seelenkraft, ist das nicht das Ego dahinter?

Ja, das meine ich, wenn ich das so sage. Denn selbst wenn jemand mehr das Ego sprechen lässt, so ist dies die Seelenwahrheit.

Hm, verstehe.

Du kannst das auch bildlich beschreiben: Sehr wenige Menschen reflektieren, wer sie wirklich sind. Sie wissen es gar nicht. Diejenigen, die es wissen, leben anders. Sie fordern anders, sie entscheiden anders. Diejenigen, die langsam, gemächlich und wenig impulsiv handeln, sind meist sehr mit der Seele verbunden. Das Ego treibt euch zu Übersprung, Hast, Eile und Ruhelosigkeit.

Aber ich kenne auch Menschen, die sind sehr langsam, ruhig und bedacht, aber sie erschaffen in ihrem Leben gar nichts - ist das tatsächlich das, was die Seelen wollen?

Das ist doch ohne Wertung. Wenn ein Mensch, die Seele in ihm, das Leben als Lebenserfahrung ohne große Schaffenskraft erfahren will, dann ist dies nun mal so, aber selbst wenn er einen kleinen Impuls der Seele durchlebt, so wird er ihn an-

ders geben als derjenige, der mit dem Ego verhaftet ist. Wenn du dir vorstellst, dass die Kraft der Seele mit der Kraft des Körpers verbunden wirkt, so wird alles klar, wenn du verstanden hast, **dass die Seele keine Eile kennt, sondern nur die konzentrierte Kraft auf etwas.**

Wenn die Impulse des Egos in dem Körper die Impulse lenken, so tun sie dies schneller, lebendiger und kraftvoller als die Seelen, doch letztlich wirken die Seelen länger, intensiver und dadurch letztlich kraftvoller. Ich kann dies ganz kurz zusammenfassen in: **Die Energie des Körpers ist kurz und sehr kraftvoll, die Kraft der Seele ist lang anhaltend und sehr viel kraftvoller.**

Hmm, das eine ist ein Bildhauer und das andere ist ein Fluss, der sich langsam in den Stein frisst, oder so in der Art?

Das Bild ist nicht so gut, weil wir gestern diesen Bildhauer auch schon verwendet haben - nutze lieber den Baumeister, der ein Haus baut. Sein Haus wird sehr viel vergänglicher sein als der Fluss, den du gerade als Beispiel nanntest.

Ja verstehe. Bitte sprich weiter.

Sehr gern. Eine wenig beachtete Komponente der Menschen war schon immer diese menschliche Problematik des Wissens um die Seelenwahrheit und der Täuschung. Wer diese Formel kennt, der kann die ersten Monate des Zusammentreffens der Menschen anders angehen, anders deuten, anders betrachten.

Aber bei manchen sind es Jahre, vielleicht sogar ein ganzes Leben, in dem man sich getäuscht hat. Kann man hier wirklich von einigen Monaten sprechen?

Du sprichst die Zeit der Ohnmacht als die Komponente an, die tatsächlich keinerlei Zeitmaß kennt. Es sind nicht immer Monate. Du hast durchaus recht, es können auch lebenslange Verbindungen sein, die immer noch keine wirkliche Seelenwahrheit erlebt haben. Dennoch möchte ich das Potenzial der Verkürzung dieser Ohnmacht benennen. Die Menschen, die sehr bewusst diese Lebensformel kennen, können über die bewusste Betrachtung des Gegenübers in wenigen Monaten diese Antworten bekommen, welche so manch anderer, ohne die Erkenntnis über diese Ohnmachtszeit, ein Leben lang nicht findet.

Daher, bitte verstehe die Zeitangabe nicht als Pauschalmaß, sondern als das Potenzial dieser Zeit der Ohnmacht. Es geht nicht in einem Tag, es geht nicht in einer Woche, es geht allenfalls in ein paar Monaten oder Jahren.

Ich verstehe, das hast du sehr schön erklärt.

Wenn die Menschen dies verstehen, begeben sie sich in die Begegnungen mit neuen Menschen in einer anderen Haltung, als dies vorher der Fall war.

*Nutzt diese Zeit des Kennenlernens auch, um euch selbst noch ein Stückchen mehr kennen zu lernen, **wer oder was in euch sucht die Antworten.***

Reflektiert darüber, schaut euch selbst genauer an, wie ihr auf was reagiert. Wenn ihr etwas beobachtet, das sehr viel Unwohlsein hervorruft bei der Begegnung mit dem neuen Men-

schen, so betrachtet dieses Gefühl in euch genauer.
Dieser Weg ist also auch immer auch eine weitere Reise zu
sich selbst. Das ist schön so und das ist gut so. ***Lebt diese***
Spiegel des Begegnens noch bewusster und intensiver, dann
lernt ihr erneut auch noch mehr über euch kennen.

Das hab ich verstanden. Möchtest du noch etwas dazu sagen?

Nein.

Was ist dann unser nächstes Thema?

Die Kunst des Wartens.

Gut, dann sprechen wir morgen über die Kunst des Wartens, ja?

Gerne.

Möchtest du noch etwas sagen? ...

Nein.

Dann danke dir vielmals.

Danke.

Liebe.

∞

Die Kunst des Wartens

Geliebter Freund und Lehrer. Du hast gesagt, du möchtest heute über die Kunst des Wartens sprechen. Ich bitte dich, beginne zu berichten.

*Die menschliche Wirkungsweise ist eine sehr langsame. Einerseits kann ein Mensch zwar schnell und intensiv Impulse umsetzen, aber sowie es um die Umsetzung einer gemeinschaftlichen Idee oder eines gemeinschaftlichen Dienstes geht, braucht dies sehr viel Zeit. Wenn ein Mensch sehr ungeduldig ist, so kann ihn diese Zeit des Wartens sehr viel Kraft kosten. Doch das kann man überbrücken, indem die Kraft dieses Menschen umgeleitet wird in die Umsetzung anderer weiterer Ziele. Wie die Gärtner die Samen mehrerer Pflanzen in den Boden geben, so sollten Menschen, die voller Ungeduld sind, dies beherzigen: **Vergeudet die Kraft in euch nicht durch Warten, bleibt in der Aktivität des Schaffens.***

Das Warten wird immer Teil der Geschichte eines Volkes, mehrerer Menschen sein. Doch der einzelne ungeduldige, kraftvolle Mensch kann diese Gesetzmäßigkeit auch nutzen, um weitere Impulse in die Materie zu geben. Wenn ein Mensch aber ohne große Ungeduld ist, so ist seine Kunst des Wartens eine leichtere Aufgabe. Er braucht die Kraft nicht umleiten und kann sich dem Fluss des Lebens voll hingeben, vertrauensvoll geduldig sein und wissen, dass sein Impuls irgendwann einmal in der Materie verankert wird.

Die Aufgabe des Menschen voller Ungeduld ist in erster Linie also eine Kraftverteilung.

∞

Willst du damit sagen, dass diejenigen, die geduldiger, ruhiger in diese Gesetzmäßigkeit des Wartens eintreten, weniger Kraft haben?

Ja schon. Wenn du dir den Dschungel der Erde anschaust, so hast du verschiedene Arten von Tieren, doch alle sind sie am Ende Tiere. Ein Pandabär sitzt mehr als der Affe dies tut, richtig?

Ja.

Damit ist die Kraftverteilung in den Menschen auch schon gut skizziert. Ohne Wertung, der eine hat eben dieses Kraftpotenzial, der andere ein anderes und dies ist, und das ist mir wichtig dies zu betonen, ohne Wertung. Wer sagt, dass der Affe das „bessere Tier" wäre, oder gar der Panda? Das ist nicht wichtig hier. Es geht nur darum zu erfahren, wer ist wie in seinem Kraftpotenzial und kann damit umgehen.

Weißt du, warum das so ist? Warum kann ein Volk nicht auch schnell einen Impuls umsetzen?

Weil die Kommunikation zwischen den Menschen sehr lange braucht, um wirklich jeden erreicht zu haben.

Aber ein Wort kann man schnell aussprechen ...

Ja, aber das Verstehen der einzelnen Menschen in sich, wirft weitere Fragen auf. Außerdem hast du in deinem Volk vielleicht doch auch unterschiedliche Energien - Pandas, Löwen, Faultiere etc. Wer sagt denn, dass ein Volk aus alles Gleich-

*gesinnten besteht? Das gibt es gar nicht. Jeder Mensch ist so einzigartig wie die Tiere und Pflanzen eurer Erde. **Nur weil sie einem Ziel folgen, heißt dies nicht, dass sie alle gleicher Kraft sind.***

Hmm, ich weiß. Okay, wir fassen zusammen, die Kunst des Wartens besteht vor allem darin, dass man sich ablenkt?

Ja, genau. Und durch diese Ablenkung wiederum verschiedene Spielfelder betritt, Menschen kennenlernt, kommuniziert, weiter wirkt.

Das hab ich verstanden. Hast du noch etwas dazu zu sagen?

Nein.

Was ist das Nächste, worüber du sprechen möchtest?

Ich möchte dir die Möglichkeit geben, dass du Fragen stellst.

Okay, ich werde mich vorbereiten.

Gerne.

Okay, dann werde ich das machen. Danke dir vielmals. Liebe.

Gerne.

Die Liebe

Du hattest mich gebeten, dass ich heute zu verschiedenen Gebieten Fragen stelle. Ich möchte beginnen mit der Liebe. Die Liebe, die uns alle beschäftigt. Die Kraft, die keiner wirklich greifen kann und ohne die keiner wirklich sein kann. Bitte beginne mir zu erzählen, was du über die Liebe weißt und berichten möchtest, bevor ich vielleicht noch die ein oder andere Frage nachlege.

Gerne. Die Liebe aller Dinge des Lebens ist eine der schönsten und schwersten Erfahrungen zugleich. **Wer alles Leben lieben will, der kann nicht nur eine einzelne Person lieben. Denn seine Kraft erkennt die Liebe in Allem was ist.** *Doch deine Frage geht vor allem in die Richtung des menschlichen Empfindens zu Mann und Frau, richtig?*

Ja, wobei ich das nicht so eingrenzen möchte. Also du kannst gerne weiter über die All-Liebe sprechen, wenn wir dann auch über die Liebe zwischen Mann und Frau oder eben zwischen zwei Menschen sprechen. Das kannst du gestalten, wie du es möchtest.

Wenn wir die All-Liebe als solche benennen, ist schon eine große wichtige Art der Liebe benannt. Die All-Liebe will den ganzen Erfahrungsschatz des Empfindens aller Formen in ihrem Innersten wahrnehmen - über die Aufmerksamkeit zu Allem und die Entdeckung der Schönheit in Allem. Doch dafür braucht es eine ganz bestimmte Einstellung im Leben. Nur wenn du die Aufmerksamkeit aus der Konzentration auf eine

*Person oder Sache lenkst, kannst du die All-Liebe überhaupt erfahren. Selten ist dies der Fall. Denn die Menschen meinen die wirkliche Erfüllung nur in der Erfahrung der Liebe zu einem einzigen Menschen zu erfahren. Oder wenn du es etwas differenzierter festhalten möchtest, zu einem Menschen als Partner und einem Menschen als Kind jeweils. Doch auch da begeben wir uns schon wieder in die Vielfalt der Liebe. Bleiben wir einmal in der Art und Weise, einen einzigen Menschen zu lieben. Menschen, die dies leben wollen, meinen, dass die Liebe zu einem Menschen ihnen alle Aufmerksamkeit von diesem schenken sollte, und sie erwarten das Gleiche zurück. Doch das ist alles Illusion. Wenn ein Mensch liebt aus tiefem Herzen, so kann er die Wünsche seines Egos abstellen. Wenn er aber über das Ego seine Gefühle lenken lässt, so kann er dies nicht. **Wer wirklich liebt, der kann diese Liebe auch verbreiten.**

Bitte lass uns das ein bisschen konkreter umreißen. Wenn ein Mensch jung ist und sich frisch verliebt, dann ist das alles sehr aufregend, die erste Liebe, und man hat furchtbare Angst, dass man diesen Menschen wieder verliert. Ist das nicht verständlich?

Doch ... doch das ist alles sehr unreflektiertes und egobehaftetes Lieben, Sylvia. Eine Seele liebt anders.

Hmm, gut aber die Menschen möchten wissen, wie können sie mit diesen Situationen umgehen? Immerhin ist es meistens ein großes Loch, das entsteht, wenn man einen Menschen, den man geliebt hat, verliert, sei es durch Tod oder durch eine Trennung generell. Was möchtest du den Menschen mit auf den Weg geben zum Thema Liebe

... dass sie die Gesetzmäßigkeit der Liebe verstehen?

Wenn ihr über die Lebenszeit die Weisheit in euren Seelen entfaltet, so werden die Empfindungen sich verwandeln. Wie man durch die anfängliche Art des Ego-Liebens geht, wie man niemanden festhalten oder bezwingen kann, verändern kann oder manipulieren kann, so sollte die Lebenszeit dabei die Erkenntnis formen, **dass Liebe eine Kraft ist, die wie die Blume des Lebens grenzenlos und weit ist.** *Nicht das Festhalten, wenn jemand gehen will, nicht das Kontrollieren, wenn jemand wenig kommuniziert, nicht das menschliche übermäßige Verketten in Beziehungsmuster werden die Liebe zum Blühen bringen, nein. Es ist die Freiheit, die Weite und die Größe, mit der ihr einem Wesen begegnet. Damit will ich sagen, dass wirkliche tiefe Liebe alle Formen der Kontrolle und des Lebensplanens nicht kennt und braucht.* **Wahre Liebe, tief und unerschütterlich, wie eine Kraft, die aus der Quelle wirkt, vergeht nicht durch Freiheit, sondern blüht in ihr.**

Aber es gibt Menschen, die lieben, die empfinden diese tiefe Liebe und verlieren sie wieder. Was ist da dann das Problem?

Solche Menschen sind unbewusst mit dieser kostbaren Energetik umgegangen. Die Liebe braucht Weite. Wer also Weite nicht empfindet oder blockiert aus Gründen wie Angst oder Ähnlichem, der verringert diese Kraft und somit bringt er die kraftvolle, impulsive, alles belebende Kraft zum Erliegen.

Du willst also damit sagen, dass die Menschen durch ihre einengende, kontrollierende Art die eigentliche Kraft der Liebe tatsächlich zerstören oder verringern können, richtig?

Ja, durch die Ängste und anderen Formen des Egos können sie die intensive Kraft der Liebe wirklich fast vernichten.

Das heißt, dass nur die Menschen, die in großem, offenen Herzen ganz weit und ohne Erwartung lieben, diese Kraft auch wirklich erhalten und beflügeln können?

*Das Thema ist sehr komplex. Nicht die bedingungslose Liebe an diesen Menschen ist der alles entscheidende Schlüssel, sondern die Weite und Größe, mit der diese Liebe gelebt wird. **Wer offen und großherzig die Kraft der Liebe lebt, der wird daran wachsen. Wer klein und kontrollierend die Kraft der Liebe meint zu leben, der wird sie verkümmern.***

113

Okay, also in der Partnerschaft sollte man seinem Gegenüber offen und großherzig begegnen. Doch was ist, wenn man Verlustängste hat, was rätst du da den Menschen?

*Dann rate ich ihnen die Meditation und Reflektion über ihr Leben so lange zu begehen, bis sie die Ursachen für diese Gefühle gefunden haben, sie betrachten, reflektieren und danach ausgleichen. **Nur wer ohne Angst liebt, kann wirklich die ganze Kraft und Schönheit der Kraft der Liebe erfahren.** Alles andere ist nur die Schablone einer Abziehmaske dessen, was man skizzenartig ab und zu als Liebe empfunden hat. Die Erinnerung daran, das sehnsüchtige Suchen danach. Doch die Antwort liegt in euch. Wer Angst hat, den anderen zu verlieren, der sollte sich selbst betrachten, warum er diese*

∞

Ängste hat. Wer Sorge hat, dass der andere den Bund betrügt, der sollte sich selbst betrachten, warum einerseits diese Art von Zweifel in euch ist, und andererseits, warum der andere betrügt. Die Ursache liegt oft in euch selbst. Die Menschen reagieren vor allem aufeinander. Niemals ist etwas nur einfach so. Alles wirkt miteinander im Zusammenspiel und Zusammenhang. Daher verinnerlicht bitte, dass die Ursachen der Problematiken, die ihr in dem Zusammenhang mit Lieben empfindet, alle in euch zu lösen sind und nicht im Außen.

Na ja, der Genauigkeit halber möchte ich nachlegen, dass meistens nach der Erkenntnis in einem selbst auch äußere Umstände geändert werden, also dann auch im Außen.

Wahrlich richtig, doch die Ursache liegt bei euch, in euch!

Du sagst, Liebe ist vielfältig. Sprich bitte weiter über die anderen Formen der Liebe. Wir haben bereits die All-Liebe und die partnerschaftliche Liebe besprochen.

Wer Kinder hat, wird auch diese Form der Liebe noch zusätzlich erfahren dürfen. Die Liebe zu den Kindern ist eine der härtesten Prüfungen einer Seele an die Materie. Denn wer Kinder bekommt, der will diese ausschließlich im eigenen Glauben und Formen erziehen. Doch die Erkenntnis, dass die Seele des Kindes eigene Impulse, eigene Vergangenheit, verschiedene Leben und eigene Wünsche lebt, erfordert erneut viel Weite und doch auch Unterstützung durch Kontrolle. Daher ist dies eine der schwierigsten Prüfungen, denn einerseits müsst ihr die Formen erschaffen, diesen Lebewe-

*sen Schutz und Halt zu geben, also eine Form von Kontrolle, aber andererseits müsst ihr ihnen die Freiheiten erschaffen, diese Formen zu brechen und aus ihnen herauszuwachsen. Dies alles bedeutet viel Flexibilität in euch. Aber, wie sollte es auch anders sein, ihr wachst daran sehr stark. Doch ich möchte damit sagen, dass **die Liebe zu einem Kind die interessanteste Prüfung an die Form in euch ist: lieben und stützen, lieben und befreien.***

Bitte sprich weiter, welche Formen der Liebe gibt es noch?

Weitere Formen sind die freundschaftliche Liebe. Dann, wenn tiefe menschliche Freundschaft entsteht, ist dies nahe an der Form einer partnerschaftlichen Liebe. Denn nur die sexuelle Anziehungskraft unterscheidet dann noch die partnerschaftliche Liebe von der freundschaftlichen Liebe.

Hmm, verstehe ... und weiter?

Weise Menschen können andere Menschen über die Taten, die sie setzen, lieben, ohne dass diese einander kennen oder darüber Bescheid wissen. Dies ist nahe der All-Liebe, aber betrifft noch die materielle Form von Liebe, indem wichtige materielle Impulse gegeben werden, die die Förderung der anderen Menschen beschleunigt.

Verstehe.

Und die Arten der Liebe zur Natur und allem anderen Sein sind natürlich auch schon nahe der Form der All-Liebe. Um den Kreis also zu schließen, halten wir fest, dass alles, was über die Konzentration der Liebe auf die familiären Strukturen und freundschaftlichen und partnerschaftlichen Menschen hinausgeht, bereits die ersten Formen der All-Liebe sind, der höchsten Form des Seins, des Liebens im Sein.

Wenn du als Leser deine Seele so weit weiten willst, dass du die All-Liebe empfindest, dann beginne jetzt und betrachte die Schönheit des Seins, welches dich umgibt. **Versuche in jedem Schritt, in jedem Atemzug, in allem, was du erlebst, das Schöne zu erkennen,** *auch wenn es noch so unscheinbar manchmal scheint. Auch wenn es manchmal im Dunkeln versteckt liegt. Suche es.*

Suche diese Liebe und du wirst sie finden.

Dabei verwandelt sich deine Wahrnehmung in die Konzentration auf das Ganze, aus der Konzentration auf das Eine heraus. Dadurch verwandelt sich deine ganze Wahrnehmung und alles, was du empfindest, wird anders scheinen. Doch es ist immer noch das Gleiche wie vorher. Nur deine Seele hat sich geöffnet und geweitet.

Wisse: **Alle Grenzen, die du dir selbst setzt oder anderen Menschen oder in Partnerschaften oder in der Familie, bedeuten eine Begrenzung deiner eigenen Liebeskraft in dieser Welt.**

Das ist ja eigentlich ganz einfach - setzt du Grenzen, begrenzt du dich selbst, öffnest du dich und hast keine Grenzen, so erlebst du auch keine Grenzen mehr für dich, richtig?

Ja. Das Ganze ist sehr leicht und doch sehr schwer zugleich. Ich habe Verständnis dafür, wenn Menschen dies nicht ver-

stehen.

Aber sag mal König Salomon, wie war das eigentlich bei dir, wie hast du das gemacht? Du hattest viele Frauen, glaube ich, du hattest aber auch eine Liebste, du hattest dein Volk. Was genau war dein Prinzip?

Ich wollte die All-Liebe erfahren, die mir die Freunde nahe gelegt haben. Daher lebte ich mit jedem Tag mehr diese All-Liebe. Meine Liebste war mir eine besondere Begleiterin, da wir viele Dinge teilten, gleichen Geistes waren und sie verstand mein ganzes Sein. Ich wiederum auch ihres. Dies erschaffte dadurch eine freundschaftliche Partnerschaft, die doch auch sexuell sehr beglückend war. Die beste Form der Partnerschaft in meinen Augen. Doch die vielen Konkubinen meines Hauses waren alle auch sehr liebevolle Damen und ich respektierte und liebte ihr Sein. Das Volk unter mir waren meine Kinder. Ich liebte auch sie wie meine eigenen Kinder, das war der Schlüssel in die Entscheidungen, die ich traf.

Gibt es etwas, das du den Menschen noch mitgeben möchtest als Schlusssatz zu diesem sehr komplexen und doch so einfachen Thema?

Ja.

Dann bitte sprich.

Die Liebe, meine lieben Freunde, wird sich immer wandeln. Sie ist die Kraft des Kosmos, die ihr in euch tragt wie die Flamme des Lebens in eurem Körper. Durch Achtsamkeit

und Aufmerksamkeit könnt ihr diese Blume blühen lassen wie nie zuvor, alles will wachsen und sein.
Wer offen für die Größe dieser Kraft ist, der wird sie in seiner ganzen kraftvollen Größe erfahren, wer sich und andere begrenzt, wird sie nur begrenzt oder gar nicht mehr erfahren. Ihr entscheidet, jeder Einzelne selbst.

Das hast du schön gesagt. Sag mal, weißt du, ob es für jeden Menschen eine Art Bestimmung gibt, wonach man einen Menschen trifft, der einem ein solcher Partner ist?

Nein. Weise Frage, die du die energetischen Freunde fragen musst, welche die Gesetze der Resonanzen besser kennen. Ich kenne diese Gesetze der Materie und weiß um ihre Wirkung, daher berichte ich gerne darüber.

118

Okay. Möchtest du noch etwas sagen? Nein? Dann beenden wir das hier und machen morgen weiter. Ein Wunschthema?

Nein.

Ich werde mich vorbereiten. Ich danke dir vielmals, bis gleich.

Danke. Liebe.

∞

Der Dschungel

Lieber König Salomon, ich möchte dich heute fragen, wie du das Leben siehst. Gibt es eine Art, wie die Menschen das Leben meistern können? Für mich zum Beispiel ist es eine Art Dschungel, in dem ich nicht erwarte, dass alle Tiere nur friedlich miteinander sind, sondern, in dem es auch ums Leben und Überleben geht. Bitte berichte mir, hast du eine Art Bild, das du den Menschen mitgeben kannst - wie sie damit umgehen, mit den verschiedenen Arten?

Ja, das habe ich. Du verwendest bereits eine sehr gute Beschreibung, denn der Dschungel der Tiere ist durchaus ein richtiges Bild, wie die Menschen untereinander wirken. Doch meine Beschreibung dazu will noch etwas Anderes hinzufügen. Mehrere Gruppen in den Menschen bilden durch ihre Kräfte die Impulsgeber in der Welt. So groß eine Gruppe ist, so mächtig kann sie werden. Denn die Energetik des einzelnen Menschen in einer Gruppe zusammengefasst, wirkt um ein Vielfaches mehr als er alleine. Sehr wenige Menschen besitzen die Kraft einer ganzen Gruppe, selten kann ein einziger Mensch alles alleine schaffen und erschaffen. Meist braucht er dazu die Menschen, die ihn dabei unterstützen. Wenn du also von einem Dschungel sprichst, in dem viele verschiedene Tiere (Menschenarten) leben, so wisse, dass die Bündelung der Kraft der Menschen in Form von Gruppierungen sehr wichtig ist. Wenn du also den Menschen die Botschaft weitergeben willst, die ich gelehrt bekommen habe, dann berichte ihnen, dass die Formation in Gruppierungen der Schlüssel ist,

um in der Materie letztlich etwas zu erreichen.
Wollt ihr ein Unternehmen starten, so braucht ihr dazu das
richtige Team. Wollt ihr eine Familie gründen, so braucht ihr
dazu die richtigen Partner. Wollt ihr die Glaubensmuster der
Menschen verändern, Religionen beginnen oder verwandeln,
so braucht es IMMER auch das Team dahinter. Wer glaubt,
dass die Wirkung des Einzelnen so kraftvoll ist, dass er durch
die Menschenmassen hindurch wirken kann, der irrt. **Nur**
durch Masse kann die Masse durchdrungen werden. *Das*
ist ein physikalisches Gesetz und genauso ein energetisches.

Gut, fassen wir zusammen ... die Menschen dürfen also wissen, dass
man das Leben auf der Erde mit einem Dschungel vergleichen kann.
Nur, weil wir nicht mehr im Wald sind, heißt das nicht, dass wir nicht
dennoch vergleichbaren Gefahren und Umständen ausgesetzt sind,
wie das früher die Menschen im Dschungel waren. Doch wichtig ist,
dass der Mensch nur in der Gruppe wirklich stark ist.

Ja.

Aber es gibt doch welche, die sagen, der Einzelne kann alles verändern.

Nein. Der Einzelne kann visionär sein, aber er braucht dazu
die Gruppe.

Hmm, stimmt. Was kannst du den Menschen noch mitgeben, die sich
vielleicht schwer tun, diese Gruppe zu finden, Gleichgesinnte zu finden oder andere zu motivieren?

Das Wichtigste dabei ist immer die Bereitschaft, den Menschen als gleichwertig zu akzeptieren und ihm dementsprechend zu begegnen.

Du meinst also, es ist eine Frage des Respekts?

Ja.

Hmm, ich weiß nicht ... ich kenne leider mehr Menschen, die respektvoll sind und dafür nicht ernst genommen werden, also solche, die nicht respektvoll sind und bei Weitem mehr ernst genommen werden?!

Nun, das ist die nächste wichtige Lehre. Respektvoll sollst du immer sein! Immer! Doch führen musst du sie.

Du meinst also, nicht nur, weil ich jemandem respektvoll begegne, kann ich ihn nicht führen?

Genau. Sie brauchen die Führung. Die Menschen, die keine Visionäre oder Impulsgeber sind ... wie sollen sie denn das Leben verbringen und wirken, wenn sie niemanden haben, der ihnen seine Impulse nahelegt und sie dazu motiviert, diese umzusetzen?

Verstehe, aber gibt es eine Art Schlüssel? Was kann man den Menschen sagen, wie findet man das richtige Team, die richtige Gruppe?

Es bedarf viel Hingabe und Achtsamkeit zugleich. Wer seine Visionen verwirklichen will, der sollte die Wichtigkeit des

Teams als den wahren Schlüssel zur Verwirklichung dieser Ziele achten und erkennen. Du kannst keine Idee dieser Welt nur ganz alleine erschaffen. Das ist unmöglich.

Hmm, schade eigentlich, es gibt viele Visionäre, die an der Teambildung gescheitert sind.

Ja.

Hmm, ich weiß nicht, ob ich das gut finde. Wir hätten eine bessere Welt, wenn die Visionäre nicht immer ausgebremst werden würden von vielleicht falschen Teams, oder wenn sie vielleicht eine gute Vision haben, nur eben ein Team nicht gut führen können.

Ja, das mag alles sein, aber so wie es nun einmal nass wird, wenn es regnet, so ist dies eine Tatsache und die Umstände solltet ihr akzeptieren und damit leben.

Ja, ich weiß. Danke, dass du uns darauf vorbereitest und es uns lehrst ... in der Schule habe ich das nicht gelehrt bekommen. Was ist mit den Menschen, die keine Visionen haben und eigentlich gar nicht wissen, was sie in ihrem Leben anfangen sollen? Da gibt es sehr viele übrigens, ich würde sagen, mehr als die, die Ideen und Visionen haben?

Diese Menschen brauchen Halt, und meistens sind dies diejenigen, die die Religionen eurer Zeit aufsuchen.

Hmm, aber wenn es um das Thema Verwirklichen geht, ich meine, entschuldige, mein Anspruch ist so, es kann doch nicht sein, dass man sein ganzes Leben nur so vor sich hin lebt und das Allerhöchste, was man erschaffen hat, sind eigene Kinder. Das meine ich nicht abwertend, ich finde es nur zu wenig als Spur, die man hinterlässt.

Das mag deine Definition von Lebenssinn sein, die ein anderes Leben zu erschaffen eben nicht als ausreichend ansieht, aber andere tun dies.

Echt?

Ja.

Aber wieso sind solche Menschen dann meistens unglücklich? Also von denen, die ich kenne, sagen gefühlte achtzig, wenn nicht sogar neunzig Prozent, dass sie sich anders entschieden hätten bezüglich des Themas Kinderkriegen, wenn sie vorher gewusst hätten, was genau es bedeutet. Wie viel Kraft sie verloren haben und wie wenig Zeit sie für sich und ihren Seelenweg dadurch haben?!

Ja - und wenn sie sich vorher selbst besser gekannt hätten ...

Ja gut, aber wir reden auf der einen Seite davon, dass es erfüllend sein soll und auf der anderen Seite, dass, wenn es dann letzten Endes passiert ist, die meisten Eltern sich nur wünschen, dass die Kinder endlich groß sind und auf eigenen Beinen stehen können.

Ja, das mag alles sein, aber in diesem Moment, den wir gerade besprochen haben, wünschen sie sich dies als die Erfüllung all ihrer Träume und Wünsche.

Du meinst, das verwandelt sich ... also das kann sich ja verwandeln, die Träume und Wünsche?

Ja. Wer diese Erfahrung machen möchte, der kann und soll sie machen. Das Wichtigste sind die Bereitschaft und die Achtsamkeit, die Impulse in euch so wahrzunehmen, dass ihr sie hört. Denn wenn das eine Lebensziel, die Aufzucht der Kinder einen Punkt erreicht, der nicht mehr erfüllend und befriedigend wirkt, dann ist die Bereitschaft wichtig, dies zu verwandeln. Alle Menschen haben die Möglichkeit, in jeder Sekunde ihr Leben zu verändern.

Eijeijeijeijei ... Bist du wirklich der Meinung? Ich bin sehr demütig, was diesen Aspekt angeht, denn ich begegne vielen Menschen, denen ich dauernd sage, nachdem sie ständig jammern, dass sie ihr Leben doch ändern sollten, und keiner tut es, keiner tut es. Deswegen bin ich etwas vorsichtig, vielleicht können sie es ja nicht. Bitte sprich dazu.

Menschen sind mit dem freien Willen ausgestattet. Und sie sind mit einer bestimmten Kraft in sich ausgestattet. Du hast recht, demütig zu sein, denn nicht jeder hat die Kraft deiner Seele, die sehr, sehr kraftvoll ist. Selten gibt es Menschen, die derartig viel Kraft in ihrer Seele haben wie du. Das ist wie die Sterne am Himmel. So mancher strahlt etwas heller als die anderen. Aber dennoch haben sie alle das Licht der Seele in sich. Damit befindet sich in ihnen immer auch die Kraft, die sie vorantreiben kann.

Du meinst also, auch wenn jemand sehr, sehr schwach ist, hat er immer noch über den freien Willen die Kraft, in der jetzigen Situation etwas zu ändern?

Ja.

Nun, ich würde mal sagen, das, was sie am meisten davon abhält etwas zu ändern, ist Angst.

*Ja, das ist richtig und die nächste Thematik. Denn wer in Angst lebt, der lebt die Krankheit des Geistes, der euch lenkt. **Die Angst ist nicht existent. Sie ist wie eine Krankheit des Geistes, nur Teil der Prägungen und Erfahrungen, die ihr gemacht habt.** Doch letztlich waren es, durch verschiedene Umstände, gefärbte Erfahrungen. **Denn keine Seele wird mit Angst geboren.** Sie ist frei von allen Ängsten, wenn sie ohne den Körper ist. Das Inkarnieren in den Körper und die Empfindsamkeit in ihm beginnen die Vorsichten zu formen und daraus unter anderem auch die Ängste.*

Hmm, also unterscheiden wir hier zwischen Vorsicht und Angst? Du meinst also, Angst ist absolut eine Krankheit des Geistes?

Ja.

Hmm, und wie können die Menschen sich daraus befreien, wie können sie selbst diese Krankheit heilen?

Über Reflektion, wer sie selber sind, woher sie kommen, was sie in sich wirklich sind. Wenn du diesen Weg einmal begehst, so findest du die seelische Kraft in dir leuchten. Und sie kennt keine Angst. Auf diesem Weg begegnet dir also der Moment, an dem du deine Ängste wieder ablegst, erkennst, dass sie nicht die Kraft deiner Seele begleiten, sondern nur die Kraft deines Egos. Dann bist du einen großen Schritt weiter - und das meine ich im räumlichen Sinne. Denn deine Seele weitet über diese Erfahrung sehr.

Hmm, also möchtest du sagen, dass die Ängste die Seele am meisten einengen und gar nicht mal der Körper an sich?

Genau. Der Körper stellt durchaus eine körperliche Grenze dar, aber die Seele kann über ihn hinaus fühlen. Die Ängste aber begrenzen dieses Fühlen nur auf die körperlichen Grenzen.

Hmm, verstehe. Okay. Was würdest du Menschen raten, die so wenig Kraft haben, dass sie die Lebenslust verlieren?

Eine wichtige Frage. Vielleicht widmen wir diesem Thema ein neues Kapitel.

Hmm, machen wir das. Okay, möchtest du noch etwas zu der Thematik des Dschungels sagen? Nein? ... Okay dann beenden wir das. Dann würde ich sagen, machen wir morgen weiter mit dem Thema Lebenskraftverlust, ja?

Ja.

Danke dir vielmals, liebster Salomon.
Liebe.

Lebenskraftverlust

Wir hatten ausgemacht, über die Problematik zu sprechen, wenn man nur noch wenig Kraft hat und die Lebenslust verloren geht. Liebster König Salomon, bitte sprich dazu.

Eine Frage, der ich sehr bedacht und respektvoll begegne. Die Lebenskraft verringert sich durch falsche Lebensweisen, wie verunreinigtes Essen, lebensentziehendes krankes Wasser, falsche Gedanken und Glaubensmuster wie auch mitunter traurige Erfahrungen. Werten möchte ich dies gar nicht, sondern nur benennen. Wenn ein Mensch diese Umstände, oder einen Teil davon lebte, dann entzieht er über diese Umstände der Seele die Kraft der Verbindung in die Quelle. Du musst dir das vorstellen wie die Blumen, die keine oder besser, fast keine Wurzeln mehr haben. Dadurch gelangt keinerlei lebenserhaltender Rohstoff in ihre Blüten. Und genau so ist es bei der Seele.

Verliert sie die Verbindung, so verliert sie die Kraftquelle ihres Ursprungs, *fühlt sich verloren, alleine und krank. Dieser Vorgang wird aber überwiegend körperlich verursacht. Er wirkt aber in der Seele länger noch und tiefer als ihr glaubt. Dabei wird erkenntlich, wie sehr Seele und Körper miteinander verbunden wirken in beide Richtungen. Der Körper in die Seele und die Seele in den Körper.*

Doch wenn der Mensch über unbewusstes Sein und folglich unbewusste Taten die Kraft des Körpers so beeinträchtigt, dass die Seele mit der Quelle verbunden schwächer und schwächer agiert, so geschieht es, dass sich die Lebenskraft verringert. Und das wiederum wirkt im Körper als ein depressives, sehr dunkles, grausames Gefühl eines würdelosen Daseins. Der Körper fühlt sich weiter und weiter schwächer, der Geist wird weiter und weiter depressiver. Dies ist ein völlig logischer Schritt in diesem Prozess.

Das bedeutet, dass diese Seelen dann die Verankerung in den Körper wahrnehmen wie ein Gefängnis. Das wiederum wirkt sich umso beschleunigender auf die Seelenwünsche aus, diesen Zustand zu beenden. Doch wie du auch schon erfahren hast, ist dies kosmisch leider nicht so einfach. Die Menschen, die das erleben, sollten zunächst wissen, wie gefährlich (im Sinne von unabwendbar) die Folgen des bewusst beendeten Lebens sind.

*Doch andererseits möchte ich positiv in diesem Buch sprechen und nicht nur diese Warnung aussprechen. **Das Leben ist dazu da, zu lernen.** Auch die Erfahrung des Kraftverlusts kann eine positive Lernerfahrung darstellen. Wer das für sich annimmt, der steigt schon wieder sehr in seinem Energiepotenzial. Wenn Menschen über diese Schwelle getreten sind, die positive Affirmation zu nutzen, so beginnt Weisheit in ihnen zu wachsen. Weisheit, dass ihre Seele weit mehr noch lebt als dieser Körper. Weisheit, dass tiefe Täler das Besteigen des Berges umso demütiger machen. Weisheit, dass das Leben nicht nur Licht sondern auch Schatten bietet, um dort zu wachsen. All diese wunderschönen und intensiven Erfahrungen kann der Mensch aus dieser Erfahrung mitnehmen.*

Gut, das kann ich verstehen, lieber König Salomon, aber so mancher schafft es nicht allein und braucht Freunde, die ihm helfen. Wenn

∞

er die Freunde nicht hat, was kannst du diesen Menschen noch mit auf den Weg geben? Gibt es vielleicht eine Art Übung, die wir ihnen sagen können, dass sie wieder zu Kraft kommen ... ein Bild, irgendetwas ... bitte?

*Wer die Kraft wieder in seine Seele lenken möchte, der sollte das von dir schon mehrfach festgehaltene kosmische Kreuz üben. Dadurch wird Kraft direkt in die Seele gelenkt und wie der Stecker in eurer Wand mit dem Kabel verbunden. Das kann sehr viel schon verwandeln und bedeuten, ohne dass ihr andere Dinge tut. ES tut dann in euch. Dann rate ich den Menschen, zu meditieren, zu fühlen, dass die Lebensunlust keineswegs das Ende hervorrufen würde, sondern nur einen Übergang, der genauso in Ungewissheit und noch mehr Ungewissheit weitergehen würde als dies jetzt der Fall ist in dem Zustand, in dem der Fragende ist. **Nichts ist ohne Risiko im Kosmos, doch alles ist gelenkt und geführt.** Sehr weise Menschen wissen um diese Führung und vertrauen ihr. Sie kennen die Angst vor dem Risiko und der Ungewissheit nicht mehr. **Solch eine Kraft des Vertrauens sollte gefunden werden über die Gefühle der Unendlichkeit der Seele.***

Alles, was ist wird immer bleiben in euren Erinnerungen, nichts wird gelöscht durch die abrupte Veränderung des Zustands, in dem ihr gerade seid. Daher rate ich diesen Menschen, die so voller Verzweiflung gerade sind, nehmt euch Zeit für euch selbst, intensiv, lange, ruhig und friedlich. Lauscht eurer Seele, sie spricht zu euch, und sei es noch so wenig Kraft, die ihr empfindet, diese Stimme ist immer zu hören ... immer. Wenn die Menschen diesen Weg finden, so ist alles wieder auf dem Weg, Kraft anzureichern.

Okay, das hab ich verstanden, aber so mancher, glaube ich, hat vielleicht nicht einmal die Zeit, diese Ruhe zu finden oder er will sie nicht finden, er hat vielleicht nicht einmal mehr die Kraft dazu ... was machen wir denn nur mit diesen Menschen?

Wir unterrichten sie über die Informationen, die Freund der Indianer zum Thema Selbstmord gegeben hat.

(Anm.der Vermittlerin: siehe Kapitel Selbstmord auf Seite 134)

Ja, das machen wir. Und sonst ... kannst du ihnen noch ein paar schöne positive Worte mitgeben, irgendetwas, ein paar Bilder?

Ja gerne. Wenn die Sonne den morgendlichen Strahl auf die Erde schickt, so berührt sie nicht sofort alle Pflanzen und Lebewesen, die auf ihr leben. Diejenigen, die im Schatten sind, könnten glauben, dass sie ewig dort bleiben werden. Doch dies ist nicht der Fall. Alles ist im Wandel, alles ist in Bewegung. Dies wissend wird auch das letzte Lebewesen im dunklen Spalt des Felsens das Tageslicht erleben. Dann wird es diesen Tag verleben, in Liebe und Freude. Doch am Abend wird das Licht wieder weniger. Und dennoch verliert keine der Pflanzen und dieser Lebewesen die Lust am Leben. Sie alle vertrauen darauf, dass morgen die Sonne wieder aufsteigen wird.

So ist es im Leben. Der tiefste Punkt, den ihr glaubt erreicht zu haben, ist ein Geschenk der Weisheit, die in euch wachsen kann. Und vor allem ein Geschenk an das Vertrauen in den Kosmos, der immer wieder durch die Natur- und Energiegesetze zeigt, dass es kein Ende gibt. Nur die ewige Ver-

wandlung. Dies wissend, sollte eine einzige Kraft in euch ewig blühen: das Vertrauen! Vertrauen in Dinge, die ihr nicht greifen oder fassen könnt aber immer um euch sind, die euch tragen, die euch lenken, die euch führen und die euch schieben.

Diese Kräfte sind immer da. Im dunklen Moment dieser Empfindung in euch, dass das Leben nicht mehr lebenswert ist, bleiben diese Kräfte weiterhin bestehen.

Findet sie, indem ihr vertraut - öffnet euch durch diesen Entschluss und alles beginnt sich weiter und wieder in die lichtvollere Empfindung voller Kraft, Freude, Liebe und Schönheit zu bewegen. Dazu braucht es nur eure Bereitschaft. Die Bereitschaft, zu vertrauen.

Danke, ich denke, dass es jetzt einigermaßen klar ist, dass die Menschen Kraft schöpfen sollen in solchen Momenten und dass es immer weitergeht.

Ich danke dir vielmals..

Liebe.

Selbstmord

Wir sind in Verbindung mit Freund der Indianer und wir wollen über das Thema Selbstmord mehr erfahren aus feinstofflicher Sicht. Geliebter Freund, bitte beginne, wie immer du beginnen möchtest.

Das Thema ist ein sehr wichtiges Kapitel, denn wo Verzweiflung und Traurigkeit herrschen, dort herrschen auch die Gedanken um dieses Thema. Daher ist es essenziell, dass wir hier genau beschreiben, welche Prozesse die Seele in einem solchen Fall durchläuft.

Bitte beginne.

Das menschliche Empfinden der Lebensaufgaben ist oftmals überhaupt nicht in Kommunikation und Harmonie mit dem Empfinden der Seele. Das bedeutet, dass eine Seele vielleicht das Leben mit all seinen Farben erfahren will, der Mensch aber müde und traurig, abgekämpft und lebensmüde diese Kraft nicht mehr empfindet.

Aber wie kann das sein? Ich dachte, die Seele strahlt durch jede Zelle hindurch und wenn die Seele doch so unbedingt leben will, wie kann es dann sein, dass der Mensch so anders empfindet, sie so gar nicht hört?

Das ist die Frage der Ausprägung des Egos. Dort wo viel Seelenkraft das Leben des Menschen lenkt, strahlen ihre Impulse.

Dort wo das Ego eine große Kraft entwickelt hat, strahlen die Impulse und Willenskräfte dieses Egos. Doch letztlich ist das Ego der vergängliche Part in euch. Daher wirken diese Kräfte nur wie ein Tageskleid, aber nicht wie das Kleid der Seele, das die Ewigkeit in sich trägt.

Bitte berichte weiter.

Das Wesen des Menschen bereitet der Seele eine körperliche Komponente - das Ego - und eine geistige spirituelle Komponente - die Verbindungskraft in die Quelle. Diese beiden Komponenten wirken wie Teufelchen und Engelchen (das sagt ihr doch so), daher müsst ihr wirklich wachsam sein, wer in eurem Leben die Impulse gibt. Dort, wo Liebe und Bedeutsamkeit der inneren Werte leben, dort strahlt die Seelenkraft. Dort wo Ego, Geld, Macht und kaltherzige Impulse leben, dort regiert das Ego. Dieses Ego - diese Kraft, die ausschließlich aus körperlichen Empfindungen erfahren wird, diese Kraft wirkt also mehr und mehr, wenn der Mensch die Verbindung in die Quelle nicht bewusst erfährt. Das bedeutet, dass die Entscheidungen, die Wahrnehmungen, die Sorgen, die Ängste, die körperlichen Impulse alle ungelenkt und ungebremst ausschließlich von körperlichen Impulsen geformt werden. Das bedeutet, dass die seelischen Impulse weniger und weniger leben können. Dazu haben wir schon in dem anderen Buch einige Impulse gegeben.
Denn nun beginnt die Thematik, dass diese Empfindung als menschlicher Körper und nicht die Empfindung als Seele, die Entscheidung trifft, nicht länger am Leben zu bleiben. Diese Entscheidung aber kann weit von dem eigentlichen Impuls

133

∞

der Seele getroffen werden. Das bedeutet, dass das Ego sich weit über die Seele setzt und dabei dem Klang der Seele nicht mehr lauscht.

Das Ergebnis sind Menschen, die gegen die Kräfte des Kosmos überhandnehmend diese Entscheidung ohne Abstimmung mit den kosmischen Gesetzen und den kosmischen Harmonien treffen.

Gibt es denn überhaupt die Möglichkeit, dass man sich darauf einstellt, abstimmt, vorbereitet?

Nein. Wer diese Entscheidung trifft, der ist in jedem Fall durch den Eingriff in die kosmischen Abläufe in Gefahr, weit tiefer als euch jemals bewusst werden kann, Impulse der Resonanz zu erschaffen.

Aber ich dachte, man kann sich vielleicht irgendwie darauf vorbereiten?

Nein. Das Beenden des Lebens, aufgrund der Entscheidung eines Impulses aus dem Ego, kann nicht in Abstimmung mit dem Kosmos geschehen, denn dieser erlaubt, dass die Seele inkarniert, aber er fordert auch, dass die Belebung dieses Körpers nicht von alleine beendet wird, sondern im Lauf der Natur und damit in Abstimmung und Harmonie mit den kosmischen und natürlichen Gesetzen endet.

Kann man den Menschen helfen, bei denen man befürchtet, dass sie gefährdet sind - also noch VOR der Tat … oder kann man in den freien Willen des Menschen nicht eingreifen?

Die Frage ist schwer zu beantworten, weil die Ursachen der Entscheidung einer Seele zu solch einem Handeln bereits eine Vielzahl an Lösungen bereithalten, aber die Menschen oftmals, durch die Überschattung der Seelenimpulse mit dem Ego, diese Lösungswege nicht wahrnehmen. Die Antwort auf deine Frage lautet daher vor allem, Eigenverantwortung üben und die Liebe, wie auch die Freude diesem Menschen vermitteln, ist alles was ihr tun könnt.
Die beginnende Verabschiedung eines Menschen vom Leben kann ein langer Weg der Erkenntnis bedeuten, welche Lösungsansätze es gibt, aber er kann auch schon unabhängig von all den Impulsen die man diesen Menschen geben möchte, längst beschlossen und eingeleitet sein. Der freie Wille wirkt letztlich über allem.

Du möchtest damit sagen, dass man nichts tun kann, wenn der feste Entschluss tatsächlich gefasst ist, richtig ?

Ja.

Also kann man „nur" versuchen, den betroffenen Menschen freudige Impulse zu geben, liebevoll gegenüber zu treten und vielleicht auch durch solche Werke wie dieses hier, ihnen die Eigenverantwortung bewusster machen, richtig ?

Genau.

Okay, dann lass uns weitergehen. Was passiert, wenn so ein Mensch seinem Leben ein Ende setzt?

Das Wirken der Kräfte im Moment des Todes, des Übergangs durch die kosmischen Verbindungen wird deutlicher. Das bedeutet, dass die Kraft der Seele im Moment dieses Übergangs stärker und stärker strahlt. Und was meinst du, was dann beginnt?

Also wenn ich jetzt logisch denke, weiß die Seele, dass sie dieses kosmische Gesetz nicht brechen darf. Das Ego tut es aber. Die Seele will vielleicht sogar leben, Spaß haben und Freude erleben, aber das Ego durchbricht das. Jetzt wird im Übergang die Seelenkraft, die ja leben will, stärker und realisiert, dass sie aber aus dem Körper gehen MUSS. Lass mich überlegen ... Ich glaube ... ich weiß nicht - wird sie sehr traurig?

Genau. Das ist die Essenz. Die Seelen werden sehr traurig, denn wenn sie einerseits leben wollen, aber andererseits aus der Form geholt werden, genommen werden oder gar geschleudert werden im schlechtesten Fall, dann realisieren sie im Übergang, dass diese Möglichkeit nun beendet wurde.

Ein Wissenschaftler würde jetzt fragen: Wie kann eine Seele traurig werden?

*Das kann ich verstehen, aber die Logik eurer Wissenschaftler möchte ich gar nicht erst beginnen zu betreten. **Die Seelen empfinden und ja, sie empfinden auch Traurigkeit.** Belasse es dabei oder schließe dieses Buch, wenn du ein Mensch bist, der diese Frage allen Ernstes stellt.*

Ja, ich mein` ja nur ... Okay, also die Seele wird jetzt traurig in diesem Übergang. Was bedeutet das genau? Wie ist die Wahrnehmung?

Du hast die Frage richtig korrigiert. Denn, was bedeutet die Wahrnehmung der Seele? - Sie bedeutet, sie nimmt verunreinigt wahr und dadurch vermehrt dunkel oder leicht getrübt und im schlechtesten Fall auch einsam und alleine. Die anderen Wesen im Kosmos werden nicht wahrgenommen, da die Wahrnehmung getrübt ist von der Traurigkeit dieser Seele.

Wie geht es dann weiter für solch eine Seele? Sie ist dann sehr traurig und findet das sehr schade, dass es so abgelaufen ist - aber wie geht es dann weiter?

Diese Seelen werden oft so traurig, weil sie die verpassten Chancen, diese Verbindungslosigkeit nicht wieder korrigiert zu haben, nicht mehr als Mensch korrigieren können, dass sie versuchen, bald wieder zu inkarnieren. Das bedeutet aber vor allem, dass diese Seelen, die aber verwirrt und aus ihrer alles verbindenden Kraft gefallen sind, nun vielleicht zu wenig Kraft haben, um zu inkarnieren!

Ach du meine Güte, aber kann das sein, dass eine Seele so viel Kraft verliert, dass sie nicht einmal mehr inkarnieren kann?

Ja.

Was passiert denn dann?

Dann muss sie als Kraft im Körper eines Tieres versuchen zu wachsen.

$$\infty$$

Ach du meine Güte. Okay, und wie kann man im Körper eines Tieres wieder wachsen? Entschuldige, das ist jetzt gerade ein bisschen ein anderes Thema, aber trotzdem interessiert es mich.

Durch das Sein und durch die Anhäufung der Wahrnehmung der Seele, verstehst du?

Ja, ich weiß, du meinst, dass man wieder mit der Seele mehr in Kontakt kommt, über das im Tier-Sein, das ja wiederum kein Ego besitzt, richtig?

Ja, genau. Dies ist die Chance dieser Seele aus dem Kreislauf des Egos, das die Seele nicht hört und versteht, heraus in die Impulse des Tierischen hinein, aber die seelische Kraft dabei stärkend.

Interessant. Okay. Gut, dann sind sie ein Tier und können natürlich keinen Selbstmord begehen. Wenn sie dann sterben, sind sie vielleicht wieder gestärkt und dann können sie auch irgendwann mal wieder als Mensch inkarnieren.

Genau.

Gibt es da eine Gefahr für diese Seelen, wenn sie einmal Selbstmord gemacht haben, dass sie die Schwingung dieser Erfahrung immer wie eine Prägung in sich tragen?

Nein. Durch die Verstärkung der Seelenkraft über das tierische Sein in Körpern, die groß genug sind Seelen aufzunehmen, dadurch heilen diese Seelen und gleichen dieses energe-

tische Defizit wieder aus.

Okay, das hab ich verstanden. Wenn solche Seelen also über den Selbstmord in der Zwischenwelt hängen, wird dennoch diese Inkarnation durch ihre eigenen Impulse gelenkt, richtig?

Ja.

Also sie werden dann ein Tier, nur wenn sie das wirklich wollen?

Genau.

Kann man diesen Menschen irgendwie helfen? Kann man ihnen zusprechen? Kann man beten? Was kann man machen?

Das kann man.

Und wie?

Durch beten. Wenn ihr in eurem Freundeskreis diese Erfahrung macht, dass ein Mensch durch die Kraft seines freien Willens dem Leben ein Ende bereitet, dann betet für ihn:
„Du liebevolle Seele, du liebevolles Wesen, das du bist und das du immer warst, weit entfernt von dem Impuls, den du gerade durch deine Entscheidung vollstreckt hast, werde wieder ganz, lebe in Freude, wo immer du bist, liebe dich, liebe die kosmischen Kräfte und verbinde dich mit der Kraft der Quelle.
Sei bereit für die lichtvollen Impulse, die ich dir nun schicke, und verbinde dich mit ihnen. Weiter noch als du es

glaubst, werden sie dich tragen, weit in die lichtvollen Ebenen hinein.
Dort wo Freude, Kraft, Liebe und Frieden das Sein bestimmen.
Danke.
Liebe."

Was passiert über diese Worte?

Dadurch werden die Kräfte dieser Worte in Impulse umgewandelt, die diese Seele erreichen und verbinden können mit diesen positiven Kräften des Kosmos. Dabei kann dies wie eine Energiedusche wirken und die betroffene Seele tatsächlich erheben.

Wow, und wie oft soll man das sprechen?

So oft man kann, in den Tagen nach diesem Übergang.

Also, wenn der Mensch das Leben selbst beendet, dann ist das doch meistens ein Schleudern aus dem Körper heraus, oder?

Nein, je nachdem.

Verstehe, okay. Soll man dann mit diesen Gebeten gleich am Tag danach beginnen oder erst nach den sieben Tagen?

Direkt danach, denn die Seele braucht die Kraft sofort.

Okay, das hab ich verstanden. Gibt es dazu noch etwas zu sagen?

∞

*Wer möchte, kann dazu die Kräfte des Kosmos zu Hilfe rufen.
Also nicht nur alleine für den Verstorbenen beten, sondern
tatsächlich auch andere Kräfte hinzurufen.*

Ach, wen denn?

(Lacht) Du bist lustig.

Ja, ich mein ja nur, für die Leser des Buches, bitte lass es uns genau
festhalten, wen sie zu Hilfe rufen können!

**Das Erste, was ihr rufen könnt, sind die Engel.
Sie helfen, wo immer ihr sie braucht, also können sie auch
in diesem Fall helfen.
Alle anderen Kräfte sind die, mit denen ihr in starker Resonanz seid. Also, der eine mag vielleicht Maria zu Hilfe
rufen, dann soll er Marias Kraft rufen. Der andere vielleicht Jesus oder welche Namen auch immer es sind, ihr
geht mit ihnen in Resonanz und dies ist der ausschlaggebende Impuls.
Dort beginnt die Verbindung, die diese Kraftübertragung
erschafft.**

Moment, da muss ich kurz nachhaken. Du redest von einer Kraftübertragung. Heißt das also, dass man über die Hilferufe eines anderen Wesens eine Art Verstärkung erhält, weil es eine Art Transmitter
- ein Verstärker - ist, der den eigenen Impuls so sehr weitergibt, dass
er für die andere Seele noch deutlicher wird?

Das kann man so sagen, es ist nicht direkt so aber ja, um das

*Verständnis in euren Worten zu verbessern, dann kann diese Anrufung wie ein Verstärker wirken. Aber effektiv ist es so, dass diese Kräfte allesamt ihre eigenen Kräfte haben und du diese Kräfte anrufst und bittest, ihre Kräfte zu geben, **also wird nicht dein Impuls gestärkt, sondern du rufst deren Kraft und bittest um Verteilung.***

Ah ... okay. Gut, aber es forciert eine Verstärkung?

Genau.

Und warum ist es egal, wen wir anrufen, um um derartige Hilfe zu Bitten ?

Die Verbindung aufnehmen in die lichtvollen Ebenen des Seins hat viele Namen. Einzig und allein die Kraft der Liebe in euch bewegt euch in die Ebenen hinein, und zu den Wesenheiten die euch dabei helfen können. Also ist die Verbindung in diese weisen Ebenen des Kosmos unabhängig von dem Namen, dem ihr der Kraft gebt, die ihr um Hilfe bittet. Doch letztlich helfen diejenigen die euch erhören. Und das können die kosmischen Wesenheiten immer nur in Resonanz zu eurer Seelenkraft. Wer also kraftvoll, stark und bewusst in seiner Liebesenergie lebt, der wird von den oberen (Anm. der Vermittlerin: höherschwingenden) Ebenen des Kosmos erhört. Wer noch verunreinigt und vom Ego bestimmt diese Kräfte anruft, wird andere Resonanzen erzeugen aber in jedem Fall wird ihm geholfen werden, solange die Bitten in Liebe, Respekt, Bereitschaft und Hingabe geschehen.

Wir können das Kapitel also beenden? Möchtest du zum Abschluss noch etwas sagen? Ich kenn dich doch, bitte.

Das Leben, liebe Menschen, ist das kostbarste Geschenk, das der Kosmos an euch alle macht.
Lebt es, schätzt es, wertet es als dieses kostbare Geschenk und dann, wenn die traurigen Gedanken die Kräfte in euch so lenken wollen, dass ihr diesem kostbaren Geschenk ein Ende bereiten wollt, dann beginnt, freudige Gedanken in euch zu holen, wo und wie auch immer. Denn sie bewahren euch vor einer langen Reise der Kraftlosigkeit und davor möchte ich euch hier, jetzt und heute bewahren.

Aber was ist, wenn ein Mensch wirklich schlimm leidet? Also, wir haben ja gerade sehr „wunderbare" Wesen auf diesem Planeten, die zum Beispiel Frauen jeden Tag mehrfach vergewaltigen, sie verstümmeln, das Leben wirklich unwürdig machen… Kann man denn nicht als kosmisches Wesen nachvollziehen, dass Menschen in derartigen Prozessen das Leben beenden wollen?

Ja, natürlich, aber die Lösung darf nicht sein, dass ihr diesem Leben auf eigene Faust ein Ende bereitet. Entweder die Qual ist so stark, dass der Körper selbst aufgibt oder die Verletzungen werden so stark, dass der Körper selbst aufgibt, aber niemals darf der Kreislauf des Lebens von euch selbst unterbrochen werden. Egal wie traurig und ausweglos die Situation des Momentes scheint.

Aber was ist zum Beispiel mit Menschen, die alt sind und wirklich nur noch vor sich hinsiechen und die dann diese Suizid-Tabletten nehmen?

Keine Antwort? Okay, du willst wahrscheinlich sagen, dass das das Gleiche ist. Der Prozess, die Botschaft ist deutlich und der Prozess ist immer der gleiche, gell?

Ja.

Verstehe. Okay, das habe ich vernommen und danke dir von ganzem Herzen.
Was ist das nächste Thema?

Du beginnst das Ende dieses Buches einzuleiten, denn wir haben keine weiteren Prozesse zu beschreiben.

Okay, dann muss ich jetzt in die Fragen und Antworten gehen.

Versuche Fragen zu sammeln, die wir noch zu diesem Thema beantworten können, aber im Großen und Ganzen ist die Essenz festgehalten.

Danke, Danke, Danke. Liebe.

KOSMISCHER IMPULS

Gebet für einen Verstorbenen, der durch Selbstmord aus dem Leben gegangen ist:

„Du liebevolle Seele, du liebevolles Wesen, das du bist und das du immer warst, weit entfernt von dem Impuls, den du gerade durch deine Entscheidung vollstreckt hast, werde wieder ganz, lebe in Freude, wo immer du bist, liebe dich, liebe die kosmischen Kräfte und verbinde dich mit der Kraft der Quelle.

Sei bereit für die lichtvollen Impulse, die ich dir nun schicke, und verbinde dich mit ihnen. Weiter noch als du es glaubst, werden sie dich tragen, weit in die lichtvollen Ebenen hinein.

Dort wo Freude, Kraft, Liebe und Frieden das Sein bestimmen.

Danke.

Liebe.“

Mann und Frau

Hallo König Salomon. Ich möchte heute mit dir über das männliche und das weibliche Prinzip sprechen. Zunächst möchte ich dich kurz fragen, wie du das Prinzip Männlichkeit und das Prinzip Weiblichkeit jeweils erlebst? Bitte beginne.

Du beginnst das Thema falsch. Die beiden Prinzipien sind nicht das Wichtige sondern ihre Auswirkungen.

Okay, dann bitte beginne einfach zu sprechen, wie du möchtest.

Wenn die Kraft der Männlichkeit in einem Menschen fließt, so sind seine Wahrnehmungen und Werkzeuge eher darauf aus, die Impulse zu geben. Durch diese Kraft wird das Wesen der Seele in diesem Körper mit mehr Wucht ausgestattet als ohne die männliche Kraft. Daher sind Männer auch meist etwas weniger entspannt, denn Impulse geben ist kein Akt der Entspannung. Sie kämpfen lebenslang um die Kraft des Mächtigen, um dadurch die Freiheiten zu erfahren, dass ihre Impulse in der Menschenwelt umgesetzt werden.
Die weibliche Kraft wiederum ist der Empfänger dieser Impulse und weniger darauf aus, selbst welche zu setzen, als diese zu empfangen. Daher sind sehr weibliche Frauen auch meist eher in der wartenden, stillen Position. Je mehr männliche Kraft in dem Körper einer Frau aber auch fließt, umso mehr Impulse will diese geben.
Deshalb unterscheide ich zwischen den Kräften und nicht den

Körpern. Weibliche Kraft kann auch in einem männlichen Körper fließen, alles ist möglich. Doch um deine Frage weiter zu beantworten, die Impuls gebende Kraft des Männlichen will erobern, wenn nötig auch zerstören, beleben oder töten. Sie ist immer in Bewegung. Die weibliche Kraft ist das Empfangende, alles abwartende und lebensfördernde Prinzip - um deine Frage aufzugreifen.

Daher, werdet euch bewusst, dass ihr viel mehr seid als nur das jeweilige Geschlecht des Körpers. ***Ihr seid allesamt auch die Kraft des jeweiligen Körpers, der Seele und des Prinzips der Wahrnehmung.*** *Wer in einem männlichen Körper lebt, der kann durch die sehr weibliche Kraft in ihm wirken wie die Frauen. Und umgedreht, wer in einem weiblichen Körper lebt, aber viele männliche und starke Impulse des Gebens empfindet, kann schnell auch männlich wirken. All dies ist zu differenzieren. Der Körper und seine Geschlechtlichkeit, die Kraft der Seele, die Kraft, die durch den Körper lebt - männlich oder weiblich.*

Wie siehst du das Männliche und das Weibliche? Wie hast du das zu deinen Lebzeiten wahrgenommen?

Durch die Trennung der Geschlechter in meiner Zeit als König habe ich das Weibliche immer nur als sehr liebevoll und wundervoll erfahren. Doch ich weiß von Bediensteten, dass diese Kraft durchaus auch ihre Untiefen hat. Das, was ich über meine Wahrnehmung des Zustands der Menschheit in eurer Zeit wahrnehme, ist eher ein Durcheinander. Das Weibliche lebt sehr in den männlichen Körpern und umgedreht. Die Menschen wirken verwirrt, weil durch diese Masse

∞

an unterschiedlichen Kräften keinerlei Struktur möglich ist; wenn die beiden Pole der Geschlechter selbst keine klaren Kräfte darstellen, wie sollen die Zwischen-Pole dann strukturiert und klar sein: Durch diese Überlappungen vom Männlichen ins Weibliche in derartiger Masse, werden immer Verstimmungen gefördert, die die jeweiligen Geschlechter nicht ganz in ihrer Mitte verhalten. Durch die Masse an Frauen, die ihre Weiblichkeit nicht leben können, und die Männer, die ihre Männlichkeit nicht leben können oder ausschließlich missbrauchen, wird die ganze Menschheit zu einem undurchsichtigen Matsch, der die klare Haltung des jeweilig Einzelnen nicht möglich macht. Alles ist durcheinander, alles ist wie ineinander verhakt.

Ich kann mir nicht vorstellen, dass dies sehr angenehm ist. Und ich glaube, dass die Menschen in diesem Zustand sehr verzweifelt sein müssen. Was würdest du ihnen raten, wie sollten Männer und Frauen am besten zusammenleben?

Durch die Kraft, die sie belebt, und die Körper, die sie haben, sollten sie das jeweilige Geschlecht so leben, als würde es sie zu tausend Prozent erfüllen. Als Frau also zu tausend Prozent das Weibliche leben und als Mann zu tausend Prozent das Männliche, dann würden diese beiden Kräfte wiederum in der Begegnung zueinander sehr viel mehr Intensität erleben, wenn sie zueinander in Resonanz gehen.

Aber es gibt doch nun mal Menschen, da kann ich mich selbst gleich als Beispiel nehmen, die zwar in einem weiblichen Körper sind, aber sehr viele männliche Impulse empfinden, des Gebens, des Machens, des Tuns. Was würdest du diesen raten?

Das Gleiche: Du bist eine Frau, sei dies, und wenn du Impulse geben möchtest, dann tue dies, aber lebe in der Zeit dazwischen die Frau und vergiss sie nicht.

Hmm, verstehe ... und das Gleiche umgekehrt. Es gibt ja auch sehr viele Männer, die wiederum sehr weibliche Impulse geben?

Ja, auch dort gilt, das Männliche sollte das Männliche leben ... die Männer sollten das Männliche leben, die Frauen sollten das Weibliche leben.

Okay. Wenn jetzt aber zum Beispiel ein Mann lieber den Körper einer Frau hätte, was würdest du diesem raten?

149

Wenn diese Menschen dies fühlen, so hat die jeweils gegengeschlechtliche Kraft das Körperliche soweit beeinflusst, dass sie so empfinden. Eigentlich möchte ich diesen Menschen zunächst auch empfehlen, die ganze Männlichkeit wirklich auszuleben, bevor sie in ihrem Leben derartige Impulse wirklich umsetzen. Aber: es unterliegt wirklich vielen äußeren Umständen, die die Menschen prägen, und so mancher wird weit in der Kindheit schon in diese Situation gebracht, in der er als Junge, diese Männlichkeit gar nicht leben kann und diese weibliche Kraft in ihm beginnt frei sich zu entfalten. Die Zeit bringt dann diese Verwandlung der körperlichen Wahrnehmung und Empfindung.
Ich kann dazu wenig sagen, außer das, was ich bereits gesagt habe. Ich bin der Meinung, die Menschen sollten, bevor

sie tiefgreifende große Entscheidungen in ihrem Leben fällen, das jeweilige Geschlecht erst gänzlich ausleben und erst dann diese Entscheidung treffen.

Was ist zum Beispiel mit Homosexualität, die erst im Alter auftritt? Es ist ein nachgewiesenes Phänomen, dass bei manchen Männern im Laufe des Lebens die weibliche Kraft größer wird. Wie kann das passieren?

Das ist genau so, wie ich bereits beschrieben habe. Diese Menschen haben auch die weibliche Kraft in ihnen sehr gefördert, weniger als die männliche und dadurch ist die Verwandlung der Wahrnehmung wie eine Umprogrammierung in der Empfindung geschehen. Dies ist ausschließlich ein Prozess der Zeit.

Ein Prozess der Zeit oder ein Ergebnis der Zeit?

Das hast du richtig korrigiert. Das ist ausschließlich ein Ergebnis der Zeit, die gegengeschlechtliche Ausbreitung im Körper wird durch die Zeit stärker und stärker.

Verstehe, und wenn dann Mann und Frau zusammen sind, nehmen wir jetzt mal dieses klassische Beispiel, und sie leben jeder sein Geschlecht, die Frau lebt, dass sie gerne Frau ist auf ihre Art und Weise, der Mann seine Männlichkeit auf seine Art und Weise, gibt es da noch etwas, das du ihnen mit auf den Weg geben möchtest?

Ja, das Leben als ein Geschenk anzusehen und zu genießen, dass ihr einander habt. Die Geschlechtlichkeit des An-

deren bringt auch viele schöne anregende Impulse mit sich. Diese solltet ihr aufnehmen, annehmen und so viel es geht in Freude erleben.

Apropos Freude ... man hört immer wieder davon, dass Menschen sich in der Ehe nur noch anbrüllen, streiten und so Sachen. Was würdest du solchen Menschen raten, wenn das passiert ist, wenn die Respektschwellen so überschritten wurden, dass man einander nur noch auf diese Weise begegnet?

Eine sehr wichtige Frage, denn eigentlich ist der Kern der Frage generell nicht einmal nur in der Ehe zu finden - die Respektfrage.

Wenn ein Mensch den Respekt vor einem anderen Menschen verloren hat, warum auch immer, dann ist dies mit wenigen Kniffen überbrückbar. Wer das Gespräch sucht, findet die Antworten, entweder er gewinnt den Respekt wieder oder er verliert ihn gänzlich und sollte dann die Trennung des gemeinsamen Weges einleiten.

Das Thema Verantwortung, vor allem in der Ehe, ist eine andere Geschichte, die dann wiederum auch betrachtet werden muss, doch wenn wir nur die respektvolle Art und Weise des Umgangs miteinander betrachten wollen, so sage ich euch, begebt euch in den Prozess der Begegnung dieser Thematik, benennt sie und reagiert auf sie. Wer glaubt, dass dies keine Thematik ist, die sehr wichtig ist, der irrt sehr. Respekt ist die Basis des Zusammenlebens, ob im Beruf oder in der Familie. **Wer den Respekt verloren hat, der wird auch die Liebe verlieren. Und wo keine Liebe mehr ist, sollte man die Liebe suchen.**

∞

Hmm, du meinst jetzt nicht mehr bei dem gleichen Partner, oder wie?

Durch Gespräche oder durch Abstand. Dazwischen gibt es nichts.

Mhm, möchtest du noch etwas dazu sagen?

Nein.

Gut, dann haben wir für jetzt alles zu dem Thema Männlichkeit und Weiblichkeit. Dann danke ich dir vielmals und freue mich auf morgen.

Danke.

Liebe.

∞

Körperbewusstsein

Lieber Salomon, ich möchte dich heute etwas zum menschlichen Körper fragen. Bitte, erkläre uns, was du darüber weißt und was wichtig ist für die Menschen, wenn sie ihr Leben mit und in ihm verbringen durch alle Altersphasen hindurch.

*Gerne. Die Seele will durch die verschiedensten Werkzeuge wachsen. Eine wichtige und sehr besondere Erkenntnis dabei ist, **dass die Kraft eines organischen Körpers weniger wird im Laufe des Lebens.** Durch die übermäßige Beanspruchung verschiedenster Körperteile werden dabei Verschleißerscheinungen zu Anstrengungen. Diese Anstrengungen kosten wiederum Kraft und das insgesamt bewirkt einen weiteren Kraftverlust.*

Doch gibt es verschiedene Schlüssel, im Sinne von Handgriffen, die Verschleißerscheinungen zu kontrollieren und einzudämmen. Wer die Kraft des Körpers allezeit mit der Kraft des machtvollen Kosmos verbindet, der verliert weniger Kraft, da durch die intensive und beschleunigende Verbindung mit der Quelle, wie das kosmische Kreuz, wie ein Lebenselixier selbst im Körper wirkt. Das bedeutet, dass ihr über das kosmische Kreuz oder andere Übungen die Lebenskraft (Chi-Kraft, wie ihr es nennt) in den Körper leitet, und den Alterungsprozess auffällig beeinflussen könnt. Durch die Möglichkeit des Übersetzens dieser Kraft durch und in eurem Körper, arbeitet dadurch der ganze Kreislauf in höherer und dadurch stoffwechselanregender Wirkungsweise. Durch diesen angereg-

ten Stoffwechsel wiederum werden Giftstoffe, Schlacken oder auch andere Ablagerungen im Körper abtransportiert. Diese sind die Ursachen für verschiedene Krankheiten, welche dadurch über lange Zeit verhindert werden.

Daher rate ich euch dringend, derartige Übungen in euer Leben zu integrieren.

Gibt es noch etwas, das du den Menschen bewusst machen möchtest, was die Wahrnehmung ihrer Körper betrifft?

*Das kann ich tun. Der Körper ist das Werkzeug eurer Seele. Ihr seid das Bewusstsein in eurer Seele und dieses drückt sich aus in verschiedenen Impulsen. Wer sehr viel Wirkungsvolles in seinem Leben vollbringen will, der nutzt den Körper, um viel in der Materie zu bewegen. Wer nur sein will, der nutzt ihn, um das Leben als solches zu genießen. **Wer durch das Leben aber ohne die bewusste Nutzung der Werkzeuge des Körpers geht, der lebt in einem Kokon.** Der Körper und die Seele agieren dann nicht gemeinsam. Das führt zu den unterschiedlichsten Ausbildungen von Krankheiten. Geistig wie auch körperlich. Denn das System ist als solches nicht getrennt „gedacht". So wie ein Skelett das Fleisch braucht, um durch die Muskeln bewegt zu werden, so werden die Muskeln durch das Skelett bewegt. Aber keine menschliche Körperlichkeit kann ohne das Skelett die Bewegung vollziehen. **Alle Bewegung wiederum bedeutet „Leben". Stillstand existiert nicht im Kosmos.** Alle Werkzeuge um und in euch werden somit zu Chancen, diese Bewegung zu lenken. **Ungeachtet der mächtigen Kraft des Geistes und des Egos will die Seele ihrem Innersten Ausdruck verleihen.***

Jetzt könnte man fragen, ob denn eine Seele etwas Inneres und Äußeres hat - wie genau meinst du das?

Weise Frage, Sylvia. Weil die Seelen vielschichtig sind und keineswegs nur eine einfache, weise Energie. All die Erfahrungen, die ihr sammelt, werden Teil von ihr. All die Gedanken, die ihr habt, sind Teil des Weges, den sie genommen hat, um dabei zu wachsen oder gar zu reinigen. Das bedeutet, durch jeden Impuls, den ihr gebt, und sei er noch so unbewusst, wirkt ihr damit tief in die Seele hinein.

Ja, aber die meisten Menschen tun ihre Schritte, ohne zu wissen, dass sie damit einen Seelenschritt tun. Du weißt, wie unbewusst sie sind. Das Leben besteht in den meisten Fällen nur aus „funktionieren": Morgens aufstehen, Frühstück machen, wenn man Kinder hat, diese versorgen, zur Schule bringen, arbeiten, Kinder abholen, Essen machen, vielleicht noch, sich um andere Menschen kümmern und dann ins Bett gehen. Wo waren da jetzt die seelischen Schritte möglich?

(Lacht) Ja, nun ja, das mag alles sein, doch alltägliche Abläufe, die das Leben braucht, können durchaus auch intensiv als seelisch weiter entfaltend und beschleunigend gesetzt werden. Nur weil die Umstände wenig weise scheinen, heißt das nicht, dass sie nicht gerade dann wertvolle Momente erschaffen können. Der entscheidende Impuls liegt bei euch. Eure Einstellung ist es, die die Wachsamkeit formt und damit die Bereitschaft.
All dies wissend, werden dauerhaft über durchgehende Impulse in euch die Seelenschritte getan. Der ein oder andere wird dabei reich an Erkenntnis der Seele, wer sie ist und was

sie noch erfahren will. Der andere wird dabei nur müde, weil er keineswegs der Kraft der Seele lauschend durch diesen Prozess bewusst gegangen ist. So war das Leben, das er lebte, letztlich verloren, weil alle Impulse des Körpers nichts mit den seelischen Wirkungsweisen zu tun hatten. Du kannst dir denken, dass diese Seelen nach Austritt aus dem Körper sehr traurig werden.

Die Erkenntnis kann, glaube ich, relativ einschüchternd oder sagen wir mal traurig sein.

Ja.

Hmm, das sollte man vermeiden. Danke für deine Impulse diesbezüglich. Du sprichst ein weiteres Thema an - Austritt aus dem Körper - ist das etwas, worüber du sprechen möchtest?

Das wäre sehr gut.

Gut, dann machen wir das.

Danke dir vielmals.

Liebe.

Übergang

Liebster Freund und König, du hattest das letzte Mal gesagt, du möchtest über den Übergang berichten. Bitte beginne, wie du beginnen möchtest.

Die Wirkungsweisen des Menschen verringern sich im Laufe des Lebens wie Blumen welken und Herbst den Winter ankündigt. So vergeht die Lebenskraft im Laufe des Lebens - bei dem einen früher bei dem anderen später. ***Der ausschlaggebende Indikator für die Schnelligkeit dieses Prozesses ist die bewusste Krafteinleitung in den Körper.*** *Wer keinerlei bewusste Bereitschaft lebt, die kosmischen Kräfte in seinen Körper zu lenken, der erfährt den Verfall der körperlichen Kräfte unbeeinflusst von kosmischen Kräften. Durch die schnelle Verwandlung der Kräfte beginnt die Ablösung der Seele dann früher.* ***Ihr müsst die Verankerung einer Seele immer auch als Indiz für die Gesundheit des Körpers betrachten.*** *Nur ein gesunder Körper kann die Seelenkraft binden und halten. Die schwächelnden Werkzeuge des Körpers, vor allem im Laufe des Lebens, bewirken die Ablösung der Seele schon weit früher als ihr vermutet. Daher ist es wichtig, die von mir benannten bewussten Werkzeuge zum Überleiten der Chi-Kräfte in den Körper früh und kontinuierlich in eurem Leben anzuwenden.* ***Wer die körperliche Bewusstheit lebt, der hilft der Seele bewusst zu bleiben.***

Ah, okay, verstehe. Bitte sprich weiter.

∞

Durch die Veränderung der körperlichen Aspekte gegen Ende des Lebens beginnt also der Prozess des Ablösens. Dadurch werden sehr viele kosmische Prozesse eingeleitet, die diesen Prozess begleiten. Wer durch die Welten gereist ist als bewusst verankerte Seele in dem Körper eines Menschen, der wird diesen Übergangsprozess sehr leicht und friedlich angehen. Wer ihn aber sehr unbewusst und keineswegs selbst bestimmt lebt, der wird diesen Prozess als beängstigend empfinden. Doch Menschen, die ihr das lest: **die Angst ist keine Kraft der Seele.** *Sie ist nur die Kraft des Egos. Wer durch bewusste und verbindende Aktionen in seinem Leben die Verbindung in die anderen Welten schon früh begonnen hat, wieder zu empfinden, der wird durch diesen Prozess sehr freudig gehen.* ***Seid daher aufgerufen, dass die menschliche Zeit auch eine Chance ist, die Vorbereitung zu diesem Übergang zu sein.***

158

Bitte berichte uns, was genau passiert. Also du hast gesagt, die Seele löst sich langsam vom Körper ab, immer wahrscheinlich in Abstimmung mit der körperlichen Kraft. Was ist aus deiner Sicht für die Menschen noch wichtig zu wissen, was den Übergang angeht? Möchtest du vielleicht sogar beschreiben, wie er aussieht?

Nein. Wie ihr und was ihr wahrnehmt, bestimmt ausschließlich euer Bewusstsein. Eure Bewusstheit. ***Habt ihr Zeit eures Lebens die Werkzeuge dazu geformt und genutzt, so seht ihr die anderen Welten und empfindet sie.*** *Wer dies nicht hat, wird ohne diese Empfindung, in einer anderen Empfindung wandeln.*

Dann bitte beschreibe, was noch wichtig für die Menschen ist, wenn

∞

die Kraft so wenig geworden ist, dass die Ablösung tatsächlich geschieht?

Wenn die Kraft so schwach ist, das der Körper die Seelenkraft nicht mehr halten kann, so beginnt sie die finale Ablösung. Das bedeutet, dass sie langsam wieder weitet aus der Enge des Körpers heraus. Solch ein Prozess sollte langsam und in Ruhe vonstattengehen. Du hattest dazu einmal sieben Tage von Freund der Indianer genannt bekommen. Dies ist ungefähr die Richtlinie in eurer Zeit, die eine Seele dann braucht, um sich wieder an den neuen, ohne körperliche Grenzen bestehenden Zustand zu gewöhnen. Doch so mancher wird auch plötzlich den Körper verlassen müssen, und dann dauert dieser Prozess sogar noch etwas länger, denn die plötzliche Veränderung der Verbindung mit dem Körper bewirkt durch die unharmonische Dehnung der Seelenkraft aus dem Körper heraus alles, aber kein Wohlgefühl. Das bedeutet, dass die Seele dann verwirrt in der Nähe des Körpers verweilt und manchmal sogar auch noch versucht, in ihn zu gehen. Dies ist aber unmöglich, wie ihr wisst, ohne die lebenserhaltenden Organe. Diese Seelen also brauchen etwas länger, um sich durch die veränderten Umstände zu beruhigen.

Jetzt stellt sich die Frage, wie sich eine Seele, die gar keine Gefühle in dem Sinne hat, wie wir das als Menschen kennen, tatsächlich beruhigen soll?

Das ist richtig in deinem Verständnis von Gefühlen. Aber die Seelen wirken überwiegend über Erinnerungen. Die Erfahrungen sind in euch gespeichert und sie lenken die Impulse aus den Seelen heraus. Wie die Wale, die die Magnetfelder der Erde spüren und auf diese reagieren, so wirken die Seelen durch die verschiedenen Umstände hindurch, aber immer doch auch gelenkt von ihren Erfahrungen. Der Wal würde also durch die äußeren Impulse seine inneren Impulse nutzen und darauf reagieren. Hat er aber noch keinerlei Erfahrung, dann würde er diese über die äußeren Impulse noch machen. Ihr seid genauso geführt von den äußeren Umständen und der inneren Erfahrung. Durch das plötzliche Ableben des Körpers aber wird euch das Werkzeug, das ihr eben noch benutzt habt, genommen und plötzlich sind andere Werkzeuge, die der Seele, wirkungsvoller als zuvor. Dies führt alles zu sehr viel Verwirrung und daher muss diese Seele meist noch etwas mehr den Übergang leben als andere.

160   Kannst du das irgendwie ein bisschen erklären - was heißt „mehr den Übergang leben"? Sind die dann in einer Art Zwischenwelt? Wie sieht es dort aus?

Die Zwischenwelt, wie du sie benennst, ist nur der Zustand des Übergangs, in dem die (neuen) feinstofflichen Welten noch wenig wahrgenommen werden, aber die materiellen Welten des Menschseins auch nicht mehr sehr stark. Dieser Zustand ist die von dir eben so benannte Zwischenwelt.

Wie es dort aussieht, ist wahrscheinlich völlig egal ...

Absolut. Die Werkzeuge zu dieser Wahrnehmung formt ihr in eurem jeweiligem Leben und dann (in den feinstofflichen Welten) nicht mehr. Wie auch immer, diese Empfindungen sind

∞

das, was euch dann diesen Zustand erfahren lässt. Nach unbestimmter Zeit, und das hat viel mit den Erfahrungen aus dem Leben zu tun, inwiefern diese noch mit einwirken, blockieren oder beflügeln, durch die sich weitende Seele, wird das Empfinden des Zustands der Zwischenwelt aber verändert.

Die Seelen beginnen sich dann in der Kraft auszubreiten, die sie vor dem letzten Leben hatten. Und so mancher eben in diesem Leben noch weiter ausbauen konnte. Unbewusste Menschen nicht, bewusste Menschen schon. Alles in allem werden durch die kosmischen Impulse die Seelen aber dauerhaft mit kosmischer Energie genährt. Der eine kann sich diese Kraft zunutze machen, der andere noch nicht, weil er nicht weiß wie.

Okay, wir erkennen, die Zwischenwelt ist wie alles nur ein spezieller Zustand der Wahrnehmung. Diese Wahrnehmung verändert sich, und dann nimmt man das Gleiche, was vorher schon war, nur anders wahr. Freund der Indianer hatte dazu einmal ein schönes Bild gegeben, in dem er beschrieben hat, dass so mancher, der sich einsam fühlt, in der Zwischenwelt über diese veränderte Wahrnehmung plötzlich sieht, wer und was alles um ihn herum ist und die Einsamkeit dadurch verfliegt. Damit ist erklärt und erzählt, wie ausschließlich die eigene Wahrnehmung das ganze Sein bestimmt und nicht die Umwelt sich verändert. Und das gilt lustigerweise auch für das Leben selbst. Wie war das noch? Wie oben so unten. Hier könnte man dann sagen: Wie im Feinstofflichen so auch im Grobstofflichen - und umgekehrt.

Ja, das ist ein sehr, sehr wichtiger Schlüssel.

Was möchtest du den Menschen mit auf den Weg geben, wenn sie die Bedeutung der Wahrnehmung verstanden haben, es aber dennoch ein Prozess ist, durch den jeder hindurch muss?

Dass die Welten, die euch umgeben, immerdar schon wirken. Durch alle Formen hindurch. Wer seiner Seele die Freude übermitteln will, der sollte dies täglich versuchen. Die Freude am Sein. Denn durch sie allein wird die Kraft in der Seele gefördert, die euch den Übergang dann schneller überstehen lässt.

Du meinst mit schneller, weil es ja keine Zeit gibt, einfach nur, dass sich die Wahrnehmung dann schneller so verändert, dass man durch viel angereicherte Freude mehr sieht oder schneller ist ... mehr gleich die helleren und schöneren Ebenen erkennt und dort mit ihnen ist und den ganzen anderen Wesen, als in diesem Übergangszustand der Umgewöhnung länger zu verharren, richtig?

Ja, absolut. Das hast du schön gesagt. Die Worte zu finden, das auszudrücken, was ich meine, ist nicht immer sehr einfach, denn die Impulse, die ich meine, sind durch sehr viel Wissen zwar getragen, aber letztlich muss es so erklärt werden, dass die Menschen es verstehen. Was bringt es, wenn ich einen Ton sage, der sehr viel Information trägt, ihr aber mit diesem Ton nichts anfangen könnt.
Ja, absolut, das werde ich auch gerne weiterhin.

Möchtest du denn noch etwas sagen zum Thema Übergang?

Nein.

Vielleicht noch, was die Menschen machen können in diesen letzten Stunden?

Das würde den Rahmen sprengen und wurde schon sehr ausführlich in den Werken von Freund der Indianer und Anubis festgehalten.

Hmm, okay. Dann machen wir einen Vermerk, dass es dazu zwei Bücher gibt, einmal das Buch „Einweihung in die Geheimnisse des Kosmos" und „Einweihung in Geburt und Tod". Wahrscheinlich ist aber die meiste Information zu diesem Thema in „Einweihung in Geburt und Tod".

Ja das ist es, wahrlich.

Okay, möchtest du noch etwas dazu sagen?

Nein.

Okay, dann danke ich dir vielmals für heute, bis gleich.

Danke.

Liebe.

Feinstoffliche Welten

Geliebter Freund und König. Ich habe mir überlegt, dass ich dich heute ganz gerne zu deiner Wahrnehmung der feinstofflichen Welten befragen würde. Ist das in Ordnung?

Ja.

Dann bitte ich dich, sprich. Wie nimmst du die feinstofflichen Welten wahr?

Du musst dazu unterscheiden zwischen dem Zustand, in dem ich nach meinem Ableben als König war und den Zuständen, die sich dann nach und nach einstellten.

Dann bitte beginne, wo du beginnen möchtest.

Durch die weisen Impulse der Sira wurde ich Zeit meines letzten Lebens sehr geschult in die Abläufe des Lebens und auch des Ablebens. Durch die lebenslange Vorbereitung war meine Seele sehr weit und dehnbar geworden. Durch diese Funktionalität war der Übergang nur noch eine willkommene Beendigung der Enge, aber keineswegs mit irgendwelchen Ängsten verbunden. Dennoch wollte ich die einzelnen Ebenen, die mir alle von den Sira gelehrt wurden, erfahren. Also begab ich mich in die einzelnen Wahrnehmungen der jeweiligen Ebenen ganz bewusst. Du musst dir das vorstellen wie eine Wirkung, die dem Entschluss folgt. Ich hatte beschlossen, die Ebenen alle ganz bewusst zu erfahren, also wandelte meine Seelenkraft nur langsam aus der Form des menschlichen Körpers - aber sehr bewusst.

Die erste Wahrnehmung war die Ebene der Verstorbenen und ich nahm sehr viele wahr. Dunkel war es dort in dieser Ebene. Dann wollte ich die nächste Ebene erfahren und beschloss, die Seele zu weiten. Wie ein Atemzug, den du nimmst, der die Chi-Kraft in die Seele zieht, so ungefähr musst du dir das vorstellen. Durch diesen Beschluss weitete ich und dadurch verwandelte sich wieder meine Wahrnehmung. Dann nahm ich die Lebenskräfte der Weisen Bruderschaft leicht wahr. Obwohl ich in der zweiten Ebene war, war ich in ihr schon sehr auf dem Übergang in die dritte Ebene. Doch durch die leichte und belebende Energie dort war es mir sogar möglich, dies schon dort zu fühlen, zu ahnen.

165

Bitte beschreibe weiter - wie hast du die zweite Ebene erfahren?

Weiter und heller als die erste natürlich. Dort fand ich Seelen, die sehr liebevoll waren und sehr weise in ihren Bewegungen.

Ich hab mich erinnert, dass du ja auch schon sehr intensiv von deinem Übergang berichtet hast in dem Buch „Interviews mit den Wesenheiten von Abadiânia" und ich würde das ganz gern von dort übernehmen, weil es da sehr, sehr schön und sehr malerisch von dir beschrieben worden ist. Ist das erlaubt?

Absolut.

Dann werde ich das machen und an dieser Stelle den Text des Interviews aus Abadiânia einsetzen. 2013 fand hier meine erste „Begegnung" mit der Wesenheit König Salomon statt. Meine Wahrnehmung und meine Arbeit haben sich in der Zwischenzeit weiter geformt, daher haben sich auch die Fragen weiter verwandelt, und ich bitte, dies beim Lesen zu berücksichtigen.

Zitatbeginn aus Band 1 der Buchreihe „Interviews mit den Wesenheiten von Abadjânia":

Was geschah, als du deinen Körper verlassen hattest?

Die Kraft, die ich bin, ist im Prozess des Verlassens des Körpers in eine andere Form gegangen. Das ist folgendermaßen vonstattengegangen: Ich habe die Menschen als Körper wahrgenommen, doch auch als Energie aufgrund meiner Gefühle, mit denen ich wahrnahm. Als ich den Körper verließ, war ich nur noch in der Welt der Gefühle und Hingabe. Dadurch war ich imstande, die Energien plötzlich deutlich zu sehen. Die Energien waren verschieden, mal bunt, mal kalt, mal warm, mal friedlich.

Du hast bunt gefühlt?

Das ist eine lustige Frage. Ja, ich habe es so gesehen und gefühlt.

Wie hast du die menschlichen Körper in diesem Zustand wahrgenommen, außerhalb deines Körpers?

Es war nur noch Energie, die ich wahrnahm, nicht die For-

men ihrer menschlichen Körper.

In welcher „Umgebung" hast du die Energien der Menschen wahrgenommen?

Um sie herum war es noch etwas dunkler als die Energien selbst, es war wie ein Meer aus Schlamm, in dem sich die Energien befanden. Der Schlamm war immer gleich dick.

Hattest du Angst?

Nein, die Energie in einem kennt keine Angst, das ist das Ego, das Angst hat.

Wie ging es dann weiter?

Dann habe ich mich hingezogen gefühlt in eine andere Wahrnehmung. Ich wollte wieder die Reinheit fühlen, die ich fühlte, daher bewegte ich mich fort von diesem Zustand und begann den Weg in die fünfte Ebene.

Wie sah dieser Weg aus, ging das schnell, ging das langsam?

Das ging relativ langsam. Ich wollte die einzelnen Ebenen besuchen und verstehen.

Erzähl mir bitte davon.

Das ist wie, wenn du in Stufen nach oben fliegst. Ich habe immer wieder angehalten und habe genau geschaut, was ich

sehe. Die erste Schicht war diese dunkle Schlammschicht. Die nächste Stufe war schon heller und ich fühlte mich schon besser. Dort waren auch viele Energien wie die, die ich bei den Menschen wahrnahm, aber sie waren nicht so negativ umzingelt. Die Umgebung um sie war viel heller und positiver.

Hast du mit ihnen kommunizieren wollen?

Nein, nur beobachtet. Ich wusste, wo ich bin.

Wo warst du denn nach deinem Wissen?

In der Welt der Verstorbenen, die heller schwingen, höher schwingen.

Und dann?

Dann bin ich in die zweite Ebene, die der Engel. Hier sind die vielen kleinen Lichtkugeln her.

Ach wirklich?

Ja. Die Kugeln waren sehr lieb anzuschauen, das war sehr schön. Ich habe ihnen gerne zugeschaut; diese Freiheit, diese Friedlichkeit und Freude, die sie versprühen, ist wunderschön. Das ist wohl der Grund, warum die Menschen diesen Kugeln diese Bezeichnung gegeben haben, die Engel.

Und was haben die Kugeln gemacht?

Die Kugeln haben sich bewegt und tanzten hin und her. Manchmal kam ein Meister und nahm sie mit.

Ach, das war dann so in der Art: „Bitte kommt mit mir und helft mir in meiner Mission, die ich gerade habe?

Ja, genau.

Wie hast du diese Meister wahrgenommen, wie sahen die aus?

Es sind ovale Energien nach euren Formlehren, die die Kugeln besuchen. Die Kugeln schlossen sich dann in Scharen den ovalen Energien an und folgten ihnen. Dann sind sie in einen anderen Bereich gegangen, das konnte ich nicht mehr sehen.

169

Und dann?

Dann bin ich wieder weitergestiegen, etwas höher, und habe dort geschaut.

Was hast du da wahrgenommen?

Dort habe ich die Meister gesehen. Das waren viele, viele Meisterenergien. Das ist wie ein Meer aus ovalen Energien, die groß und mächtig scheinen. Das ist sehr imposant.

Hast du in dieser Wahrnehmung auch einmal geschaut, wie dein Körper aussieht?

Das ist eine gute Frage, nein, ich hatte das noch nicht in meinem Bewusstsein, dass ich selbst auch einen Körper haben könnte. Die Interessen waren noch woanders.

Konntest du mit den Meistern kommunizieren?

Hm ... die Meister waren sehr intensiv dabei, ihre Aufmerksamkeit auf Menschen zu lenken, auf Wesen im Kosmos.

Moment, du möchtest damit sagen, dass die Meister auf allen Planeten wirken und nicht nur die Menschen betreuen, richtig?

Ja, genau.

Wann kann ein Meister handeln und was genau tut er dann, hast du das erfahren können in deiner Reise?

Die Meister können nur handeln, wenn sie gerufen werden. Das geschieht über Gebete und direkte Bezeichnungen.

Und wie arbeiten die Meister?

Wenn sie gerufen werden, dann beginnen sie aufgrund der Aufmerksamkeit, die sie lenken, diesen Wunsch oder das Gebet zu lesen, dann erst reagieren sie. Je nachdem, wie die rufende Energie aufgebaut ist. Ist sie rein, ist es schneller für sie umsetzbar, ist sie verunreinigt, braucht es Helfer.

Ach und da kommen dann die Lichtkugeln zum Einsatz?

∞

Ja, genau.

Das heißt, wenn ein Meister etwas umsetzen will, dann holt er sich die Kugeln zum Bereinigen der rufenden Energie zur Seite?

Ja, genau. Er lenkt die Kugeln in die Bereiche, die gereinigt werden müssen bei diesen Menschen. Dann erst kann er re-agieren. **Die Verunreinigung bestimmt den Grad der Wirkung der kosmischen Kraft.**

Und wenn der Wunsch/ die Bitte umgesetzt ist, geht die Energie der Meister in ihrer Aufmerksamkeit wieder zu sich zurück, richtig?

Ja.

Nur nochmal genau zum Verständnis der Menschen, die gerne räumlich denken. Die Energien der Meister bleiben prinzipiell in ihrem Zustand, in ihrer Ebene, doch sie bewegen ihr Bewusstsein, ihre Aufmerksamkeit, richtig?

Ja, das ist richtig. Die Meister brauchen eine bestimmte Art von Energie, um in Körper gehen zu können, das ist selten der Fall, daher bleiben sie in ihrer Ebene, doch ihre Konzentration und ihr Bewusstsein lenken sie in eure Ebene.

Und wie ist das mit den Lichtkugeln? Die bewegen sich doch wirklich auf der Erde?

Ja, genau, die Lichtkugeln können immer auf die Erde, doch nicht immer wirken. Das ist wieder eine andere Sache. Die

Menschen sind umgeben von dieser Schicht aus Schlamm und die Engel, wie ihr sie nennt, brauchen dann mehr Zeit, um in diese Schicht zu dringen. Deshalb ist es leichter, an einem Ort wie hier (in Abadiânia) zu wirken, als an anderen, da die Schlammschicht nicht mehr dazwischensteht.

Wie ging es dann weiter?

Ich wollte weiterschauen, das habe ich dann auch getan. Deshalb begab ich mich in die nächste Ebene. Die vierte. Das ist die Ebene, die auch Meister beherbergt, doch andere. Hier wirken die noch höheren Energien dieser Meister in besonderen Funktionen, mit besonderen Qualitäten.

Was hast du dort wahrgenommen?

Dort habe ich die Energie von Dom Inacio wahrgenommen, wie er mit seiner Energie in die Menschenwelt hinein wirkt. Das war sehr interessant und ich beobachtete das sehr aufmerksam. Die Menschen waren in seiner Nähe, doch er war in dieser Ebene wie ein Faden in die Ebene hinein. Es ist schwer, mit Worten zu beschreiben.

(Anm. d. Autorin: Er schickt mir ein Bild, wie Dom Inacio seine ganze Aufmerksamkeit auf die Menschen gelenkt hat und die Menschen zu ihm aufschauen. Er ist hochschwingend wie über ihnen, doch sehr mit ihnen verbunden. Die Menschen suchen ihn und er sucht sie, doch das Ganze auf und vor allem durch verschiedene Ebenen hindurch. Daher die Beschreibung mit dem Faden. Es ist in der Tat sehr schwer zu beschreiben. Selbst mir fällt es jetzt schwer, das

Bild zu beschreiben, das er mir geschickt hat.)

Lieber König Salomon, aber du bist auf der Zeitlinie der Menschenwelt viel früher diesen Übergang gegangen als Dom Inacio, wie erklärst du das nun?

Ja, das ist richtig, aber Dom Inacio war damals in meinem Übergang schon in dieser Kraft, auch wenn er selbst noch ein paar Mal inkarnierte. Ich nahm ihn in seiner Kraft wahr, unabhängig von seinen Inkarnationen und dem, wie ihr heute sein Wirken erfahrt.

Und als du ihn beobachtet hattest, war er da in einem inkarnierten Zustand?

Ja.

Das heißt, sein hohes Bewusstsein hast du wahrgenommen, sein Bewusstsein aber war in einem Organismus?

Ja.

Und wie ging es weiter?

Ich habe ihn weiter beobachtet, doch ich bin weiter gestiegen in eine andere Ebene hinauf. Das ist der Bereich, in dem ich nun zu dir spreche. Es ist der Bereich der stabilisierenden Energien. Ich bin dort geblieben, es ging nicht höher für mich. Das war die letzte Stufe, die ich wahrnehmen konnte.

∞

Ich glaube, ich erinnere mich, dass Chico Xavier betont hat, du seist auch Teil der Weisen Bruderschaft? Die befindet sich doch aber eher auf der sechsten Ebene?

Das ist richtig, doch die Weise Bruderschaft wirkt durch mehrere Ebenen. Dies beginnt nach meiner Wahrnehmung in der vierten Ebene, daher ist die Wahrnehmung von Chico richtig, doch ich bin nicht die ganze Zeit bei ihnen, sondern ich wirke von dieser Ebene in die Thematik, die von hier aus bearbeitet wird.

Wie nimmst du denn die Weise Bruderschaft wahr?

Das kann ich nur bedingt, doch ich nehme sie als sehr weiß und weit wahr ...

174

Wie hast du dich dann gefühlt in der fünften Ebene?

Das war sehr schön, ich war umgeben von Energien, die helfen wollten, das ist wie als würdest du in eine Familie aufgenommen werden, die die gleiche Absicht hat.

Aber wollen nicht alle Energien der höherschwingenden Ebenen helfen; die Engel, die Meister, die Bruderschaft usw.?

Das ist richtig, doch für mich war diese Energie die mir entsprechende.

Und von dort aus wirkst du nun und willst nicht mehr inkarnieren?

Nein, das brauche ich nicht, ich kann von hier aus wirken, das ist mir lieber, diese Bösartigkeit der Menschen ist schon eine sehr eigene Sache.

Magst du mir etwas beschreiben, wie es aussieht dort, wo du wirkst?

Das ist leicht, es ist hell und schön.

Nimmst du Landschaften wahr?

Ja, die Formen sind allerdings etwas anders. Wir haben auch eine Art Landschaft, doch es ist mehr wie eine Art Wolkenlandschaft, alles ist weich und leicht.

Gibt es Farben?

Nein, nicht so ...

Wie viele seid ihr?

Wir sind sehr viele, doch das ist nicht von Relevanz.

(...)
Was möchtest du mir denn noch berichten?

Dass die Menschen noch lernen müssen, dass die Liebe der Schlüssel ist in die Glückseligkeit, die sie in all ihren Anstrengungen im Außen versuchen zu finden. Das ist wirklich wichtig. Ich verstehe bis heute nicht, warum die Menschen das Leben so verbringen, dass sie teilweise lieblos sterben.

Was möchtest du den Menschen noch erzählen?

Dass wir immer für die Menschen erreichbar sind, doch wir brauchen die Kraft der Hingabe und der Liebe von ihnen, um wirklich arbeiten zu können. Wenn ein Mensch sich verschließt, ist es auch für uns nicht möglich zu arbeiten. Doch auch das ist Teil des Prozesses der Erfahrung, den die Seele machen möchte und völlig eigenständig Kraft des freien Willens entschieden hat. Die Wandlung kann jeder nur in sich beschließen, nicht wir.

(…)

Was ist deine Wahrnehmung zu den Religionen auf Mutter Erde in ihrer heutigen Energie?

Eure Religionen sind alle krank in ihrem Wesen. Das ist nicht schön mit anzuschauen, denn im Prinzip sind die Ansätze alle gut gewesen, doch die Machtspiele der obersten Menschen ... die Machtgier von ihnen waren der Grund, dass dieses Gedankengut verwandelt wurde und somit Negativität erschuf und weiter erschafft. Das Prinzip, dass die Männlichkeit die Weiblichkeit unterdrückt in diesen Religionen ist eine Tatsache, der ich sehr mit Sorge in die Augen schauen muss, denn ich sehe, wie die weibliche Kraft nicht in sich ruhen kann, was aber ihre Qualität ist, sondern sie muss gegen die männliche Kraft angehen und das ist falsch. Der Krieg der Geschlechter, so nennt ihr es, ist die Resonanz auf die Machtspiele der Mächtigen.

Was kann man da tun?

Das ist eine gute Frage. Ich tue hier, was ich kann, doch ich weiß nicht, wie wirksam das ist ...

Ich habe in einem Ritual einmal wahrgenommen, wie Worte richtige Energiewesen waren. Kannst du mir und den Menschen mit deinen Worten erklären, was genau passiert, wenn die Menschen sprechen?

Das ist eine schöne Frage Sylvia, ... die Energie der Worte ist wie eine Energie, die beginnt zu leben. Ihr kreiert dadurch Leben im energetischen Raum. Das ist sehr, sehr wichtig. Die Menschen, die meinen, dass das, was sie sagen, nicht von Bedeutung ist, haben noch nicht verstanden, was sie da tun. Worte sind Wesen und sie bleiben bestehen bis sie in eine andere Form gewandelt wurden. Das aber geht nur über die Wandlung, und wer nicht weiß, was er wandeln muss und dass er wandeln muss, kann dies nicht tun. Das ist die Hauptursache für die vielen schmerzlichen Pfeile, die ich auch erfahren habe, als ich Mensch war.

Gibt es etwas, das du am Leben vermisst?

Vielleicht die berauschenden Momente, wenn ich mit meiner Liebsten war. Das ist schon sehr schön, diese Art der Wahrnehmung zu erfahren, doch ich möchte nicht besonders dort hinschauen, es ist so schön hier.

(...)

Wenn man als Mensch in seine Kraft kommt, dann erkennt man auch Negativität. Auf der einen Seite möchte man helfen, auf der anderen Seite soll man sich vor derartigen Dingen schützen, wie soll das

∞

gehen? Wie sollen wir damit umgehen, dass es hier so vieles auf ein-mal gibt, dass Positivität und Negativität kreiert werden können und beides sich hier parallel aufhält?

*Die Frage ist nicht, wie viele Formen es gibt, die Frage ist, wie man selbst ist. Die Antwort auf deine Frage lautet, wo ein Ja ist, ist ein Ja, wo ein Nein ist, ist ein Nein. **Die Ener-gien lügen nie.** Die Energien sind Energien, und wer sie lesen kann, der ist geführt von der Harmonie des Kosmos und wird keine Disharmonie erleben oder kreieren.*

Und wie kann man das übersetzen für die Geschäftswelt, das beruf-liche Leben?

Das ist ganz einfach: die Menschen, die ausnutzen, sind keine Freunde, diese Energien sind in Abstand zu betrachten nicht in Hingabe. Die Hingabe aber ist für alle diejenigen, die lie-bevoll sind und in Liebe handeln. Das ist alles.
Die Lehren der Liebe sind vielfältig, ich möchte sie dich leh-ren, doch ich brauche dazu viel Zeit. Kontaktiere mich bitte weiter und wir werden uns dazu weiter austauschen.

Magst du mir eine Lehre schon heute mitgeben?

Die erste Lehre der Liebe ist die Lehre des Vertrauens. Die Liebe ist wie eine Kraft, die das Vertrauen braucht. Die Liebe kann nicht sein ohne Vertrauen. Das ist essentiell.

Also das heißt, wenn man den Menschen kommuniziert, bitte ver-traue mehr, dann heißt das auch, bitte liebe mehr?

∞

Ja.

(…)

Ende Zitat aus Band 1 der Buchreihe „Interviews mit den Wesenheiten von Abadjânia":

Ich schließe nun an und führe hier weiter fort. Bist du noch immer in der fünften Ebene?

Ja, da bin ich noch.

Du wolltest ja beschreiben, wie sich deine Wahrnehmung verändert hat. Dann bitte beschreibe mir weiter, was sich noch verändert hat. Du spürst jetzt noch deutlicher die Weise Bruderschaft, aber was hat sich noch verändert? Siehst du anders? Wie darf man sich das vorstellen? Bitte beschreibe so intensiv du nur kannst.

*Bei der Wandlung der Kräfte in den Seelen geschehen sehr tiefe intensive Dinge mit den Seelen. **Nicht die Berührung der Seele ist die Aufgabe, sondern ihre Reaktion auf diese Berührung.** Das bedeutet, dass du über jede Begegnung und auch jeden Gedanken, den du als Mensch hast, diese Berührungen erfährst, aber die eigentlichen Resonanzen daraus beginnen erst dann und so bleiben sie in dir **durch alle Zeiten hindurch.** Hier ist dies ähnlich. Wir wirken und wir lernen immer und immer weiter.*

Aber bitte erzähle mir, wie sieht es da aus, was nimmst du wahr? Nimmst du andere wahr, auch andere Seelen, andere ovalförmige

Meister, wie du sie beschrieben hast?

Ich nehme die Meister weiterhin wahr, weil sie sich bewegen und durch die Bewegungen immer wieder auch die Kraft der Weisen Bruderschaft beanspruchen. Aber ich selbst bewege mich eigentlich nur, wenn ich gerufen werde, sonst ruhe ich in der Kraft meiner Seele.

Beschreib mir, was du wahrnimmst?

Weite! Die schönste, lebendigste, ruhigste, weiteste Weite, die du dir vorstellen kannst und das Besondere ist, dass ich diese Weite ganz fühle. Du schaust aus dem Fenster und siehst Weite. Ich fühle sie.

Ach, das ist ein schönes Bild ... das ist übrigens genau das, was ich auch immer den Menschen versuche weiterzugeben, dass sie doch bitte die Weite fühlen sollen. Aber weißt du, es ist so schwer, man spricht mit ihnen und am Ende hören sie gar nichts. Man kann sich die Worte eigentlich auch sparen.

Nein.

(Lacht) Du weißt, was ich meine. Also ich weiß auf jeden Fall, was du jetzt gerade meinst und ich beneide dich ein bisschen darum, weil ich weiß und auch in meinem Leben erfahren habe, wie gesund dieses Gefühl der Weite ist, denn es trägt Freiheit in sich ... das Gefühl von Freiheit und unglaublich viel Kraft.

Absolut, du sagst es. Danke für den Impuls, denn Freiheit ist

∞

*der Schlüssel in die Entfaltung der eigenen Kraft und dort, wo die eigene Kraft entfaltet ist, kann der freie Wille besser ganzheitlich und wirklich stark lenken. **Ist die Seele nicht frei, so ist auch ihr Impuls durch den freien Willen keineswegs frei.***

Nimmst du jetzt Farben wahr?

Ja, alles ist sehr hell und bunt, aber ohne dunkle Farben, sehr lustige Farben ...

(Lacht) Du meinst so regenbogenschöne Farben, flirren die oder sind die statisch?

Nein, sie sind natürlich in Bewegung, denn sie sind Teil des Kosmos, der dauerhaft in Bewegung ist.

Hmm, okay, ich stelle mir jetzt gerade vor, du bist da und du schaust und du empfindest diese Weite ... du siehst auch die anderen ... siehst du die Weise Bruderschaft?

Ja.

Wen siehst du noch?

Die Kugeln, die Meister, die Seelen. Alles, was sich in den oberen Ebenen befindet und bewegt, ist für mich ersichtlich.

Heißt das, du kannst die Menschen nicht sehen?

Genau.

Ach, aber du kannst doch die Seelen in den Menschen sehen, oder?

Weise gefragt: Ja, das kann ich, doch anders, als du glaubst.

Dann bitte beschreibe es mir.

Die Seele in einem Menschen wirkt über die Verbindung in die verschiedenen Ebenen hinein. Du erinnerst dich an die Beschreibungen, dass jede Seele als festen Anker die Ebene hat, aus der sie in den Körper gegangen ist.

Ja.

Diese Kraft der Ebene bleibt ihr erhalten. Also Seelen, die helfen wollen, kommen aus der vierten Ebene und inkarnieren in den Körper hinein. Und Seelen, die inkarnieren wollen und lehren wollen, Weisheit weitergeben wollen, wirken aus der fünften Ebene heraus und so weiter. Dieses Prinzip hast du schon begriffen, oder?

Ja, ich hab das schon begriffen, aber es ist wichtig, dass wir es den Menschen nahebringen. Deshalb bleibe bitte in deiner Beschreibung.

Wenn die Seelen in den Körper gehen, so wirken sie durch die Kraft der Ebene weiter, befinden sich aber im Körper; das Bewusstsein dieser Seelen aber kommuniziert dauerhaft mit und im besten Fall aus dieser Bewusstseinsstufe, dieser Ebene.

Ah, das hast du schön erklärt. Das ist der entscheidende Punkt.

∞

Gut, und ...

Das bedeutet, dass ich natürlich die Seelenenergien, die mit den jeweiligen Wirkungsfeldern verbunden sind, fühle und sehen kann, aber die Seelen selbst nicht, solange sie als Mensch in einem Körper verweilen.

Mhm, um ehrlich zu sein ist das immer noch sehr schwer für den normalen Menschen zu begreifen, weil du Bewusstsein und Seelenkraft jetzt beginnst zu trennen. Sehe ich das richtig?

Ja, das siehst du richtig. Dennoch sind sie beide nicht getrennt, sie wirken aber in einem ganzen Feld an Energien und sie tun dies als geschlossenes System.

Ich versteh schon, die Seelen sind im Körper, das Bewusstsein ist natürlich auch in diesem Körper, aber es erstreckt sich bis in bestimmte Frequenzbereiche, so möchte ich das als alter Quantenphysiker noch einmal für die Menschen festhalten. Und wenn wir von Seelen-Weite reden, dann reden wir auch von Bewusstseinserweiterung, richtig?

Absolut. Das hast du schön gesagt, denn tatsächlich ist natürlich das Bewusstsein an diese Weite gebunden und folgt den Impulsen und den Bewegungen der Seele.

Das bringt mich übrigens zu einer weiteren Frage ... Ich weiß nicht, ob ich sie dir stellen kann, aber ich versuche es einfach: Folgt die Seele dem Bewusstsein oder das Bewusstsein der Seele?

Die Seele begibt sich in die Form des menschlichen Körpers, *aber das Bewusstsein ist nicht an diese Form gebunden, aber um deine Frage zu beantworten, **die Seele folgt dem Bewusstsein und das Bewusstsein folgt der Seele.** Der Ablauf ist wie die Körper der Seele folgen und die Seele dem Körper folgt - alles immer in dauerhaftem Gleichklang.*

Ach so, also kann man nicht sagen, dass eine Seele etwas beschließt ohne Bewusstsein und dann das Bewusstsein dem nachfolgt.

Nein, das ist immer ein Zusammenspiel, egal wer der Impulsgeber ist.

Hmm, gut, ich möchte dieses Thema jetzt nicht zu sehr vertiefen, denn es könnte verwirrend wirken, weil man denken könnte, dass das Bewusstsein eine eigenständige Energie ist, die tatsächlich ohne die Seelenenergie wirken kann, aber das ist falsch, richtig?

Absolut. Beides ist aneinander gebunden wie euer Gehirn an euren Körper, vielleicht hilft das dem Verständnis. Das Gehirn kann auch nicht ohne den Körper sein und der Körper wiederum nicht ohne das Gehirn, verstehst du?

Ja, das verstehe ich sehr gut. Ist vielleicht tatsächlich ein guter Vergleich, um auch die Logik dahinter zu erklären. Okay, bitte beschreib mir weiter ... Du siehst also diese anderen ... kannst du nach unten schauen und ist es dann, als würdest du im Himmel sein und nach unten auf die Erde schauen?

Ja, das ist in etwa so.

∞

Und du hast keine Angst, dass du den Boden unter den Füßen verlierst?

(Lacht) Nein, weil ich keine Schwerkraft empfinde, Sylvia.

Na ja, die Frage ist erlaubt, immerhin bin ich noch in einem Körper und empfinde Schwerkraft, also ist es logisch, dass ich so denke und fühle.

Ja.

Okay, also kann ich mir dich schwebend vorstellen in einer bestimmten Ebene und um dich herum ist das ganze Leben der verschiedenen Ebenen, ja?

Ja.

Hmm, verstehe, und dann wirkst du in Abadiânia hinein ...

Ja.

Und noch was anderes?

Ja. Durch die vielen Ebenen hindurch werden immer wieder Menschen durch derartige Impulse, wie du sie gibst in Büchern oder Vorträgen aufmerksam gemacht auf die unterschiedlichen Kräfte im Kosmos. Sie rufen uns an und bewegen dadurch unsere Kraft, unsere Aufmerksamkeit. Das macht die Bewegungen der kosmischen Kräfte aus.

Hmm, dann ist es ja alles eine Art Zusammenspiel. Kann man sagen, dass die Materie das Feinstoffliche braucht und das Feinstoffliche die Materie?

Ja, das kann man, liebe Sylvia. Denn durch die Interaktion dieser Kräfte beginnt der Austausch und Austausch bedeutet Ausgleich und Ausgleich ist das Ziel des Kosmos. Dennoch bedeutet dies, dass die Seelen oft auch ohne die bewusste Verbundenheit in den Kosmos agieren und dabei Ungleichgewicht erschaffen, wieder eine Komponente, die es auszugleichen gilt. Dies alles hält den Kreislauf am Leben.

Ha, das hat ja fast so etwas, als würde der Murks, den die Menschen fabrizieren, sogar einen Sinn haben?

Sylvia. Du fragst sehr willenskräftig, durchaus sehr wertend.

Na ja, entschuldige, ich befinde mich auch gerade auf diesem Planeten, und es ist nicht nur lustig und außerdem kennst du mich doch.

Ja. Bitte bleib bei der respektvollen Art, mit den feinstofflichen Welten zu kommunizieren und werte nicht den Kosmos.

Ja, Entschuldigung. Ich wollte ihn gar nicht werten, ich wollte den Menschen helfen, es zu verstehen. Und wenn sie verstehen, dass ihre Fehler, die sie machen, durchaus auch ein Teil eines Systems sind, das dafür da ist, dass es den Ausgleich dieses Fehlers wieder ermöglicht, dann ist das doch etwas Gutes?

Ja, das ist es tatsächlich. Danke, dass du dies noch einmal so formulierst. Denn tatsächlich möchte auch ich, dass ihr lernt, dass euere Fehler keineswegs Strafen nach sich ziehen, sondern nur den Aufruf und die Chance, dass ihr diese Fehler wieder ausgleicht. Und die Werkzeuge dazu sind immer da.

Hmm, okay, jetzt sind wir etwas abgeschweift ... Hast du deine jetzige „Form" einmal bewusst betrachten, wahrnehmen können? Ich hatte dich weiter vorne schon einmal gefragt, und da hast du mir gesagt, nein, du hättest deinen Körper noch nicht betrachtet ... wie ist denn dein Körper jetzt?

Ausgedehnt.

(Lacht) Okay, wie muss ich mir das vorstellen ... rund, oval?

Weit.

Okay. Das heißt, du kannst mir keine Form beschreiben?

Genau, weil ich keine wirkliche habe. Die Form verwandelt sich, wie meine Bewegungen dies brauchen.

Okay, das ist jetzt langsam sehr kompliziert und das werde ich in einem anderen Buch erörtern mit Freund der Indianer, der uns die feinstofflichen Welten noch näher beschreiben wird. Trotzdem möchte ich wissen ... hast du schon mal nach oben geschaut? Ist denn für dich oben so, als ob du deine Aufmerksamkeit nach vorne richtest, oder wie ist das? Weil wenn ich von hier in den Himmel schaue, weiß ich, dass es nach oben immer dunkler wird. Wie ist das bei dir?

Nein, natürlich wird es nicht dunkler hier. Im Gegenteil, hier ist es dunkler unten, dort, wo die Menschen sich aufhalten.

Eieiei, das ist ein schwieriger Satz, weil er so sehr in die Örtlichkeiten geht, die ich eigentlich vermeiden möchte. Aber bitte kurz, wenn du deine Aufmerksamkeit nach oben richtest, was siehst du dort?

Die Quelle.

Ach, und die ist wahrscheinlich wie eine Sonne, oder?

Ja, das kann man so sagen, aber sie ist sehr viel mehr als nur „wie eine Sonne". Sie ist nicht nur eine Kugel, die am Horizont scheint, sie ist der ganze Horizont.

Mhm, das denke ich mir. Schöne Vorstellung, schönes Bild übrigens. Und wolltest du schon mal dort hin?

Nein.

Warum nicht?

Weil ich hier bin und weil ich mich hier sehr wohl fühle. Warum sollte ich daran etwas ändern?

Na ja, weil du neugierig bist vielleicht?

(Lacht) Nein, du bist unerschütterlich mit deiner Art zu fragen.

∞

Entschuldigung.

Die Seelen, die sich wohl fühlen, sehnen sich nicht nach weiterem, denn sie wirken dort, wo sie sind.

Oh Mann, ich hoffe ich schaff das, denn ich bin in meinem Leben immer so neugierig und so sehnsüchtig, und all das treibt alles an.

Wir werden es sehen, doch hab Vertrauen, auch du wirst deine Art zu sein finden.

Ja, okay. Zurück zur Quelle. Kannst du irgendetwas beobachten, was die Quelle noch so macht? Entsendet sie vielleicht manchmal Energieimpulse oder Energien? Gibt es irgendeine Bewegung aus ihr heraus?

Ja, durch die Seelen, die sie gebärt, werden immer wieder sehr viele neue Energien aus ihr entsandt.

Wow, das ist spannend, erzähl weiter.

Du musst dir das vorstellen wie Vögel am Horizont. Sie bewegen sich aus der Quelle heraus und sofort in die Form der Seele hinein, sehr klein und sehr fein. Diese bewegen sich meist sehr schnell in Richtung der zweiten Ebene, um dort zu inkarnieren.

Ähh, ich erinnere mich, dass mir gelehrt wurde, dass die Quelle selbst nicht die Seelen hervorbringt, sondern die Quelle Mutterseelen erschafft, welche wiederum die Seelen hervorbringen. Kannst du die Mutterseelen sehen?

Ja.

Wie sehen die aus?

Das sind weitere kleinere Einheiten, die du vor der großen Sonne des Horizonts erkennen kannst. Dort kommen die Seelen heraus.

Und gibt es manchmal Mutterseelen, die sehr viele hervorbringen oder ist es immer die gleiche Anzahl?

Alle bringen ähnliche Anzahlen der Seelen hervor. Doch ich vermute, dass diese Verbindung weiterhin über die Quelle geleitet, gelenkt wird, und das, um den energetischen Ausgleich zu erhalten.

Ach so, du meinst also, eine Mutterseele kann jetzt nicht sagen, okay ich bringe jetzt eine Million Seelen hervor und eine andere vielleicht nur eine, sondern dass das immer alles in Abstimmung geschieht?

Ja.
Du kannst es dir vorstellen wie die Kinder der Menschen. Sicher gibt es manche, die sehr viele Kinder bekommen, doch der überwiegende Teil bringt durchschnittlich zwei bis drei Kinder auf die Welt, richtig?

Ja, das ist sogar zu viel, glaube ich, aber gut, im Durchschnitt gerechnet, ja. Okay. Ich habe erfahren, dass eine Seele sich so weit ausdehnen kann, dass sie einmal eine Mutter-Seele wird, weißt du davon?

Nein, das musst du mit anderen Wesenheiten erörtern. Ich beschreibe dir nur, was ich sehe.

Hast du dich einmal gefragt, wer das alles, den Kosmos, erfunden hat?

Ja.

Und wer das alles lenkt?

Ja.

Und was ist deine Antwort?

Die Quelle.

Hmm, und diese Antwort reicht dir?

Warum soll sie mir nicht reichen? Das ist die Antwort.

Na ja, hmm, okay. Aber wer hat die Quelle erfunden?

Das ist die menschliche Art, die du da gerade anwendest.

Na ja, hast du eine Antwort?

Nein.

Echt spannend die Frage, wer die Quelle erfunden hat. Sie sich selbst vielleicht? Was du mir beschreibst, erinnert mich ein bisschen an eine gewisse Art von einer großen Ordnung.

Mhm, das ist es. Keineswegs ohne System und Ordnung hier.

Hmm, hast du auch schon mal außergewöhnliche Dinge gesehen?

Ja.

Was denn?

Das Ableben vieler, vieler, vieler Seelen auf einmal.

Uhh, wie muss ich mir das vorstellen?

Durch das plötzliche Sterben von vielen Millionen Menschen oder anderen Lebewesen werden diese Seelen alle aus den Körpern geschleudert und befinden sich dann in der ersten Ebene der Verstorbenen. Dies bekommt dabei durchaus eine Gewichtung, die der Kosmos ausgleichen muss. Wir alle.

Aber bitte beschreibe mir genau, wie darf ich mir das vorstellen? Ist das dann eine Art Energiewelle, oder wie nehmt ihr das wahr?

Wir nehmen dies alles als Impulse wahr, wie Wellen, ja. Das plötzliche Schleudern aus den Körpern erschafft Unbewusstheit und Schock in den Seelen. Die Seelen selbst halten sich alle dann überwiegend in dieser Ebene auf. Das bedeutet, dass wir diese Wellen der Trauer und Angst ausgleichen müssen.

∞

Wow, wie macht ihr das?

Indem wir versuchen die Kräfte der Verzweiflung in diesen Seelen zu besänftigen. Wir schicken Wellen der Liebe in diese Ebene.

Wow, wenn man überlegt, dass die euch ja gar nicht sehen können. Das finde ich abgefahren. Hast du mal jemanden gefragt, ob solche Wellen dann auch ankommen und wie?

Ja, das tun sie. Sie sind wie Leuchtstreifen am Horizont für diese Seelen, hatte mir mal jemand gesagt.

Mmm, verstehe. Und das gibt ihnen wieder Hoffnung und dadurch verändert sich ihre Energie, richtig?

Ja.

Wow, okay, verstehe. Hmm, kannst du eigentlich sehen, was gerade auf der Erde alles los ist, so an Gedanken oder besser gesagt an Frequenzen der Seelen?

Ja.

Gibt es eine Wertung von dir?

Nein.

Einen Kommentar?

Ja.

Dann bitte ...

Das Leben sucht sich immer seine Wege. So auch in Zeiten, die ihr gerade belebt. Durch Menschen werden Impulse gegeben, die letztlich durch Seelen ausgeglichen werden müssen. So ist der Lauf der Dinge und so wird er immer bleiben, ob als Mensch oder anderes Wesen im Kosmos. Ihr seid die Impulsgeber, wir sind die Ausgleicher.

Hmm, verstehe. Und wenn ein Mensch keine Lust hat, Impulse zu geben ... also eine Seele keine Lust hat, Impulse zu geben?

Dann wird sie zum Ausgleicher und dann will sie nur noch ausgleichen und helfen.

Und nicht mehr inkarnieren ... das hatten wir schon, gell?

Ja, absolut, das ist richtig. Denn die Seelen, die ausgleichen, beflügeln und erheben dadurch ihre eigene Kraft - um das in einfache Worte zu formen: man fühlt sich besser dabei.

(Lacht) Ich verstehe. Also selbst ihr, die ihr ... keine Gefühle, keine Organe des Fühlens habt, könnt so etwas wie „sich gut" oder „schlecht fühlen" empfinden?

Absolut Sylvia, natürlich. Warum sagst du, dass wir nichts empfinden können, nur weil wir die Organe dazu nicht haben?! Wir haben dazu schon gesprochen. Wir empfinden.

Die Erinnerungen, die ganzen Impulse des Kosmos, alles das ist das, was die Seele ist und ausmacht. Und natürlich erinnert sie auch Gefühle und sie weiß, was sie will und reagiert und agiert ausschließlich in Zusammenspiel dieser Erinnerungen an Gefühlen und dem Gefühl des nicht mehr schlecht Fühlens. **Dieser Wunsch des Verbesserns des Zustands treibt alles, was feinstofflich wirkt, weiter und weiter und weiter und weiter in die Weite.**

(Lacht) Das hast du schön gesagt. Möchtest du noch etwas zu dem Thema sagen?

Nein.

Aha. Dann haben wir jetzt, glaube ich, einen sehr, sehr großen anspruchsvollen Ausflug in die Dehnung unseres Bewusstseins als Mensch hier gemacht, und ich hoffe, die Menschen können es auch annehmen. Ich danke dir vielmals dafür und freue mich, mit dir morgen weiter zu reden. Vielen, vielen Dank.

Liebe.

Kampf und Krieg

Geliebter König Salomon, bitte beginne zu sprechen, was du den Menschen weitergeben möchtest aus deiner Erfahrung zum Thema Kampf und Krieg und den Resonanzen, die daraus entstehen. Was müssen sie wissen, was das ganze Thema betrifft?

Du solltest unterscheiden zwischen Kampf und Krieg.
Durch Kampf im Dschungel des Seins wird manches Ziel erreicht. Solange dies ohne Verletzungen oder gar Sterbende vonstattengeht, ist Kämpfen ein Werkzeug des Menschen, um Blockaden zu überwinden. Durch Krieg aber werden diese Zustände des Kampfes pervertiert. Menschen sterben, Tiere sterben, die Natur leidet, alles ohne Ziel.

Okay, du meinst also, wenn ein Mensch Blockaden überwindend um etwas kämpft, dann ist das durchaus berechtigt, sofern er dabei niemandem etwas Böses tut. Und Krieg ist die Pervertierung dieser Eigenschaft des Mensch-Seins. Aber du sagst „ohne Ziel". So mancher Krieg hat eigentlich genau dieses Ziel, irgendwelche Blockaden zu überwinden, Länder zu erobern, an Rohstoffe zu kommen ... Also bitte sprich weiter.

Du möchtest durch die Frage erörtern, wie der Kosmos auf diese Zustände reagiert:
Bei Kampf um eine Überwindung von Blockaden anderer, zum Ziel des Gemeinwohls werden die kosmischen Resonanzen beschleunigend auf die Impulsgeber wirken. Bei denjenigen, die

kämpfen, um ihr eigenes Wohl und Vorteil zu erreichen, werden keinerlei derartig fördernde Kräfte aus dem Kosmos freigesetzt. Bei einem kriegerischen Akt werden die Seelen verunreinigt und diese Resonanz müssen sie beliebig ausgleichen. Durch das vielfache Morden oder Verletzen von Menschen, die ja letzten Endes Seelen in sich tragen, werden die Resonanzen übermäßig verunreinigend für die Seelen sein.

Hmm, es bietet sich an, noch einmal kurz die Frage zu stellen, wie das dann ist ... Freund der Indianer hatte unterschieden zwischen denen, die dienen in einem Krieg, und denen, die die Befehlsgeber sind. Wer in einem Krieg, wie wir ihn zum Beispiel unter Hitler erfahren haben, ist derjenige, der verunreinigt? Sind es auch die Soldaten, die im Namen dieses Menschen handelten, oder ist es nur dieser eine, von dem die ganze Idee stammte?

Das ist sehr schwer für mich zu beantworten, da ich nicht so tief in die kosmischen Gesetze eingeweiht bin wie beispielsweise Freund der Indianer. Wenn du ihn fragst, würdest du darauf die genauere Antwort bekommen. Ich selbst beobachte aber, dass durch die Impulse des Obersten dieser am meisten verunreinigt und die Folgenden weniger, dennoch auch.

Aha, okay, ich werde das ein andermal noch weiter erörtern. Was meinst du ist die Ursache für Kampf und in der Weiterführung für Krieg? Wieso erschaffen die Menschen überhaupt Situationen, in denen sie kämpfen müssen?

Das ist eine sehr intensive Frage, Sylvia. Der Mensch weiß ganz genau, dass durch Kommunikation vieles vermieden

*werden kann, was Leid hervorbringt, doch er kommuniziert
nicht.*

Ja, das stelle ich auch fest. Wieso ist das so? Ist das ein Defekt oder
liegt es an der Erziehung?

*Oft an der Erziehung, aber so mancher fühlt das Gegenüber
nicht, sodass er den Austausch damit nicht weiter sucht.*

Hmm, du möchtest also die Kommunikation als Schlüssel benennen,
wodurch man sehr viel Leid vermeiden würde. Ich stelle doch aber
auch in der Geschäftswelt fest, dass man mit manchen Menschen
wirklich nicht reden kann, es ist sinnlos. Sie haben ein bestimmtes
Bild oder eine bestimmte Vorstellung, und du kannst sie nicht davon
überzeugen, dass sich dies verwandelt. Wenn die Bereitschaft nicht
da ist - keine Chance.

*Ja, das ist richtig, betrifft aber überwiegend sehr unbewusste
Menschen. Du selbst hast festgestellt, dass du mit bewussten
Seelen durchaus sehr viel kommunizieren kannst. Die unbewusste Seele vermag vor allem auch sehr oberflächlich informiert zu sein. Sie fragt nicht.*

Ahh, du meinst, sie hinterfragt auch gar nicht. Also die Menschen,
die oberflächlich sind, die geben sich dann mit bestimmten Fakten
zufrieden und lassen sich zudem auch nicht durch andere Fakten, die
dann noch dazukommen, weiter bewegen?

*Ja, denn ihre Unbewusstheit wirkt wie ein Schleier, der
gleichzeitig die Ummantelung dieses Glaubensbildes för-*

dernd schützt.

Mhm, okay, also ist die Ursache mal wieder die Unbewusstheit?

Ja.

Was kann man denn da tun?

Einfach weitergehen. Du kannst niemanden bekehren oder auch überzeugen. Du musst über deine Schwelle des Verbindens treten und diese Verbindungen dann weniger beflügeln.

Ja, ich hab mir schon angewöhnt, dass ich dann den Menschen wirklich meine Meinung sage.

Das kannst du gerne tun, du änderst dabei aber nicht ihre Meinung.

(Lacht) Ja, ich weiß, aber das ist wiederum etwas, das mein Ego braucht, aber wir schweifen ab. Gut, also wir stellen fest, eine Hauptursache für Kampf und auch Krieg ist die fehlende Kommunikation, aber es ist durchaus auch gar nicht möglich zu kommunizieren, wenn du es mit unbewussten Seelen zu tun hast. Ich fasse zusammen: Wir sind auf einem Planeten, auf dem man extrem viel unbewusste Menschen und unbewusste Seelen vorfindet. Dann ist es doch eine logische Schlussfolgerung, dass es Kampf und Krieg immer geben wird und muss?

Ja.

Also als Teil des Dschungels?

Ja.

Okay. Dann bitte berichte mir, inwiefern die Resonanzen aus diesen Aktionen eine gewisse Macht oder Schwere - oder Intensität, das ist vielleicht das bessere Wort - für diese Seelen haben? Wir klammern Kampf ohne Verluste aus.

Ja, denn dies hat tatsächlich wenige negative Resonanzen. ***Respektvoll in Konflikt zu gehen ist keineswegs verbrecherisch.***

Okay, dann bitte sprich. Was genau blüht diesen Seelen, die ohne Rücksicht auf Verluste kriegerisch agieren?

Durch diesen Akt des Brechens des freien Willens der Menschen werden die Resonanzen der Verbundenheit mit diesen Menschen, denen man Leid zugefügt hat, nach dem Ableben des Körpers deutlicher.

Ah, jetzt wird es interessant.

Durch die besonderen negativen Impulse in den Kosmos und gezielt den Seelen in den Menschen gegenüber, wird die Seele, die diese Impulse gegeben hat, sehr kraftlos aus dem Körper treten.

Ach echt? Ich hätte jetzt gedacht, dass ein solch aufgeblasenes Ego extrem viel Kraft angesammelt hat im Körper?

∞

Ja, aber nicht in der Seele.

Aha, okay, sprich weiter bitte.

Diese kraftlose Seele wird außerhalb des menschlichen Kör-pers nach dem Ableben die verzweifelten Energien der See-len, deren freien Willen sie gebrochen hatte, spüren. Und du kannst dir nicht vorstellen, wie sich das anfühlt.

Ah, aber ich kann mir vorstellen, dass es das ist, was die Leute immer als das Fegefeuer benennen ... oder nein, als das Jüngste Gericht. Entschuldige, ich kenne mich mit diesen Bibelsachen nicht aus. Das Jüngste Gericht also, wenn jemand über einen richtet. Bitte erkläre, dass das eigentlich keine äußere Kraft ist, die da richtet.

Absolut. Das ist keine äußere Kraft, die richtet, sondern es ist die ohne das Ego existierende und verkümmerte Seelen-kraft in diesem Menschen. Der Mensch und sein Ego waren so stark, dass sie derartig Leid vollbringen konnten, dass die Seele in ihnen keine Kraft zu Entfaltung, Weitung, liebevol-len Impulsen oder positiven Impulsen geben konnte. Das ist wie die Blume, der du kein Wasser gibst, sie vertrocknet fast.

Mhm, okay, dann hat sie also keinerlei kosmische Energie und diese Seelen tauchen jetzt mit dieser schwachen Kraft in das große Feld des Kosmos ein. Wie muss ich mir das vorstellen, wie empfindet so eine Seele dann, was sieht sie, was nimmt sie wahr?

Das weiß ich im Detail nicht, aber ich vermute, dass eine sehr kraftlose Seele natürlich sehr dunkel und sehr einsam wahr-

nimmt. All die sie umgebenden Energien kann sie gar nicht sehen, da die Verunreinigung die Wahrnehmung trübt.

Hmm, und wie geht es dann weiter für so eine Seele?

Durch die vielen Impulse des Leides, die sie gegeben hat, wird sie allesamt diese Impulse reflektieren. Jeden Einzelnen.

Jeden Einzelnen? Was macht dann Hitler, wenn er Millionen Tote zu verantworten hat?

Nun ja, jeden Einzelnen. Denn jede einzelne Seele, die derartiges Leid aufgrund der Durchsetzung des freien Willens des Einzelnen erfahren hat, muss betrachtet und liebevoll ausgeglichen werden.

Oh. ... Okay, und wie passiert dieser Ausgleich und diese Betrachtung? Die Seele ist also in diesem Zustand der relativ getrübten Wahrnehmung, einsam, fühlt sich schlecht, ist kraftlos, kann sich wahrscheinlich gar nicht bewegen ... und was passiert jetzt? Erinnert sich eine Seele dann?

Eine Art Erinnerung. Sie fühlt die einzelnen Resonanzen dieser verzweifelten Seelen.

Hmm, okay, sie fühlt die Verbindung zu den Seelen?

Ja, absolut.

Aha, und dann? Hat sie eine Möglichkeit in dieser Bewusstwerdung der Verbindungen Entschuldigung zu sagen oder irgendwie um Entschuldigung zu bitten?

Nein, das muss durch Taten geschehen, nicht durch einen einzelnen Impuls aus der Kraftlosigkeit dieser Seele heraus, das geht gar nicht. Wie willst du mehrere Seelen gleichzeitig ausgleichen, wenn du selbst keine Kraft hast?

Hmm, okay, wie geht es dann für so eine Seele weiter?

Im Detail ist dies immer verschieden natürlich. Aber überwiegend ist der Weg der gleiche. **Die Seelen werden geläutert durch die Erkenntniss und Erfahrung der Verbindung, die sie mit jeder Einzelnen dieser Seelen hatte und weiterhin hat, solange bis diese Verbindung ausgeglichen ist.** *Das bedeutet, dass alleine die Erfahrung und daraus wachsende Erkenntnis der Folgen der eigenen Tat, die Wahrnehmung schon verändert. Dann entsteht in dieser Seele ein Impuls, der stark genug ist, sie zu bewegen und diese Bewegung ist der Schlüssel in die Chance des Ausgleichs. Sie will ausgleichen, sie bewegt sich also in diesem Prozess genau dorthin, wo ihr dieser Ausgleich ermöglicht wird. Ohne dies wirklich zu wissen, wird sie dann in die Ebene gebracht, die sie ausgleichen lässt.*

Ist dies in der feinstofflichen Welt?

Nein.

Eben, also muss sie wieder inkarnieren?

Genau, du sagst es. Doch es bedarf dazu einer gewissen Vorbereitung. Daher benenne ich zunächst die Ebene dieser Vorbereitung.

Ach, wie sieht denn diese Vorbereitung genau aus?

Eine Seele, die wieder inkarnieren will, muss zunächst den Beschluss dazu deutlich formulieren. *Alle Seelen müssen dies aus freiem Willen und tiefem Impuls wollen. Nur dann reicht die Kraft, um zu inkarnieren. Diese Seele also, nachdem sie diesen Entschluss gefasst hat, befindet sich dann in der Vorbereitung, nun die passenden Elternteile zu findet.*

Wie genau geht das vonstatten?

Sehr einfach, denn solange es keine passenden Resonanzen der Elternteile gibt, kann diese Seele nicht inkarnieren. Erst in dem Moment, der diese beiden Resonanzen verursacht, beginnt diese Seele wie in einem Sog in diesen Körper gezogen zu werden.

Ach, das heißt, einerseits braucht sie die Bereitschaft in sich und andererseits passiert dann aber der Rest wirklich wie in einem Sog. Sie muss also bereit sein, dass sie sich ziehen lässt, das ist natürlich eine Hausaufgabe.

Ja, das ist es, doch wenn dein Wille tatsächlich stark genug ist, dann ist dieser Sog der Kräfte des Kosmos nur noch die Art und Weise, deinen Wunsch umzusetzen.

Mich würde interessieren, welche Art „Elternresonanz" braucht es denn für solch eine Seele? Das wäre für mich noch sehr interessant. Was müssen diese Eltern als Potenzial mitbringen?

Hm, eine schwere Frage, da auch hier wieder so viele Schichten ineinander und miteinander wirken. Aber diese Eltern sollten vor allem das Liebespotenzial der ausgleichenden Seelen ermöglichen.

Wie können sie das?

Durch die Kraft der Liebe.

Du meinst, dass dieses Wesen zu einem ganz, ganz, ganz liebevollen Elterpaar kommen müsste?

Ja.

Eieiei, aha ... okay, weil das würde dann nach sich ziehen, dass durch die viele Liebe, die diese Seele dann plötzlich bekommt, sie auch wieder Liebe weitergeben will?

Ja, das ist in etwa genau so, wie du es gerade beschrieben hast. Durch die starke Liebesenergie dieser beiden Eltern-Seelen findet die Seele die Kraft der Liebe, wie sie sie vorher nicht empfand. Gleichzeitig stärkt sie sich durch diese Liebeskraft in sich selbst wieder in ihrer eigentlichen Kraft. Dort, wo die Liebesenergie in ihr schon immer war, aber verkümmerte. Das ist also wie ein „Krankenhaus der Seelenkraft" selbst. Dann, im Laufe der Jahre, wird diese Liebeskraft weiter blü-

hen und der Impuls des Ausgleichs bleibt in ihr bestehen. Solche Seelen werden dann meist weitergeben wollen, was sie an Liebe empfinden durften in ihrer Kindheit.

Aha, und dann ...

Meist dienen sie, helfen vielen, vielen kranken Menschen oft auch sehr armen.

Apropos, solche Menschen, die so viel Liebe, also als Elternpaar in sich tragen, sind die oft arm oder sind die eher reich? Kann man das materiell irgendwie benennen?

Nein.

Hat nichts damit zu tun, gell?

Ja.

Hmm, ich frage nur deswegen, weil ich überwiegend mitbekommen habe, dass Menschen, die sehr wohlhabend aufgewachsen sind, manchmal auch sehr egoistisch geworden sind und dass das wiederum eine Problematik ist, dass diese Seele wieder ihre Kraft verliert?!

Jein, wenn diese Seele die Kraft des Impulses, aus sich heraus zu helfen, fest formuliert hat, dann findet sie genau das richtige Elternpaar, in dem sie derartige Plattformen bekommt, egal ob sie sehr wohlhabend oder weniger wohlhabend sind, das ist nicht von Belang.

Aha, okay, gut und dann hat die Seele die Möglichkeit zu helfen, auszugleichen und so weiter ... und was bedeutet das für sie? Ich meine, ist es zum Beispiel möglich, wenn wir mal an dieses Extrem Hitler denken, dass so ein Mensch innerhalb eines Lebens all das ausgleicht?

Ja.

Ui, okay. Echt?

*Durch viele, viele, viele, sehr viele, sehr intensive liebevolle Impulse ist es machbar. Der Entschluss und die Intensität der Impulse, die diese Seele durchgehend in ihrem Leben gibt, sind ausschlaggebend. **Nicht die Zeit, sondern die Kraft zählt.***

Ah okay, und wenn eine Seele das dann ein Leben lang gemacht hat, dann wird sie sicherlich den Moment des Ausgleichs vielleicht auch im Leben fühlen?

Ja, das kann sein, aber das ist nicht von Relevanz. Die Kraft dieser Seele steigt wieder an und der Ausgleich findet statt. Das bedeutet, dass sie weniger Kraft verliert, wenn sie aus dem Körper heraustritt und sie findet sich in einer anderen Ebene vor als bei der letzten Exkarnation.

Du meinst damit, wenn sie wieder aus dem Leben heraustritt?

Ja.

Ganz kurz für diejenigen, die das noch nicht ganz verstanden haben.

Mit „anderer Ebene" meinst du jetzt nicht eine andere Ebene, du meinst eine andere Wahrnehmung?

Ja, das ist gut, dass du dies noch einmal benennst, denn die Seele, gereinigter, weiter, größer, stärker und freier nimmt nun das wahr, was sie vorher nicht wahrgenommen hat, der Ort ist immer noch der gleiche, es ist der Kosmos.

Das ist übrigens schwer für die Menschen zu verstehen, weil, wenn du jetzt sagst, der Ort ist der Kosmos, wir denken aber nur in Örtlichkeiten, dann fragen sich die Menschen vielleicht, ja ist denn die Seele noch in der Nähe des Körpers, oder wo ist sie? Und ist sie eine Kugel, oder was ist sie? Kannst du dazu etwas beschreiben?

Nein, das würde den Rahmen hier sprengen. Die Seelen befinden sich allesamt in der kosmischen Kraft und welche Formen, welche Zustände und welche Kräfte sie sind, dies ist tatsächlich eine sehr tiefgehende Frage und würde ein weiteres Buch füllen.

Ja, ich werde das auch noch angehen. Gut ... das war sehr interessant, diesen Weg zu beobachten. Danke dir dafür.
Stell dir vor, jemand inkarniert dann wieder neu und lebt ein ganzes Leben lang ausschließlich in dem Impuls, Liebe zu geben, auszugleichen und so weiter und so fort, ohne wirklich genau zu wissen, warum er so ist, aber „es" in ihm gleicht dauerhaft aus. Was passiert in diesem Fall mit den Opfern? Hilft es auch den Opfern? Oder wie ist das, wie funktioniert das?

Das ist eine sehr wichtige Frage. Danke, dass du sie noch

stellst. Wenn Seelen durch derartiges Verhalten aus den Körpern geschleudert werden, so befinden sie sich in der ersten Ebene, doch sie bleiben in der Verbindung mit dem Verursacher dieses Zustands. Ihre Wahrnehmung ist oftmals die des Schockzustands, den ihr als Mensch kennt. Das bedeutet, dass die Seelen der Opfer wie auch die Seelen des Verursachers allesamt in der ersten Welt festgehalten bleiben, aber nicht einander wirklich begegnen, wie ihr das kennt. Sie nehmen einander wahr über das Fühlen, ohne dass sie sich wirklich sehen können. Das ist sehr schwer zu beschreiben, doch ist es ausschließlich die Verbindung, die sie wahrnehmen. Wenn diese verursachende Seele nun wieder in einem Körper inkarniert und dort Liebeskraft entfaltet und sie weitet, so werden diese Prozesse auch von den anderen Opfer-Seelen wahrgenommen und beschleunigen diese.

209

Ah, kann ich mir das vorstellen wie ein Netz, über welches sie alle verbunden sind, und wenn derjenige, der auf der einen Seite diese Seelen, ich sag es jetzt mal bildlich, „runtergezogen" hat, aufsteigt, dann steigen die anderen mit ihm auf, richtig?

Ja.

Wobei aufsteigen jetzt schon wieder sehr verzerrend ist und anfängt, in die falschen Bilder zu gehen. Ich meine beschleunigen, ja?

Ja, absolut. Genau so ist es.

Aber dann sind diese armen Seelen ja die ganze Zeit abhängig von ihm? Wie kommt es, dass sie nicht nur aus ihrem Körper geschleudert werden und dann in einem Schockzustand sind, sondern dann auch noch weiterhin mit dieser Seele so in Verbindung stehen, dass sie abhängig von deren Läuterung sind? Das ist ja Wahnsinn.

Das ist kein Wahnsinn, das ist ein energetisches Gesetz, liebe Sylvia. Durch diesen Prozess sind diese Seelen allesamt weiterhin mit dieser Verursacher-Seele verbunden, ohne dass sie dies selbst entscheiden können, lösen können. Die kosmischen Kräfte bewegen die Felder.

Kann wirklich keine von diesen Seelen Kraft des freien Willens dies beschleunigen?

Nein.

Hmm, krass. Wenn der jetzt Äonen braucht, um zu läutern, dann brauchen die das auch.

*Ja. Das Wirken der Kräfte ist nun einmal immer in Aktion und Reaktion. Die Seelen, die über dieses Erlebnis an die andere Seele gebunden sind, brauchen den Impuls des Vergebens und diesen können sie aber nur über die Weitung der Liebe des Impulsgebers erfahren. Vorher befinden sie sich weiterhin in diesem Schockzustand. Verstehst du? Sie können nicht selbst agieren. **Ihre Kraft ist in diesem Zustand gebunden.***

Aber ich finde das dennoch Wahnsinn ... entschuldige ... ich meine damit, dass ich es unglaublich finde, wie viel Verantwortung die Menschen haben und das nicht wissen. Das gilt ja für jeden, der sich, in diesen Zeiten relativ populär, selbst in die Luft bombt, für jeden, der einer anderen Seele Leid zufügt. Egal, ob es ein Flugzeug ist, das in einen Berg geflogen wird, mit hundertvierzig Seelen an Bord, alle diese Menschen, diese Seelen sind dann an die Läuterung dieser einen Seele gebunden. Das hätte ich nicht gedacht. Ich hätte gedacht, dass sie sich von alleine aus diesem Zustand bewegen können.

Nun, sie haben die Möglichkeiten, doch fehlt ihnen die Kraft. Das Schleudern aus dem Körper heraus verursacht diesen Zustand des Festhaltens.

Eieieiei ... okay, auf der anderen Seite möchte ich nicht diese verursachende Seele sein, wie die sich fühlt. Weil die fühlt genau dieses Leid, richtig?

Ja, absolut.

Hmm, woher weißt du eigentlich diese Sachen?

Aus meiner Perspektive die Seelen zu beobachten, beobachte ich dies.

Aha ... inwiefern siehst du das? Du siehst diese Felder, die dann so aneinander „kleben", oder?

Ja, die Felder aus Energien, die aus mehreren Seelen zusammen verbunden, aber relativ dunkel leuchten.

Wie geht denn dunkel leuchten? Ist dunkel leuchten nicht einfach nur wenig Licht haben?

Ja, du weißt, was ich meine. Sie scheinen alle sehr kraftlos.

Hmm, gibt es da keine Gefühle der Wut in diesen Opfer-Seelen?

Nein.

Echt? Als Mensch würde man es doch verstehen, wenn sie total wütend wären.

Nein, Wut ist keine Kraft des Kosmos, sie ist nur menschlich.

Hmm, verstehe. Okay, danke, das habe ich jetzt verstanden. Es kann doch aber sein, wenn ich jetzt zum Beispiel Freund der Indianer oder so jemanden befrage, dass der mir noch ein paar weitere Infos zu dem Thema gibt, oder? Freund der Indianer hat doch gesagt, dass man über Gebet und Liebe den Seelen helfen kann, wieder kraftvoller zu werden und daraus würde ja auch folgen, dass sie dann mehr Kraft hätten, sich zu lösen?

Ja, absolut. Du solltest dies auch wirklich intensiver noch abfragen, wenn du das Buch über die feinstofflichen Welten beginnst. Ich berichte dir nur aus MEINER Perspektive und ich habe noch keine Seele gesehen, die sich aus diesem Energiefeld der Verbindung zueinander selbst herausbewegen konnte. Alle waren sie mit dem einen Verursacher verbunden, so lange bis dieser völlig ausgeglichen hatte. Die Felder haben sich als Ganzes bewegt, und nur als Ganzes. Es gab keinen Einzelnen. Doch vielleicht ist meine Wahrnehmung auch begrenzt in diesem Fall. Daher bitte frage auch andere dazu. Danke.

∞

Ein anderes Thema, das mich noch kurz interessieren würde, ist: Ich schreibe ja - oder besser gesagt lasse ich jeden Morgen durch dich hier schreiben ... Was passiert in der Zeit zwischen meinen Kontaktaufnahmen zu dir? Bist du auch in Kontakt mit anderen Wesen oder wie empfindest du diese Zeit dazwischen?

Das Wirken auf dieser Seinsebene hier ist anders als du es dir vorstellen kannst. Wenn du mich kontaktierst, so kommunizierst du mit meinem Bewusstsein, das alle Zeit da ist und dir die Informationen zuteil macht. Ich bin gleichzeitig aber auch von anderen Wesen ansprechbar.

Weißt du, was mir da für ein Bild einfällt? Wir haben bei uns in der Technik „die Cloud". Da liegen bestimmte Daten und jeder, dem man die Erlaubnis gegeben hat, kann auf diese Daten zugreifen. Aber die Daten sind immer da. Nur wenn ich beispielsweise unterwegs auf Reisen bin, dann komme ich manchmal nicht auf in diese Cloud, weil mir die Werkzeuge, mein Laptop oder Handy fehlen. Ist das ungefähr so?

(Lacht) Ja, das ist ein lustiges Beispiel, aber es scheint ähnlich, wenn du nach einem verständlichen Bild in eurer Menschenwelt suchst.

Hmm, und trotzdem, was ist in der Zeit dazwischen ... das, was ich als Zeit empfinde, in dem Fall ungefähr vierundzwanzig Stunden ... was machst du in der Zeit?

Ich bin.

∞

Hmm, okay. Und du hast doch aber schon auch den freien Willen, zum Beispiel bei Joao de Deus mitzuhelfen und zu wirken?

Ja, aber all dies sind Dinge, die parallel gleichzeitig geschehen, ohne Zeit und Raum. Wer mich anruft, der bekommt Zugang zu meinem Wissen und ich selbst wirke im Kosmos.

Hmm, ich verstehe. Das heißt, man könnte fast sagen, du kannst an vielen Orten gleichzeitig sein? Dein Bewusstsein kann angezapft werden, aber du kannst dein Bewusstsein auch auf etwas hinlenken, um dort zu wirken?

Ja, absolut. Das hast du richtig so gesagt.

Mhm, okay. Dann empfindest du gar keine Zeit, gell?

Ja.

Aber es gibt doch trotzdem eine lineare Abfolge? Ich hab dir gestern bestimmte Fragen gestellt, heute frage ich dich etwas anderes. Auch wenn du kein Gestern und kein Heute kennst, ist es für dich dennoch eine lineare Abfolge?

Alles wirkt weniger als Abfolge als du es kennst. Dennoch, ja, etwas linear.

Hmm, aber dann gibt es doch Zeit?

Nein.

Ach, ich werde es nicht verstehen ... (Seufz)

Okay, da hört mein Verstehen von Abläufen tatsächlich auf. So wie ich mir einen Kosmos ohne Grenzen nicht vorstellen kann, kann ich mir das Ganze ohne Zeit nicht vorstellen, denn selbst wenn ihr keine Zeit habt, ist es trotzdem eine zeitliche Abfolge. Insofern würde ich sagen, höre ich diesbezüglich mit der Frage auf. Vielleicht wird sich mein physikalisches Verständnis diesbezüglich noch ein bisschen verändern und ich kann die Frage anders formulieren; jetzt, heute und hier kann ich das nicht. Danke dir dazu.

Um das Kapitel zu beenden, gibt es noch etwas, das du zum Thema Krieg sagen möchtest?

Nein.

Aber vielleicht hast du doch noch einen letzten Tipp?

Ja.

Bitte sprich.

Durch das Betrachten des Gegenübers könnt ihr sehr viel erfahren.

Werden die Augen langsam geöffnet, so befindet sich darin eine etwas bewusstere Seele, lauscht diesem Blick.

Werden die Augen schneller geöffnet, so ist der Impuls des Körpers stärker.

Lauscht diesen Impulsen und lauscht ihnen und ihren Worten, dann wisst ihr, ob ihr kommunizieren könnt oder nicht.

Könnt ihr es nicht, so wandelt in Bereitschaft, die Konfrontation kraftvoll und respektvoll zu wählen und findet darüber die

Lösung. Dennoch bleibt natürlich die Bitte, so viel wie mög-lich ohne Konfrontation zu lösen. **Sehr wenig Konfrontation bedeutet auch, sehr wenig Risiko für eure Seelen.**

Das hast du schön gesagt. Das ist ein schönes Schlusswort für dieses Kapitel. Möchtest du noch etwas sagen?

Nein.

Dann, danke dir vielmals und bis gleich.
Danke.
Liebe.

Danke.
Liebe.

Freude

Bitte berichte zum Thema Freude. Freude im Leben.

Das tue ich sehr gerne. Die Freude, liebe Menschen, ist das wichtigste Werkzeug in eurem Leben. Wenn du besorgt bist, dass du die weiteren Lebensschritte nicht wirklich meistern kannst, dann hilft die Freude, diese Sorge zu vergessen oder wenigstens auszublenden.
Wenn du die Lebenskraft in dir verlierst, so kann die Freude diese wieder zurückbringen.
Wenn du Traurigkeit zu sehr in deinem Herzen fühlst, so kann die Freude diese Traurigkeit heilen. So viel Leid auf diesem Planeten, das über die Erfahrung der Freude in einem einzigen Moment wieder umgekehrt werden kann - in Lebenskraft.
Wenn die Menschen verstehen, dass Freude der Schlüssel zum Wachstum der Kraft in ihrer Seele bedeutet, dann haben sie schon sehr, sehr viel verstanden.

Aber warum ist das so ?

Wenn die Seelen inkarnieren, so begeben sie sich in die Ohnmacht der körperlichen Empfindungen. Dort beginnen die Gefühle die Gedanken zu formen und das bedeutet, dass die unstetigen, instabilen Gefühlsschwankungen der Körper die Macht über die Impulse als Mensch übernehmen. Das wiederum bedeutet sehr viel Frust, wenig Liebe, wenig Respekt und selten Aufmerksamkeit. Alle sind sie mit sich selbst beschäftigt und reden nur im eigenen Vorteil bedacht. Das verursacht, dass die Instabilität, gepaart mit dem Energieverlust, der über diese wenig kräftefördernden Impulse entsteht, die Kraft der Seele verringert. Wie die Blume, die ich schon beschrieben habe, die keinerlei Wasser bekommt, so verkümmert die seelische Kraft des kosmischen Wesens in dem Körper.

Freude jedoch ist die Öffnung des Körpers über die Gefühle in die seelische Kraft hinein. Das bedeutet, dass über die Freude-Impulse durch den Körper, die Seele auch wieder erstarkt, und das wirkt sich natürlich auf ihre Kraft aus. Also entsteht dabei durch dieses Zusammenspiel von körperlichen positiven Freude-Impulsen und dem dadurch nährenden Kraftpotenzial der Seele, dass die Seele wieder weitet und Kraft bekommt. Das hilft ihr wieder, derartige Impulse aus sich heraus zu kommunizieren, was wiederum die körperlichen Emotionalitäten nicht mehr so überhand bekommen lässt.

Damit ist die Freude durchaus der Schlüssel aus Depressionen, aus Traurigkeiten und Verzweiflung heraus. ***Wenn ihr es schafft, die Freude in eurem Körper zu leiten, so leitet ihr sie indirekt auch in die Seele und helft ihr wieder zu sich zu kommen.*** *Das wiederum hilft euch immer besser, die Ängste des Lebens abzuwerfen und mit euch in Kontakt zu treten.* ***Wer ihr wirklich seid, was ihr wirklich wollt und welchen Weg ihr gehen wollt. Nicht mehr getrieben von den körperlichen Bedürfnissen, sondern den seelischen Impulsen.***

Das verstehe ich, das macht Sinn. Hmm, aber gibt es nicht Seelen, die schon so viel Kraft verloren haben, dass es für sie fast unmöglich ist, noch Freude zu empfinden? Also, wenn Menschen depressiv sind, dann sind sie es meistens, weil man ihnen gar nicht helfen kann, oder es scheint, als könnte man ihnen nicht helfen, weil sie sich überhaupt nicht mehr helfen lassen wollen, können ... ist schwierig zu beurteilen. Bitte erzähle mir, gibt es diesen hoffnungslosen Zustand?

Nein, überhaupt nicht. Seelen, die derartig wenig Kraft haben, bräuchten viel Freude im Sinne von wirklich ausgelassenen, vielen und lang anhaltenden lebensfreudigen Aktionen. Aber oft beginnen diese Seelen sich schon in die Ablösung zu begeben. Alle Impulse des Menschen über die körperlichen Aktionen des Dienens, des Wirkens ohne Ziel und ohne Reflektion sind meist ein Indiz dafür, dass die Seele alle Kraft schon in die Ablösung steckt.

Nun ja, wir haben gelernt, Selbstmord ist nicht wirklich ratsam, der bringt einen nur wieder in einen Zustand, der auch nicht so „lustig" ist. Was meinst du mit Ablösung, wenn die Seele die Aufmerksamkeit in die Ablösung steckt? Also ich stelle mir jetzt gerade vor, du bist achtzehn Jahre alt und depressiv. Heißt das, diese Seele beginnt dann schon mit achtzehn Jahren sich in diese Ablösung hinein zu konzentrieren, die aber vielleicht erst mit siebzig Jahren geschieht?

Ja, die Aufmerksamkeit dieser Seele ist, wie als würdest du woanders hinschauen als in dein Herz, verstehst du?

Ja, ich verstehe, aber das ist ja schade, das ist ja dann erst recht dumm, denn wenn man schon depressiv ist und sich dann auch noch selbst die Chance nimmt, über Freude wieder voll ins Leben einzutauchen, dann hat man ja das Leben vergeudet. Also ... hmm ...

Eine Wertung solltest du an dieser Stelle nicht tun. Akzeptiere, dass diese Prozesse so sind, wie sie sind.

Du weißt ja, ich bin immer ein positiver Mensch, und ich werde nicht aufgeben, daran zu glauben, dass sogar diese Seelen noch immer die Chance haben, über extreme Freude-Impulse wieder ins Leben zu finden.

Absolut, natürlich. Keine Blockade im Kosmos ist existent, außer der Nicht-Erlaubnis, doch diese Seelen sind ja immerhin weiterhin im Körper und dadurch weiterhin an die Interaktion der körperlichen Impulse - im besten Falle freudige Impulse - gebunden. Das heißt, dass dies auch eine Chance ist, der Seele, die schon so schwach ist, dass sie sich ablösen will, zu helfen.
Wenn ihr also einen solchen Menschen kennt, der relativ depressiv und pessimistisch scheint, so versucht auf ihn einzugehen, indem ihr ihm freudige Impulse gebt. Wieder und wieder. Geduld ist natürlich auch die Hausaufgabe in einem solchen Fall, denn keineswegs wirkt ein einziger Impuls in die Ewigkeit dieser Seele hinein. Somit braucht es die Zeit und vor allem die Beständigkeit derartiger Impulse.

Aber wie ist das eigentlich? Setzt man sich dann nicht über den freien Willen dieser Seele hinweg, wenn man ihr jetzt ständig positive Impulse gibt?

Nein.

Helfen ist ja erlaubt, nicht? Aber wenn die Seele gar nicht bereit ist?

Eine Seele ist immer bereit zu wachsen und zu weiten. Denn das ist das Ziel aller Seelen, keiner will kräftemäßig verkümmern.

Hmm, verstehe ich. Wenn jemand jemandem eine Freude machen will, dann müsste er vielleicht einfach nur rausbekommen, was demjenigen Freude macht. Hilft nicht vielleicht auch durchkitzeln? Ich meine, wenn du jemanden kitzelst und er muss so viel lachen, dann überträgt sich diese Lachenergie vielleicht auch in die Seele hinein?

(Lacht) Das mag sein, doch ist dies leider sehr oberflächliche Freude. Ihr solltet die innersten Impulse dieser Seele versuchen herauszufinden. Was wünscht sie sich, wohin träumt sie sich oder wohin hatte sie sich einmal geträumt, und diese Träume sollten Realisation finden und das natürlich so schön wie möglich, um die Freude des Wunsches, der in der Seele steckte, in diese Seele hineinzuleiten.

Ich komme mir vor, als würde man an einer chemischen Substanz arbeiten, die in ihrer Konsistenz behandelt werden muss - das hat etwas von Chemie.

Durchaus.

Kinder können sich besser freuen als Erwachsene, das ist, finde ich, schon mal deutlich.

Ja, deshalb sollten die Menschen diese Art der Freude als Kind sich bewahren. Ihr nennt es das innere Kind. Wer Dinge kennt in sich, die dieses innere Kind lebendig halten, sollte *dies beibehalten.* **Denn diese Kraft der Freude ist tatsächlich sehr stark und wenn ihr diese beibehaltet, so erhaltet ihr den größten Atemstrom der Seele.** *Diese Kraft ist wie der Baumstamm des Baumes. Wer so stark die Freude des Kindlichen in sich bewahrt, der kann keine Depressionen erfahren. Und selbst wenn, dann ist der Weg aus dieser Depression heraus sehr viel einfacher als bei anderen, die das innere Kind vergessen, verloren oder verdrängt haben.*

Wir haben in dem Buch mit Freund der Indianer erfahren, wie wichtig es ist, dass wir in einer relativ freudigen Energie den Planeten verlassen.

Ja.

Kann man es schaffen, wenn man ein trauriges Leben hatte, dass man innerhalb von kürzester Zeit die Seele wieder über sehr viele Freude-Impulse dann doch so mit Kraft anreichert, dass sie trotz eines überwiegend traurigen Lebens dennoch weitend und relativ befreit den Körper verlässt?

Ja. **Die Freude-Kraft ist nicht wirklich an Zeit gebunden. Sie ist an Intensität gebunden.** *Wie alles. Eure Absichten, eure Impulse, eure Erlaubnisse oder Nicht-Erlaubnisse. Alles, was ihr in den Kosmos sendet, ist ausschließlich an eure Intensität gebunden, und die kann natürlich im Laufe des Lebens ansteigen oder schwächen, aber was auch immer der Zeitaufwand war,* **die Intensität, mit der ihr die Zeit gefüllt habt, ist letztlich der entscheidende Impuls.**

Gut, das heißt also, wenn jemand nach einem traurigen Leben noch Zeit hat und ganz intensiv, jeden Tag ausschließlich Dinge tut, die ihm nur Freude machen, dann gibt es eine Chance, dass er an Kraft wieder so viel gewinnt, als hätte er diese Traurigkeit nicht erfahren, richtig?

Ja.

Das ist doch schön zu wissen, und das Gleiche gilt natürlich auch umgekehrt, gell?

Ja leider, wie du so schön sagst, aber wie immer alles ohne Wertung. Natürlich könnt ihr auch Kraft verlieren und natürlich könnt ihr dies auch, ohne an eine Zeit gebunden zu sein, in kürzester Zeit. Daher ist die Verantwortung des Impulses in jeder Sekunde, die ihr lebt, immer wieder auch zu betonen.

Hmm, verstehe. Möchtest du vielleicht noch etwas als Abschluss mitgeben?

Das tue ich gerne.
Durch die Seelen, die in Freude inkarnieren, sollte immer auch die Freude beibehalten werden. Alle ihr, die ihr dies hier lest, ihr seid in Freude inkarniert.
Ihr wolltet leben, ihr wolltet sein, ihr wolltet ausgleichen, ihr wolltet wachsen.
Seid euch dieser Tatsache bewusst und lebt diesen Impuls, der alles begonnen hat, was ihr heute seid in diesem Leben.
Lebt diesen Impuls so oft ihr nur könnt.
Glaubt daran, dass die Freude der Schlüssel in die schöne-

ren Zustände des Seins nach diesem Leben ist und lebt dies in jeder Sekunde als die Chance des Moments.
Nutzt sie so oft ihr nur könnt. Wenn Umstände des Lebens euch dazu bringen, dies zu vergessen, so erinnert euch oder lasst euch erinnern.
Aber bitte vergesst niemals, die Freude stand zu Beginn dieses Weges und sie sollte es auch am Ende.
Alles, was ihr erfahrt, ist die Chance des Kosmos, euch zu weiten und in noch schönere Ebenen des Seins vorzudringen. Weitet euch, freut euch. Weitet euch, freut euch. Lebt und sterbt, aber bleibt immer dabei in Freude verbunden mit den schönen, hellen, kraftvollen und liebevollen Energien des Kosmos.

Okay, ich danke dir vielmals und freue mich auf morgen.
Danke.
Liebe.

Danke.
Liebe.

Die Tiere

Liebster König Salomon, bitte beginne, was möchtest du über die Tierwelt erklären, erzählen und beschreiben? Was möchtest du den Menschen mitgeben zum Thema Tiere?

*Die Tiere sind verbunden mit den kosmischen Energien, wie auch ihr es seid. Wenn die Form groß genug ist, so findet ihr aber zusätzlich auch Seelenenergien in ihnen. Das bedeutet, dass ihr genau so diesen Lebensformen begegnen solltet, als seien diese Menschen. Der Unterschied ist dann ausschließlich die körperliche Form. Dennoch wohnt darin auch eine Seele. Wer die Form als eine beseelte Form erkennt, der sollte sich sofort bewusst werden, dass diese Seele nun genauso verantwortungsvoll und respektvoll behandelt werden sollte wie alles Leben. **Wer durch Misshandeln dieser Lebensform die kosmischen Gesetze bricht, wird die Resonanzen darauf ausgleichen müssen.***

Aber wie weiß ein Mensch, ob ein Körper beseelt ist oder nicht? Wir erinnern kurz daran, dass Freund der Indianer uns gelehrt hat, dass ab ungefähr der Größe einer Maus die Körperlichkeit gegeben ist, damit eine Seele inkarnieren kann, und ab der Größe eines Delphins, sie beseelt werden muss. Wie erkennt also ein Mensch zwischen der Größe einer Maus bis hin zur Größe eines Delphins, ob jetzt da eine Seele drin ist oder nicht?

Durch die Bewegung des Tieres. Ich hatte dazu schon einmal die Augenbewegungen bemerkt. Die Art und Weise, wie ein Lebewesen sich bewegt, zeugt von bewussten Bewegungen oder eben weniger bewussten, impulsiven Bewegungen. Findet ihr also in einem Lebewesen die bewussten und sehr ruhig gelenkten Bewegungen, dann wohnt diesem eine Seele inne.

Hmm, ich möchte kurz dazu sagen, dass diese Tiere natürlich immer noch Tiere sind; das heißt sie haben immer auch die impulsiven Bewegungen, aber es gibt Momente, in denen sie sie eben nicht haben, sondern sich sehr bewusst bewegen, gell?

Ja, absolut.

Okay, was ist mit den Tieren, die definitiv so aussehen, als seien sie „nur Tier" und die keinesfalls eine Seele haben?

Du fragst verwirrend. Die Lebensformen sind allesamt zu respektieren und zu beschützen. Auch, wenn keine Seele dem innewohnt, so ist die Form dennoch lebenswert.

Apropos lebenswert. Wenn ein Tier sehr, sehr krank ist oder wenn es Missbildungen hat, inwiefern darf der Mensch dort eingreifen und dem Tier helfen? Also es zum Beispiel einschläfern lassen oder irgendwie so was in der Art?

Das Wesen des Tieres zeigt dem Menschen, was es will: Wenn es weiterleben will, so spürt der bewusste Mensch diesen Impuls. Wenn es aber sterben will, so sollte er diesen Impuls auch fühlen und umsetzen. Die Werkzeuge, die der Mensch dafür hat, sind durchaus an Verantwortung gebunden, wie du

∞

dir denken kannst.

Ja natürlich kann ich mir das denken, deswegen frage ich ja. Denn am Ende lädt man sich damit irgendwelche energetische Ausgleichsarbeit auf, obwohl man diesem Tier doch etwas Gutes tun wollte.

Ja, das ist richtig. Die Kraft des Lebewesens des Tieres übermittelt diesen Impuls. Brecht niemals diese Information.

Hmm, dann stelle ich die Frage, die sich jetzt anbietet. Was passiert, wenn man es tut? Dann ist man ein Mensch, der sich Kraft seines freien Willens über den freien Willen eines anderen Lebewesens hinweggesetzt hat?

Ja. Das bedeutet, dass die Kraft des Tieres dann weiter mit dem Menschen verbunden bleibt bis er dieses Ungleichgewicht ausgeglichen hat.

Weißt du, bei diesen ganzen Informationen, bitte versteh mich nicht falsch, kann ich fast schon nachvollziehen, warum die Menschen immer wieder von Schuld reden und sich mit diesem Thema beschäftigen. Und das Ganze würde als Beschreibung für das, was du beschreibst, wenn du von Energieausgleich redest, also von einem unumgänglichen Energieausgleich, sogar passen. Ich mag das Wort Schuld aber nicht, wie stehst du dazu?

*Das Wort ist falsch. Deswegen nutze ich es auch keineswegs, und ich bitte auch dich, dieses Wort nicht weiter zu nutzen. Die Schuld an etwas übermittelt negative Kraft. **Wer aber die Erkenntnis macht, dass er Fehler gemacht hat, so bekommt***

er sofort die Möglichkeiten, diesen Fehler auszugleichen.
Das ist etwas ganz anderes, wenn du es wirklich fühlst.

Ja, das stimmt, ich fühle es total. Vielleicht liegt es aber auch daran, dass der Begriff Schuld sehr negativ belastet ist bei uns in unserer Zeit.

Keine Ahnung.

Hmm, okay, gut, also ich frag dich dazu jetzt gar nicht weiter. Wir haben verstanden, dass es nun einmal so ist, dass man Fehler machen kann. Und was auch immer dies bedeutet und in Verbundenheit mit denjenigen tut, die dabei durchaus auch etwas Leid erfahren haben, es gilt, dies auszugleichen.

228

Ja.

(Seufz) Okay, gibt es irgendetwas zu den Tieren, was du noch weiter berichten möchtest?

Ja. Die Tiere sind durch ihre Verbundenheit in den Kosmos aber auch gleichzeitig in die Natur eures Planeten sehr gute Lehrer.

Ahh.

Durch ihre Instinkte fühlen sie die Kräfte des Gegenübers. Sie fühlen also die seelische Kraft, wenn sie in diesem Körper wohnt, oder sie fühlen die körperliche Kraft, aber alles in allem fühlen sie dieses Potenzial schneller als ihr das tut.

∞

Dann bewegen sie sich nur anhand dieser Informationen in der Natur. Dort wirken die Kräfte der Pflanzen außerdem zusätzlich noch zu denen des Kosmos und der Natur generell. All dies zusammen sehen sie und durch ihre Art, durch die Natur zu gehen, könnt ihr sehr viel von ihnen lernen.

Hmm, apropos, weißt du, wie Tiere sehen?

Nein, wobei ich weiß, wie sie fühlen.

Ja, das ist ja eine Art „Sehen" eine Art Wahrnehmung - also sie nehmen das alles wahr. Kann man sich das vorstellen wie bei Avatar, oder wie funktioniert das, weil das würde ja bedeuten, dass sie auch die Aura eines Menschen wahrnehmen?

Ja, absolut.

Also nehmen sie die Aura der Bäume wahr, die Aura der Pflanzen, die Aura der Erde, die Aura der Menschen, die Aura anderer Tiere, all solche Sachen, alles gleichzeitig und ineinander wirkend?

Ja genau.

Gut, und sie reagieren darauf?

Genau.

Hmm, ich würde so gerne wissen, wie sie sehen.

Sie sehen, indem sie fühlen. Sie fühlen all dies.

∞

Wow, dann haben sie viel bessere Fühlmechanismen als wir Menschen. Wir Menschen sind ja nur getrieben von unserem „Ego-Gefühlen"?!

So würde ich das nicht formulieren, aber ich weiß, was du meinst. Ihr seid sehr beeinflusst von den Informationen, die ihr über Kommunikation untereinander bekommt und lasst euch dadurch oftmals auch ablenken. Das Ausformen der inneren Werkzeuge, die euch all diese Wahrnehmung der Energieinformationen schenken würde, ist nicht in eurem Fokus.

Hmm, okay, zurück zu den Tieren. Die haben das ja und sie leben danach. Es gibt sicherlich Tiere, bei denen diese Fähigkeiten ausgeprägter sind als bei anderen. Je nachdem, ob das Tier sein Leben in einer Wohnung verbringt oder in der Natur, oder?

Ja, absolut.

Gut, und Tiere verstehen uns nicht über die Worte?

Nein.

Aber sie verstehen uns über die Gefühle, gell?

Ja.

Wie können wir das üben?

Durch die Verbindung mit den Tieren könnt ihr kommunizieren mit ihnen.

∞

Ja, aber wie nehme ich die Verbindung auf?

Indem du dich auf sie konzentrierst und versuchst sie zu fühlen.

Hmm, okay, also ich setz mich hin, versuche in einen meditativen Zustand zu gehen und mich auf dieses Tier, mit dem ich Kontakt aufnehmen will, zu konzentrieren. Also ich denke ganz stark an es, ja? So und dann ...

Dann müsstest du im Laufe der Zeit etwas fühlen, das anders ist als das, was du eben noch gefühlt hast, als du nur du selbst warst. Nun beginnst du die Informationen zu empfangen, die dieses Tier übermittelt.

Hmm, verstehe. Die Information, die das Tier trägt, oder?

Nein, übermittelt.

Ah ja, okay, und dann kann man gut mit ihm reden, das ist ja eigentlich eine Art Kommunikation - aber du kannst doch keinen Dialog mit einem Tier führen, das nicht wirklich denken kann?

Doch, du kannst über die Gefühle kommunizieren, das weißt du doch.

Ja, ich weiß das schon, aber ich möchte das den Menschen so klar und deutlich machen, dass sie es auch können. Bei mir ist es ja etwas anderes, ich habe da einen anderen Zugang.

Wenn die Menschen diese Verbindung zu dem Lebewesen aufgenommen haben und etwas fühlen, das ihnen als neu erscheint, also anders als vorher, dann können sie durchaus beginnen, Fragen zu stellen und sie werden sehen, dass dann ein Austausch möglich ist.

Aha, okay ich weiß, dass das geht und wir haben jetzt festgehalten, dass die anderen das auch können, schauen wir mal. Gibt es dabei irgendetwas zu beachten?

Nein.

Mhm, gut, es liegt also an der Aufmerksamkeit und an der Konzentration?

Ja.

Gut. Hmm, Tiere werden aber auch umgebracht, damit wir etwas zu Essen haben. Zum Beispiel Kühe und Schweine, da sind ja auch beseelte Tiere dabei. Die Menschen, die dies ausführen, müssen die das energetisch ausgleichen?

Nein, überwiegend ihre Vorsitzenden.

Eieiei ... ja, ich hatte das schon mal besprochen mit Freund der Indianer. Okay, gibt es irgendetwas, was du den Menschen noch mitgeben möchtest, wenn ein Tier eines natürlichen Todes stirbt? Wie können die Menschen dann weiterhin zu dem Tier Kontakt aufnehmen?

Sie können durch die gleiche Art und Weise mit diesem Tier weiter kommunizieren wie auch vorher. Die Kraft des Wesens bleibt ja bestehen, sie wandelt nur die Form.

Hmm, aber viele Menschen sind dann so von ihrer Trauer erschüttert, dass sie das nicht hinbekommen – unter anderem auch, weil sie es sehen, berühren wollen und so.

Dann ist es ratsam, ein neues Lebewesen in die Familie zu holen, das diese Lücke schließt.

Hmm, ja, das habe ich auch schon oft gehört. Gut, mir fällt jetzt soweit keine Frage mehr ein, hast du noch etwas?

Nein.

Dann möchte ich Danke sagen für heute und Liebe, und ich freue mich auf morgen. Hast du noch eine Bitte?

Nein.

Gut, dann geht es morgen weiter.

Danke.

Liebe.

Der Tag

Heute beschäftigen wir uns mit dem Thema: Wie würde König Salomon empfehlen, einen Tag zu verbringen?
Liebster Freund und Lehrer, lieber König Salomon, bitte beginne.

Durch die veränderten Umstände eurer Zeit bitte ich um Verzeihung, wenn der ein oder andere Impuls nicht nachvollziehbar ist.

Das werden wir ja sehen. Vielleicht passt es ja doch ganz gut. Beginne einfach.

Wenn die Morgensonne den Horizont berührte, war meine Seele wach. Wie die meisten Menschen lag ich dann gerne noch für eine Weile in meinem Gemach. Durch diese langsame Art, den Körper aus dem Schlafmodus zu bringen, kamen mir viele gute Ideen, die ich in meinem Tagsablauf umsetzen konnte. Durch die dabei entstandenen Impulse wurde meine Kraft mit Freude und Euphorie erfüllt. Ihr solltet euch diese Art, den Tag zu beginnen, auch aneignen. Denn dabei werden immer überraschende und sehr impulsive Kräfte frei, die man in seinem Leben einsetzen kann. Über die Zeit begann ich diese Ideen aufzuschreiben und dadurch allesamt umsetzen zu können, denn man vergisst auch viele dieser morgendlichen Impulse.

Verstehe, wie ging es weiter?

∞

Wenn die menschliche Körperlichkeit des Aufwachens über-wunden ist, so begab ich mich in mein Gebet. Über die Aus-richtung Richtung Sonne begann ich den Kosmos anzubeten.

Wie lange hast du gebetet?

Über eine Stunde.

Wow, so lange. Das heißt, du hast erst gelegen und hast die Ideen aufgeschrieben und danach erst hast du gebetet, aber beides hast du doch eigentlich im Liegen gemacht, oder?

Jein, Nein ... Durch die Ideen bin ich durchaus aufgestan-den, aber manchmal auch auf dem Bett sitzen geblieben. Das Beten aber ist ein völlig anderer Akt, den ich zunächst im Sit-zen und dann im Liegen begann.

Mhm.

Danach wusch ich mich für den Beginn des Tages. Frisch und mit vielen Ideen gefüllt begann ich nun meinen Tag.

Was möchtest du den Menschen mit auf den Weg geben, wie sie ihren Tag am Besten leben könnten?

Durch ähnliche Abläufe. Wer die Nacht länger aufgeblieben ist, kann länger schlafen, doch verliert er dabei die morgend-liche Stille und die damit verbundene Chance der Ideen. Den-noch würde ich euch auch raten, in jedem Fall ins Gebet zu gehen. Wascht euch danach und beginnt den Tag mit eurer Ar-

beit. Wer weniger körperlich anstrengend arbeitet, kann bis zur Mittagszeit jederzeit kurz inne halten, um die Kraft der Sonne erneut aufzunehmen. Wer körperlich arbeitet, sollte am Ende des Tages solch einen Moment noch einmal suchen und sich der Sonne zuwenden, um sie bewusst aufzunehmen. Das Leben ist immer auch ein Zusammenspiel zwischen Impulsen des Kosmos, der Sonne und ihres Chi's und den eigenen seelischen Impulsen. Beachtet alle diese drei Punkte und ihr werdet keine Kraft verlieren.

Wie geht es dann weiter, am Abend oder am Ende des Tages?

Durch die Verrichtung der Arbeit verringert sich die Energie im Körper, die ihr, wie schon gesagt, über die Aufmerksamkeit in Richtung Sonne wieder anreichern könnt. Doch alles zu seiner Zeit. Abend bleibt Abend. Und so ist auch am Abend die Kraft des Chi's der Sonne weniger kraftvoll. Wer kann, sollte abends die Momente mit seinen Liebsten verbringen. Sein, reden, weise kommunizieren und sich austauschen, lachen und Freude leben.

Ja, und wie geht es dann weiter, nachdem man den Abend mit seinen Freunden verbracht hat?

Geselligkeit ist der Schlüssel in die Freude. Für einige Menschen zumindest. Wer also der Seele diese Freude noch geschenkt hat am Ende des Tages, sollte sich nun besonders bewusst in die Stille der Nacht begeben, ihr lauschen und den Tag dankbar mit einem Gebet beenden. Dankbarkeit ist eine sehr wichtige Tugend des Seelischen in euch. Sie wirkt im

Kosmos wie die Staubsauger, die ihr als Maschinen benutzt, um die Reinigung der Räume zu vollziehen. Dankbarkeit reinigt dort, wo Ungenauigkeiten und Unsauberkeiten entstehen könnten. Durch sie wird der Weg, den ihr gehen möchtet, bereitet.

Mhm.

Wer den Tag in Dankbarkeit beendet, der beginnt die Nacht in Dankbarkeit.

Wie geht es dann weiter?

Durch die Kraft der Dankbarkeit beruhigt sich auch der Körper und in diesem Frieden begebt euch ins Bett und schlaft in Frieden und durch die Schutzmechanismen begleitet alsbald ein. Nicht zu spät, denn der Geist braucht viel Ruhe.

Hattet ihr eine Uhrzeit?

Nein, wir verbrachten den Tag immer in Abstimmung mit der Sonne und den Sternen.

Aber du hattest gesagt, dass du nachts noch ab und an Begegnungen mit den Sira gehabt hast. Das hat dich doch vom Schlafen abgehalten.

Nein, weil sie meist kamen, wenn ich in meinem letzten Dankesmoment ging auf dem Balkon.

Ach wie schön. Gibt es irgendetwas, das du den Menschen mitgeben möchtest als eine Art Geheimnis vielleicht, wenn sie schlafen gehen? Wie sie am Besten tief schlafen und dabei Heilung in ihrem Körper erfahren können? Kannst du dazu etwas sagen?

Ja. Das menschliche Gehirn wirkt wie die Maschinen, die ihr benutzt. Selbst durch einen einzigen Impuls eines Gedankens ist die Maschine Gehirn, zu programmieren. Nutzt dies und überlegt euch Impulse der Freude, der Gesundheit, wie aber auch Bitten, die ihr in Liebe tut, um eure Ziele zu erreichen, und formuliert diese in die Nacht hinein. Die Maschine Gehirn in euch wird die dazu notwendigen Parameter beginnen in eurem Körper zu formen und den nächsten Schritt mit dieser Programmierung anders tun als ohne sie. Nutzt also diese Funktionalität des Gehirns und geht den Weg eures Lebens bewusster. Indem ihr die Programmierung vornehmt für eure Ziele, wie und wann.

Hmm, nun ja, nicht immer ist alles berechenbar und programmierbar. Man ist oft sehr abhängig von den Entscheidungen anderer Menschen, deren Abläufe, deren Blockaden, deren Unbewusstheit oder auch gesundheitlichen Problematiken in einem selbst. Was rätst du solchen Menschen?

*Das ist alles Teil des Konzeptes und seit Anbeginn wirkt alles immer miteinander und zueinander, daher auch, mit all diesen Blockaden, die du gerade genannt hast, wirken die Programmierungen in euch. **Ohnmacht gibt es nicht!***

Hmm, stimmt. Das hast du schon erwähnt. Okay ... man geht also schlafen und dann beginnt wieder ein neuer Tag. Und den geht man wieder in Ruhe an, gell?

Ja.

Was rätst du solchen Menschen?

Dazu kann ich wenig sagen, denn wenn du weißt, wie du den Samen in die Erde bringst und ihn dann nicht in die Erde steckst, dann sind auch mir die Hände gebunden, dich zu beraten. Wer also sein Leben derartig eingerichtet hat, dass keiner dieser Impulse umsetzbar ist, der sollte schleunigst daran arbeiten, dies zu ändern.

Tut er das nicht, so ist dies seine freie Entscheidung und er wird aufgrund seiner Entscheidung das Leben weiter so verleben, wie er es bisher tat.

Absolut.

Hmm, na ja, ich frage nur, weil viele Menschen gerne Ausreden erfinden und alle möglichen Erklärungen dafür haben, warum bestimmte Dinge nicht gehen.

*Was soll ich dazu sagen. Der Mensch ist ein bewusstes Lebewesen. Wer glaubt, dass er das Opfer der anderen ist, lebt in einer Illusion. **Ihr habt alles, was ihr seid, so erschaffen, wie ihr es seid. Und deshalb könnt ihr es jederzeit ändern.***

Okay, das hört sich relativ pathetisch an. Ich weiß, dass es Menschen

gibt, die glauben, dass sie doch nichts ändern können, und außerdem weiß ich, dass es Menschen gibt, die einfach weniger Kraftpotenzial haben. Was rätst du Menschen, die tatsächlich in einer relativ festgefahrenen Situation sind und gleichzeitig keine Kraft in ihrer Seele mehr haben?

Das ist eine sehr schwierige Frage. Denn irgendwie ist die Kraftlosigkeit in ihnen ja auch das Resultat der Entscheidungen, die sie getroffen haben. Wenn du die Ganzheit einmal verstanden hast, so wirkt jeder Schritt, den ihr tut, wie der Schlüssel in den Nächsten und alles, was unüberwindbar scheint, ist dennoch überwindbar, aber eben mit unterschiedlichen Mitteln.

Die Werkzeuge sind generell gegeben. Zum Beispiel könnte die Seele, die mittlerweile wenig Kraft hat, um den Impuls des Fortbewegens aus der Situation zu geben, zunächst einmal über Übungen der Meditation und der Gebete wieder zu mehr Kraft kommen. Dann würden alle anderen Schritte aus dieser Kraft entstehen können, verstehst du. Die unausweichliche Problematik ist tatsächlich nur dann gegeben, wenn der Körper, oder auch der Geist so krank sind, dass sie die Impulse der Seele nicht mehr umsetzen können.

Hmm, verstehe. Ja, das mit der Eigenverantwortung ist so eine Sache ... Ich weiß inzwischen nicht mehr, was ich sagen soll, wenn ich die Menschen sehe, wie sie immer nur jammern und nichts tun, wirklich nichts tun, um die Situation zu ändern. Warum ist das so?

Das ist, weil sie unbewusst sind.

Hmm, gut, das Blöde ist nur, dass man nicht hingehen und einen Lichtschalter einschalten und sagen kann, so jetzt bitte, sei endlich bewusst.

*Ja, die Verantwortung liegt bei ihnen. Lass aus. Wenn sie derartig leben möchten, dann ist dies doch zu respektieren. Und wenn sie deinen Impuls nicht suchen, dann ist dies auch in Ordnung. Alles ist da. Die Informationen, auch diese hier, die wir jetzt gerade festhalten, sind verfügbar. **Wer gesund und wachsam ist, kann alle Antworten finden.** Dazu muss er nur den Entschluss fassen, dies zu tun.*

Dann gibt es sehr viele Menschen, die das anscheinend nicht tun. Sie fassen keinen Entschluss, es wirklich zu ändern. Warum ist das so?

Weil sie bequem sind. Jedes Lebewesen bleibt gerne in dem Zustand, den es hat, weil Veränderung sie verängstigt.

Das ist übrigens eine interessante Tatsache, dass viele Menschen Angst vor Veränderungen haben und ich zum Beispiel gar nicht. Verstehe, hmm ... okay, du schickst mir gerade ein Bild zu dem kräftemäßigen Unterschied. Es wirkt, als wären sie wie schlafend, ja, wie schlafend in einer Ecke, und als würden sie nicht gestört werden wollen. Was in sich grotesk ist, weil sie auf der einen Seite jammern, dass der Zustand, in dem sie sind, sie unglücklich macht, und gleichzeitig wollen sie diese Veränderung nicht oder haben Angst davor.

Ja, das ist sicher etwas verwirrend, aber du hast die Energetik gar nicht so falsch beschrieben. Sie sind wie eingeschlafen in der seelischen Kraft, die sie treibt. Das haben wir schon beschrieben, wenn die Seele in sich verkümmert ist und das Ego führt.

Ja, durchaus. Viele Seelen, die ich beratend unterstütze, wenn sie aus dem Körper austreten, fragen mich, warum sie dies wenig bewusste Leben überhaupt gelebt haben. Sie verstehen die Zusammenhänge nicht sofort.

Mhm, und was sagst du ihnen dann? Ich meine, was ist der Sinn hinter einem unbewusst gelebten Leben?

Das unbewusste Leben erfahren zu haben.

Ja, durchaus. Wenn die Kraft in der Seele, dies nicht mehr so zu erfahren, groß genug ist, so findet diese Art Programmierung statt. Du erinnerst dich an die Programmierung der liebevollen, ausgleichenden Impulse des Wesens, das Leid hervorgerufen hat?

Ja, das tue ich, natürlich.

Genauso kann eine Seele, egal wie schwach sie ist, den Wunsch formulieren, nie wieder so unbewusst durch die Zeit des Lebens zu gehen. Diese Seelen beginnen dann meist früh schon, sich mit spirituellen oder religiösen Themen zu beschäftigen.

Ah, okay. Gut. Und was ist mit den Menschen oder Seelen, die sich dann in einem neuen Leben zum Beispiel in kirchlichen Institutionen der Religion hingeben, weil sie sagen: Wow, das ist cool, das ist endlich das, was ich die ganze Zeit wollte, dass ich mich um intensivere seelische Impulse kümmere ... Und dann werden sie zum Bei-

∞

spiel missbraucht - geistig wie auch körperlich - wie ja inzwischen allseits bekannt? Kann es passieren, dass eine solche Seele dann wieder völlig desillusioniert wird?

Nein, der Wunsch zu wachsen bleibt bestehen, die körperliche oder geistige Misshandlung beginnt die Problematik nur zu verschärfen. Denn sie dient vor allem dazu, die Wahrnehmung zu verändern, ob die Institution, die als Heimat empfunden wird, wirklich die Heimat ist.
Ja, absolut. Genau dazu sind tatsächlich derartige traurige Impulse gut.

Verstehe. Wieso ist das eigentlich so, dass die Menschen immer irgendwelchen ... ich sag es jetzt in der netten Version ... Menschen folgen müssen? Wieso reflektieren sie so wenig? Wieso glauben sie so oft einfach nur Einzelnen? Was ist das?

Das ist auch Teil der Bequemlichkeit des Geistes. Wer die seelische Kraft in sich lebt, wird getrieben von dieser. Schläft diese seelische Kraft, so treibt der Geist, und der Geist des Egos wiederum ist sehr faul, im Sinne der Reflektion. Das Ego glaubt gerne, was ihm gefällt, was es schön findet, woran es Gefallen findet auf irgendeine Art und Weise und sei es Bequemlichkeit. Die Seele aber treibt oftmals in ganz andere Richtungen und bricht aus diesen Mustern aus. Wer dieser Kraft folgt, bricht dann auch im Leben aus derartigen Mustern aus. Solche Menschen sind oft diejenigen, die aus euren Systemen ausgestiegen sind und ihre eigene Art zu leben leben.

Mhm. Es gab mal einen Film, „Matrix", du könntest vielleicht auf die Bilder zurückgreifen, die ich gerade vor Augen habe, in dem die Menschen alle in einer Art Zwischenwelt wie in Kokons festgehalten waren und von Maschinen gepflegt wurden. Abgesehen davon, dass das Bild natürlich extrem ist und dass es logischerweise keine Maschinen im Kosmos in der Form gibt, ist das Bild gar nicht so weit hergeholt, dass die meisten Menschen in einem solchen Kokon sind und von irgendetwas getrieben, ernährt, ihr Leben vergeuden. Aber ich weiß, da bin ich schon wieder wertend.

Alles hat seine Berechtigung, Sylvia. Werte nicht, warum der eine bewusst, der andere weniger bewusst sein Leben verbringt. Akzeptiere und respektiere, dass dies Teil des Kosmos ist und freue dich, dass du die Impulse, die du lebst, alle weiter leben kannst. Verzweifle nicht an der Unbeweglichkeit anderer, bewege dich.

Das hast du schön gesagt. Ich wollte nur das Bild mal hervorrufen, weil es manchmal den Anschein hat, als hätte dieser Mensch, der diesen Film gemacht bzw. dieses Buch geschrieben hat, tatsächlich gar nicht so wenig Ahnung von den Abläufen. Und er hat es natürlich nicht spirituell dargestellt. Gut, möchtest du noch etwas zum Tagesablauf sagen?

Nein.

Möchtest du sonst noch etwas sagen?

Ja.

Bitte sprich.

*Das Leben, lieber Mensch, ist keine Strafe, sondern frei gewählt von euch in allen Punkten. Der Ort, an dem ihr seid, die Eltern, die ihr habt oder hattet, die Menschen, die euch umgeben, das Haus, in dem ihr wohnt, alles was ihr tut ist frei von euch entschieden. Und wer glaubt, dass dem nicht so ist, der legt die Verantwortung nur in die Hände anderer, die über euch entschieden haben. Dennoch aber hat dieser Mensch die Verantwortung über genau diese Entscheidung selbst gehabt. Die Entscheidung, die Verantwortung in die Hände eines anderen Entscheiders zu legen, lag bei euch selbst. Es gibt keine Ausrede in diesem Punkt. Alles, was ihr lebt ist selbst erschaffen. Körperliche Umstände meine ich hier nicht. Wer körperlichen Blockaden ausgesetzt ist, kann trotzdem im Kreise dieser Blockaden versuchen, seinen freien Willen zu leben und seiner Seele die Chance zu geben zu wachsen. Geistige und körperliche Krankheit haben natürlich verschiedene Abstufungen, doch solange das bewusste Sein in euch lebt, lebt diese Kraft. **Lebt in der Freude, dass ihr das könnt, dass ihr jetzt am Leben in diesem Moment seid und dass ihr alles, was in euren Möglichkeiten steht, realisieren könnt. Traut euch, vertraut und lebt das Leben, das ihr euch wünscht. Hört auf zu jammern und zu schimpfen, lasst die Freude in den Körper und damit in eure Seele, dort ist die Geburt des neuen Lebens, das ihr euch so lange schon gewünscht habt.**

Wow, das hast du schön gesagt. Noch etwas?

Nein.

∞

Dann danke ich dir vielmals für diese sehr interessante Session und freue mich auf die nächste.
Danke. Liebe.

Lüge und Betrug

Lieber König Salomon, bitte, ich möchte mit dir über das Thema Lüge und Betrug sprechen. Du bist als Mensch in deinem letzten Leben in einer besonderen Position gewesen, aber ich denke mir in deiner Weisheit und den Lehren der Sira hast du bestimmt auch einiges erfahren, was dieses Thema angeht. Bitte magst du berichten, dann sprich einfach.

*Eine Weile als Mensch glaubte ich auch, dass Menschsein nicht ohne die Nutzung der Lüge und des Betrugs möglich sei. Doch jedes Mal, wenn ich den Menschen so gegenüber trat, fühlte ich mich sehr schlecht. Daher befragte ich dazu die Sira, was die Lösung sei, und gerne gebe ich dieses Wissen an dich weiter: Wenn der Mensch auf seinem Weg an den Punkt kommt, an dem die Geschwindigkeit, die Intelligenz oder auch die Geschicklichkeit als Vorteil über die anderen empfunden wird, so beginnt das menschliche Ego diese Art Lieblosigkeit zu verinnerlichen. Über die Empfindung, etwas besser in dem Verständnis oder den Handfertigkeiten eines bestimmten Themas zu sein, erschafft dies Überheblichkeit in Form von Arroganz anderen Menschen gegenüber. Diese Arroganz ist ausschließlich ein Produkt des Egos, wie du dir denken kannst. Der Arroganz folgt Respektlosigkeit und dieser folgt Berechnung des Gegenübers. Die Berechnung fordert Manipulation heraus. Die Manipulation bedingt dann die Lüge oder daraus entstehend das Betrügen. **Durch diese Kette an Einstellungen des Geistes wird die Seele mehr und mehr abgekoppelt*** *von der Entscheidungskraft. Was das bedeutet, haben wir nun schon erörtert. Das bedeutet in der Essenz die Verkümmerung der seelischen Kraft und die blinde Steigerung der Egokraft. Wenn die Seele aber dennoch sehr stark in einem schwingt, hat dies zur Folge, dass sie die Divergenz zwischen diesem Konstrukt des Egos und der Bewusstheit der Seele, wie alles miteinander verbunden ineinander und miteinander wirkt, dann dieses empfundene ungleiche Gefühl hervorruft.* **Die Gewissen der Menschen sind durchaus der Kanal in diese seelisch lenkenden Kräfte, die mal mehr, mal weniger existent sind.**

Was passiert, wenn ein Mensch sich ein Leben lang eben nicht von den seelischen Impulsen des respektvollen Umgangs miteinander hat leiten lassen, sondern dauernd seine Mitmenschen belügt und betrügt? Was bedeutet das, was macht es am Ende in der Seele, wenn sie den Körper verlässt?

Die Seele verkümmert und die Kraft des Egos wächst. Aber der Mensch wird das erfüllende Gefühl, das nur die Seele übermitteln kann, mehr und mehr suchen, ein Teufelskreis beginnt. Die Manipulationen werden stärker, die weniger empathischen Impulse werden stärker, die verantwortungslosen Aktionen werden stärker und dies bedeutet, dass nach und nach diese Kraft in der Seele schwächer wird. Du weißt, was das bedeutet.

Ja, genau, das ist dann diese „kräftemäßige Verkümmerung" der Seele, wie du es nennst, die dann wiederum bedingt, dass man nach dem Leben irgendwie nicht wirklich glücklich über das Getane ist.

Aber was macht es mit den Menschen, denen man das antut?

Weniger verbindend als die Mordung von Leben, aber dennoch das Gleichgewicht der Seele störend.

Du möchtest damit sagen, dass es nicht solche Resonanzen hat, wie wenn man jemanden umbringt und schlimmes Leid hervorruft, aber dennoch ein Ungleichgewicht in der eigenen Seele hervorruft. Also ist es hier nicht so, dass man dadurch mit den Seelen weiter in Verbindung bleibt, sondern es erschafft nur in der eigenen Seele ein Ungleichgewicht?

Ja.

Aha, verstehe. Manchmal kann ja sogar nur eine ganz kleine Lüge großes Leid hervorrufen, wenn jemand zum Beispiel etwas leugnet und damit ein anderes Leben zerstört. Wie ist das? Worum geht es da?

249

***Es geht um die Auswirkungen der Lüge und des Betrugs.** Wird ein Mensch wirklich geschädigt in seiner Existenz, seinem Glück und seiner Freude, so haben die Resonanzen natürlich tiefere Auswirkungen, als wenn es nur eine kleine Manipulation ist. **Die Art und Weise der Lüge ist nicht ausschlaggebend, sondern die Resonanz auf sie.** Also ist es wichtig, dass ihr immer reflektiert, bevor ihr meint, dass ihr manipulieren müsstet, ob dies wirklich nötig ist, und ob dabei Menschen zu Schaden kommen. Denn sobald dies der Fall ist, betretet ihr die Stufe der tieferen Resonanzen und werdet länger dazu brauchen, dies auszugleichen.*

∞

Hmm, wie können wir den Menschen dabei helfen, diesen Moment der Reflektion zu tun? Also stell dir vor, du hast deine Seele jetzt lange nicht gehört oder gefühlt und bist meist von deinem Ego getrieben und erfährst jetzt über dieses Buch von diesen ganzen Sachen. Wie findest du den Zugang dazu, dass du die richtige Entscheidung triffst und eben nicht über eine Lüge manipulierst?

Alle Dinge sind sehr vielschichtig. Wenn ein Mensch strategisch denkt, ohne dabei Leid hervorzurufen, so manipuliert er ja auch. Das kann dabei aber durchaus ohne diese negativen Resonanzen vonstattengehen. Wenn die Menschen liebevoll und respektvoll all diese Dinge tun und dabei ein liebevolles Ziel verfolgen, so ist dies keineswegs negativ. Aber Lüge im vollen Bewusstsein, dass Schaden hervorgerufen wird, beginnt die negativen Resonanzen im Kosmos und in einem selbst hervorzurufen.

Okay, meine Frage war aber, was macht der Mensch, bevor er eine solche Entscheidung trifft?

*Wenn die Menschen nicht wissen, was sie tun sollen im Moment der Entscheidung, dann rate ich ihnen, innezuhalten. Wenn möglich einen ganzen Tag verstreichen zu lassen, um das Gefühl der Tat zu fühlen. Versetzt euch in das Gegenüber, versetzt euch in das Gefühl der anderen, die vielleicht von der Entscheidung wissen, vielleicht aber auch nicht. **Wichtig ist immer, dass ihr die andere Seite fühlt.** Wer also vor einer solchen wichtigen Entscheidung steht, sollte langsam von allen Seiten betrachtend die Situation beobachten, aus verschiedenen Blickwinkeln. Aus dem Blickwinkel der Wissenden, aus* *dem Blickwinkel der Unwissenden, aus dem Blickwinkel der Ausführenden und aus dem Blickwinkel der Profitierenden. Allesamt sollten in friedlichem und freudigem Gefühl diese Situation erleben, egal, ob sie mitwissen oder nicht. **Es darf keinen Schaden hervorrufen.** Das ist die Essenz. Wer nun aber dennoch, aus welchen Gründen auch immer, Schaden hervorrufen muss, und sei er nur gering, der sollte sich dann wiederum Gedanken machen, wie er dieses Ungleichgewicht ausgleichen kann. Am Besten bei den Geschädigten. Manchmal kann man nicht alle Befindlichkeiten berücksichtigen. Manchmal muss man derartige Wege gehen. Dennoch bedeutet die Formulierung der Entscheidung, wenn sie nicht nur Freude hervorgerufen hat, der Aufruf und das Werkzeug, die weniger Profitierenden zu beschenken auf andere Art und Weise. Die Arten sind unendlich.*

Das hab ich verstanden. Das heißt, wenn man es tatsächlich nicht schafft, und meistens ist es in der Geschäftswelt so, dass man nicht allen alles recht machen kann, dann sollte man schauen, wie man denjenigen, denen man jetzt gerade nicht so helfen konnte, irgendwie einen anderen Ausgleich schafft?

Ja, das wäre das Beste, dann würden keinerlei negative Resonanzen auf die Seele wirken und in ihr. Sie könnte genauso ausgeglichen aus der Situation gehen, wie sie in diese Situation gekommen ist.

Also die Faustregel lautet - kein Ungleichgewicht schaffen.

Absolut.

∞

Wenn jemand zu unbewusst ist, um zu wissen, wo Ungleichgewicht entsteht dann ... in Ruhe reflektieren und alles erfühlen.

Ja.

Was ist mit Menschen, die das nicht können? Ich treffe immer wieder Leute, die sagen: Ach ja, ich kann es nicht, ich fühl es nicht, wie soll ich das machen ... und so weiter und so fort.

Es ist nicht schwer, es kostet die Konzentration und die Absicht. Wer es wirklich will, der schafft es, das Gegenüber zu fühlen.

Vielleicht sind sie abgelenkt durch die Gedanken?

252

Das mag sein, aber es ist möglich.

Ja. Okay. Was ist, wenn Menschen, vielleicht in einem schnellen Akt der Unbewusstheit, ein solches Ungleichgewicht geschaffen haben, also manipuliert oder gelogen und betrogen haben, ohne es wirklich bewusst getan zu haben? Ändert das etwas an der Situation?

Nein.

Ach.

Wer Ungleichgewicht schafft, ob mit oder ohne bewussten Impulsen, der schafft Ungleichgewicht.

Möchtest du vielleicht noch etwas sagen?

Nein.

Dann haben wir das Thema Lügen und Betrügen eigentlich relativ umrissen?

Ja. Die Essenz ist festgehalten. Die Menschen sollen sich ihrer Schritte bewusster werden und wissen, was sie tun. In jedem Moment.

Hmm, apropos, möchtest du zum Thema Kommunikation und Wortformung etwas sagen?

Ja.

Nun, dann werde ich mir das als Thema noch aufschreiben. Gut, dann beenden wir unsere Session für heute. Ich danke dir vielmals und freue mich auf die nächste.

Danke.

Liebe.

Kommunikation und Wortwahl

Lieber König Salomon, lass uns heute bitte über das Thema Kommunikation und Wortwahl reden. Bitte erzähle mir, was du darüber berichten möchtest.

> **Ein Wort wird eine Welt.**
> **Wenn die Stimme das Werkzeug des Körpers ist, so ist das Wort das Werkzeug des Geistes im Kosmos.** *Verinnerlicht die Kraft dieser beiden Komponenten und erkennt, wie wichtig das Formen der Worte in Respekt und Liebe ist. Du hast erfahren, wie kraftvoll Worte im Kosmos sind. Vermittle den Menschen diese Erfahrung:*

Okay, ich habe in einem Ritual mit einer Freundin, die Hilfe gebraucht hat, weil sie Kontakt zu ihrer verstorbenen Mutter aufnehmen wollte, erlebt, wie sich meine Wahrnehmung im Laufe dieses Rituals so geändert hat, dass ich meinen Körper nicht mehr wahrgenommen, aber doch noch mit ihm gearbeitet habe, indem ich ihn genutzt habe, damit er die Worte formt. Das ist prinzipiell ein Prozess, den ich dauernd tue, auch jetzt gerade, aber in diesem Ritual war meine Wahrnehmung sehr verfeinert. Das hat dazu geführt, dass ich mich als Sylvia nicht mehr wahrgenommen habe, aber als ein Wesen, das die Kraft des Geistes über die Sprache, über die Stimme zu einzelnen Energien geformt hat. Wie ein Lebewesen, so wirkte jedes einzelne Wort aus mir heraus. Ich hatte das Gefühl, als würden die Energien in Form des Wortes gebündelt werden und dann jeweils meinen Ätherkörper, oder wie immer man das bezeichnen möchte, verlassen und einzeln im Kosmos existieren. Als würde man aus dem Mund etwas gebären. Diese Erfahrung war so intensiv, dass ich sie nie wieder vergessen kann und seitdem um die Bedeutung eines jeden einzelnen Wortes so sehr weiß, wie ich weiß, wie wichtig jeder Atemzug ist. Wenn ich könnte, würde ich jedem Menschen diese Erfahrung schenken, denn es ist fast unbeschreiblich, das zu beschreiben. Mehr kann ich dazu jetzt nicht sagen.

So ist es, genau so wirken eure Worte allesamt im Kosmos. Der Unterschied der Kraft, die diese einzelnen Lebewesen, wie du sie bezeichnest, im Kosmos belebt, ist eure Bewusstheit. Die Art und Weise, wie ihr die jeweiligen Worte in Bewusstsein taucht und haucht, entscheidet ihre Kraft im Kosmos.

Gut, aber das könnte jetzt ja bedeuten, dass jemand, der etwas brüllt, eine größere Kraft hat als jemand, der etwas nur leise sagt, und ich weiß ganz genau, dass du das nicht meinst.

Absolut, danke für die Frage. Denn natürlich ist es nicht die kraftvolle intensive Tonation des Wortes, sondern es ist die Absicht und der Bewusstheitsgrad dahinter. Du kannst dir das vorstellen wie die Reinheit der Kristalle, die als Energien kraftvoller wirken, wenn sie rein sind, und weniger stark sind, wenn sie weniger rein sind. ***Die Substanz, das chemische Element des Rohstoffes, in diesem Fall das chemische Element Bewusstsein, ist essentiell, inwiefern die formulierten Absichten hinter dem Wort ihre Kraft ausbreiten.***

Gut, genau, das heißt, man kann mit ganz viel Bewusstheit, Verantwortung, Respekt und Liebe wenige, relativ leise tonierte Worte sagen, die bei weitem kraftvoller im Kosmos wirken als sagen wir jetzt mal aggressive, lautstarke, unbewusste, brüllende, dumme und viele Worte.

Absolut, genau dies ist der Fall. Die Wirkungskraft entscheidet sich in eurem Bewusstsein, in eurer Bewusstheit!

Mhm. Ich möchte gerne noch ein bisschen weiter gehen und auf das Thema Kommunikation generell zu sprechen kommen. Ich stelle fest, dass Kommunikation genauso wie auch Überblick und Ordnung zwei sehr wichtige Schlüssel im Leben des Menschen sind und sein können. Wie siehst du das, was das Thema Kommunikation angeht?

*Weniger die Kommunikation als die Ordnung im Leben bewirken dennoch beide die Bewegung des menschlichen Geistes. Doch um auf deine Frage genau zu antworten: Die Kommunikation ist ein sehr wichtiger Schlüssel, aber auch hier gilt es, den Menschen mit Bewusstheit, Respekt, Liebe und Freundlichkeit zu begegnen. Es bringt überhaupt gar nichts, in kraftvollen, aggressiven Worten Menschen zu begegnen, die man dadurch verschreckt. Weit erfolgreicher wirkt daher derjenige, der bewusst, interessiert, weitsichtig, respektvoll und liebevoll den Menschen gegenüber tritt und mit ihnen kommuniziert. **Die Kraft der Wahrnehmung der Resonanz der anderen reagiert auf dieses Maß an Achtsamkeit in euch.** Beobachtet: Begegnet ihr einem Menschen und befragt ihn, kommuniziert mit ihm intensiv und interessiert, so werdet ihr andere Resonanzen ernten, als wenn ihr nur wenig und sehr desinteressiert mit diesem Menschen redet. **Also ist es auch***

hier das Chemikal Bewusstsein, das eure Worte lenkt, und die Worte, die Resonanzen kreieren.

Hmm, verstehe ... also wir sollten bewusst auf den Anderen eingehen, wenn wir mit ihm sprechen?

Ja.

Ich möchte gerne wissen: Wir haben auf diesem Planeten sehr viele Menschen, oder sagen wir mal einige Menschen, die sehr viel reden, also kommunizieren und Worte formen und in sehr wichtigen Positionen sitzen - ich möchte damit die Politik ansprechen. Ich empfinde diese Menschen ausschließlich als berechnend, aber sie haben Macht mit ihren Worten und Taten. Bitte hilf mir die Tatsache zu verstehen, dass ein Mensch ein Leben lang ausschließlich „Ego-Macht-formulierende" Worte von sich gibt, während ein anderer Mensch, der seine Worte bewusst formt, ein viel kleineres „Publikum" hat.

Weniger die Masse ist wichtig, die dich interessieren sollte, sondern die Resonanzen. Ist es nicht schöner und wichtiger, wenn ein einziger Mensch durch seine Tat anderen helfen konnte, als wenn die vielen Menschen durch ihre Taten niemandem helfen konnten?

Ja, natürlich, aber ich finde das unglaublich, dass das überhaupt möglich ist.

Es ist möglich, weil die Menschen Glaubensväter brauchen, ob in Politik oder in Religion, wie ihr sagen würdet.

Ich hab dir die Frage glaube ich schon einmal gestellt. Wieso brauchen sie diesen ganzen Affentanz?

Weil sie die Haltlosigkeit ihrer Seelen versuchen dadurch auszugleichen. **Wenn es den Einen gibt, der sie führt, so müssen sie sich selbst nicht lenken. Wenn es den Einen gibt, der sie lenkt, dann müssen sie selbst nicht denken.** *Weise Menschen erkennen die unnütze und verunreinigende Art dieser Systeme und folgen anderen Glaubensbildern.*

Hmm, aber wie ist das, wenn ein Mensch ein Leben lang die ganze Zeit immer nur redet und dabei nur Murx fabriziert auf Grund seiner Worte. Ich meine diese ganzen Politiker, die meisten packen ja nie an, die wenigsten kreieren irgendetwas, keiner ist kreativ, so wenige von ihnen hinterlassen auf diesem Planeten irgendetwas Sinnvolles, was macht das?

Nichts. Es ist ein Leben im Schlafmodus, wie du sagen würdest.

Und wie ist das mit der Resonanz auf so ein sinnlos geredetes Dasein?

Ihre Verantwortung ist das, was sie verbindet, das hast du doch schon verstanden

Ja, das stimmt.

Diese Menschen sind dann an die Leidensenergien dieser Seelen, ihres Volkes, gebunden und müssen sie ausgleichen, ganz einfach.

Okay, sag du mir bitte etwas zu dem Thema Politik, ihr hattet doch damals auch bestimmte Strukturen?

Ja, aber andere. Wir hatten den Einen, der entscheidet, aber viele Berater und durch die Lehrer des Beraters war dieser meist weiter entwickelt in seinem Verantwortungsbewusstsein als ihr. Doch ist dies natürlich auch verloren gegangen im Laufe der Zeiten. Ich jedenfalls habe meine Vorbilder in Form meiner Eltern und ihrer Eltern sehr zu schätzen gelernt gehabt und weise erfahren, sie waren alle sehr weise.

Nun ja, dann ist das jetzt ganz anders. Wie siehst du die Form des Menschenführens? Was würdest du vorschlagen?

Hmm, wenige Menschen sind leichter zu führen als solche Massen, wie ihr es mittlerweile auf Planet Erde seid. Zu meiner Zeit waren es viel, viel weniger. Ich weiß nicht, ob das Modell, wie wir es hatten, auch für euch gelten könnte.

Vielleicht liegt es nur am Auswahlverfahren. Ich finde es jedenfalls nicht gut, dass Menschen, die überhaupt nicht energetisch gebildet sind, solch eine Verantwortung haben.

Ja, da gebe ich dir Recht. Dies ist tatsächlich ein Ansatzpunkt. Ändere ihn.

Ach, ich werde das nicht ändern, entschuldige, ich habe andere Aufgaben. Aber, wir sind ein bisschen abgeschweift ... Kommunikation

∞

und Wortwahl ... hmm ... hast du noch etwas, was du dazu sagen möchtest?

Ja, ein bisschen.

Dann bitte sprich.

*Wenn die Kommunikation der Menschen liebevoller und respektvoller ablaufen würde, so würde weniger Kraftverlust in den Seelen geschehen. **Die Worte sind wie Waffen.** Die empfindsamen Seelen können die Worte als tatsächliche Bedrohung empfinden. Die Menschen verfallen dann mehr und mehr in Ängste, und das ist ein Zeichen für Verlust der Seelenkraft.*

*Ich möchte daher als Abschluss daran appellieren, dass ihr allesamt, die ihr dies lest, die Verantwortung, die mit eurer Wortkraft einhergeht, auch noch mehr verinnerlicht. **Die Worte sind Lebewesen der Energien des Kosmos. Ihr formt sie anhand der Buchstaben und ihr formt sie vor allem mit der Bewusstheit hinter diesen Worten.***

Wer unbewusste Worte sät, kann viel Leid hervorrufen, welches er dann ausgleichen muss.

Werdet euch dieser Verantwortung auch in diesem Punkt noch bewusster und lebt die Kraft der Göttlichkeit in euch in jedem Moment.

Danke dir vielmals für diesen kleinen Ausflug in diese Welt. Nun einen schönen Tag.

Danke. Liebe.

∞

Ernährung

Lieber König Salomon, heute möchte ich dich zum Thema Ernährung befragen. Bitte erzähle mir, was du den Menschen zu diesem Thema hinterlassen möchtest.

Ernährung wird zu eurem Schicksal, wie auch die Geistesernährung.

Was meinst du mit Geistesernährung genau?

Wenn ein Mensch die geistigen Fähigkeiten in sich schult, so ist dies genauso Nahrung für seinen Körper wie die körperliche Nahrung. *Wenn du Worte und Gedanken als Nährstoff erkennst, so beginnt dein Bewusstsein sich dementsprechend zu formen. Meine Intention ist es hier, den Menschen dies nahezubringen. Natürlich ist es wichtig, dass ihr die richtige Nahrung zu euch nehmt. Aber dafür gibt es bereits so viel Festgehaltenes, dass mein Fokus auf der geistigen Nahrung liegt. In unserer Zeit damals war das Spielen beispielsweise von einfachen Spielen eine sehr beliebte und gleichzeitig sehr geschätzte Form der Geistesschulung. Sie brachte Freude, sie bewegte die Menschen und sie war verbindend. Die Menschen, die miteinander spielten, kommunizierten und dadurch wurden die Verbindungen gepflegt. Doch gleichzeitig wurde der Geist geschult und dazu sogar Freude für die Seele erfahren. Alles in allem war dies eine Art, wie ihr Rituale tut.*

Also ihr habt Spiele im Sinne von Ritualen gemacht?

Ja, durch die bewusste Erkenntnis, welche vielfachen berei-chernden Impulse daraus entstehen, wurde es zu einem wich-tigen Ritual in unserem Leben. Alle Menschen, die dies konn-ten, wurden daher mindestens einmal die Woche zu dieser Form des Spielerituals aufgerufen.

Bitte sprich weiter.

Wer den Geist aber zusätzlich noch mit seelischen Übungen fördern möchte, sorgt außerdem für ein sehr vielschichtiges Wachstum seiner Seele. *Wer den Geist beruhigt über Medi-tation, der gibt der Seele wieder Kraft und die Seele wiede-rum beflügelt den Geist. So entsteht ein Zusammenspiel, das ohne diese Nahrung nicht entstehen kann. Daher möchte ich euer Bewusstsein darauf lenken,* ***dass alles, was euren Geist beflügelt und nicht das, was ihn beschäftigt, wie Nahrung anzusehen ist.***

Apropos, es geht darum, nicht den Geist zu beschäftigen, sondern ihn zu beflügeln, aber was ist der Unterschied? Die Menschen sind heut-zutage sehr involviert und werden zugemüllt mit allen möglichen In-formationen, sodass es vielleicht für den Geist gar nicht möglich ist, sich beflügelnde Infos daraus zu holen.

Nein, wer die Wirkungsweise dieses Prozesses verstanden hat, der kann klar unterscheiden zwischen den Informationen, die den Geist bewegen und denen, die ihn nur beschäftigen. Und dann gilt es, den Entschluss zu fassen, die Beschäftigung ab-

∞

zustellen und sich den bewegenden Impulsen hinzugeben. Dies braucht nicht viel, außer des Entschlusses und der Bereitschaft dazu.

Bitte gib mir noch ein paar Beispiele. Was sind solche Impulse, die den Geist bewegen können?

Wenn die Zeit überwunden wird, dann wird der Geist bewegt. *Damit möchte ich sagen, dass alles, was euch in den Moment holt, das Hier und Jetzt belebt und bewusst erlebbar macht, wird unausweichlich den Geist bewegen, weil es die Kraft der Seele mitzuschwingen fördert.* ***Dieser Gleichklang zwischen dem Geist, dem Bewusstsein in euch und der Seele. Dies zusammen ist die geistige Nahrung.***

Gibt es einen Unterschied zwischen geistiger und seelischer Nahrung?

Nein, wer seinen Geist bewegt, bewegt seine Seele. Das ist ein und dasselbe.

Ach so, bitte sprich weiter.

Du kennst die verschiedensten Arten von Büchern zum Beispiel. Die Bücher, die es schaffen, euch dorthin zu bewegen, wo ihr Raum und Zeit vergesst, diese bewegen die Seele.

Und wenn man in der Schule Lehrbücher liest, dann natürlich nicht.

Wenn die Kinder in der Schule Lehrbücher bekommen, so ist

dies ausschließlich der Ablenkung des Geistes gewidmet. Das ist zu einem gewissen Grad in Ordnung, um das Lesen, Schreiben, Rechnen und wirtschaftliche Denken zu lernen, doch sollte es nicht das Leben erfüllen.

Das heißt, solche Bücher können Romane aber auch Fachbücher sein.

Ja, absolut. Fachbücher, die euch lehren, wie ihr in Kontakt mit der Seele oder wie ihr inneren Frieden findet. All diese Dinge, die andere Welten beginnen zu berühren, sind das, was den Geist beflügelt.

Was passiert mit Menschen, die ein Leben lang diese Art von Nahrung nicht bekommen, also nicht erkannt haben, dass auch die geistige Nahrung ein wichtiger Faktor im Leben ist? Ein Mensch, der sein Leben lang seinem Körper Nahrung, aber keineswegs geistige Nahrung gegeben hat. Was hat das für Folgen?

Wenn die Menschen diese Art leben, dann werden ihre Seelen weiterhin schlafen, wie wir bereits festgestellt haben. Das bedeutet aber die vertane Chance auf seelisches Wachstum, und wie du weißt, wird diese Chance so nicht mehr eintreten, aber anders. Daher würde ich jedem Menschen bedingungslos ans Herz legen, die geistige Nahrung tief in seinen Lebensrhythmus einzubetten.

Was würdest du da zum Beispiel vorschlagen? Gib mir ein paar Beispiele für die Menschen der heutigen Zeit, die dauernd abgelenkt und gestresst sind, wie können sie sich solche Momente erschaffen?

∞

Durch sehr viele Dinge. Es kann der Morgen sein, in dem ihr ein paar Minuten anhaltet, bevor ihr weiter den Rhythmus lebt. Es kann die Mittagspause sein, in der ihr ein paar Minuten der Stille lebt und in euch lauscht und die Verbindung wieder sucht. Oder es sind die abendlichen ruhigen Stunden, in denen ihr die Meditation, Yoga oder andere stille Sportarten lebt oder lest. Alles, was euch Freude bereitet, aber gleichzeitig der Seele gewidmet ist, bedeutet diese Form von Heilung und Wachstum. Sicherlich gibt es noch viele, viele tausend andere Formen, aber dies soll euch grob umreißen, wie ihr dies verwirklichen könnt.

Ich habe noch eine Frage zur körperlichen Nahrung. Kannst du etwas zur Nahrungsaufnahme sagen? Verändert sich die Nahrungsaufnahme mit der Dankbarkeit oder irgendwelchen anderen inneren Einstellungen während der Nahrungsaufnahme, oder ist das nicht von Relevanz?

Während der Nahrungsaufnahme sollte alle Aufmerksamkeit auf diese gerichtet sein. Keine anderen Ablenkungen. Keine anderen Gedanken, wenn möglich. Wer kommunikativ sein möchte während des Essens, sollte versuchen, die geschmackliche Aufmerksamkeit voll zu entfalten. Das könnt ihr über das lange Kauen von Dingen. **Bewusstes Essen ist hier der Schlüssel, wie auch bewusstes Trinken.**
Du weißt, wie veränderbar das Wasser ist. Wer also die bewusste Nahrungsaufnahme beginnen möchte, der sollte wissen, dass seine Gedanken die Flüssigkeit in seiner Auranähe beeinflussen. Wie Kristalle, die ihre Form ständig wandeln, so reagieren die Wasserkristalle in sich sofort auf das Feld des

Menschen, dessen Aura sie betreten.

Kannst du das genau sehen?

Nein.

Woher weißt du es dann?

Ich weiß es durch die vielen Lehrstunden der Sira und ich lese die Information in den Menschen. Sind sie bewusst, so verändert sich die Form dieser Flüssigkeit sehr belebend in positive Strahlen. Licht strahlt aus diesen Menschen. Sind sie unbewusst, so wirkt es wie Teer, eine dunkle leblose Kraft.

Aber nur, weil sie unbewusst sind, hat das Wasser nun doch keine Informationen? Es hat dann nur nicht die bewusst geformten Informationen, aber dennoch hat es Information.

Ja, die Information der Umgebung und diese ist meistens sehr dunkel in ihrer Schwingung, wie du weißt.

Ach so, das heißt, wir können über unseren Geist bewusst die Energie des Wassers, oder sagen wir der Flüssigkeit, die wir zu uns nehmen, beeinflussen, sodass sie durch diese dunklen Energien unserer Umgebung hindurchstrahlt und dadurch auch das Strahlen wieder in uns hervorbringt.

Ja, du musst dir das vorstellen wie die Flüssigkeit, die die Kraft des Äthers so manifestiert, dass du die Kraft des Äthers in dich aufnimmst. Die Flüssigkeit ist der Schlüssel dazu.

∞

Durch ihre weiche Form. **Sie bringt also unmittelbar die Kraft der Umgebung in euren Körper.**

Es gibt Menschen, die legen zum Beispiel unter das Glas die „Blume des Lebens". Das heißt, dass das wirklich etwas bewirkt.

Ja, absolut. An diesen Stellen wirkt diese Information in das Wasser hinein. Du musst wissen, dass das Wasser extrem leicht programmierbar ist.

Der menschliche Körper besteht zu circa 70 Prozent aus Wasser. Ist das der Schlüssel, das Geheimnis dahingehend, dass der menschliche Geist, unser Denken diese 70 Prozent Wasser programmieren kann?

*Absolut und sehr, sehr richtig. Du programmierst mit deinen Gedanken die Flüssigkeit in deinem Körper und diese wiederum spiegelt sich wiederum in deinem Gefühl wider. Die Muskeln, die Knochen, die Gelenke ... alles wirkt miteinander, doch wird es zusammengehalten von der Flüssigkeit des Blutes und des Wassers darin. Diese Flüssigkeit ist programmierbar und das ist sie dauerhaft und ständig. Deswegen möchte ich darauf hinweisen, wie wichtig es ist, dass ihr den Geist beruhigt und die Geistesnahrung lebt. Denn genau das ist die Essenz, die ihr begreifen müsst. **Ihr programmiert über diese Geistesnahrung die Flüssigkeit in euch und darauf folgt alles Weitere.***

Okay, okay, okay ... das habe ich verstanden. Ich wollte nur wissen, ob man bei der Nahrungsaufnahme noch etwas wissen muss. Wenn ich zum Beispiel Fleisch esse, es kommt ja immerhin von einem Lebewesen und auch dort ist Flüssigkeit drin. Wie gehe ich damit um?

Es ist auch eine sehr schöne und wichtige Frage. Danke dir dafür. Die Aufnahme von verstorbenem Fleisch bedeutet, dass ihr zwei Dinge beachten müsst. Erstens ist die darin enthaltene Flüssigkeit weiterhin programmierbar, aber langsamer. Zweitens ist sich die Kraft eurer Seele dieses Prozesses der Aufnahme eines verstorbenen, im schlechtesten Falle ermordeten Fleisches bewusst und dies erschafft ein Ungleichgewicht. Ihr müsst daher Dankesenergien in den Kosmos sprechen, bevor ihr das Fleisch verspeist. Das bedeutet, dass diese Dankeskraft im Äther Gleichgewicht schafft für das verstorbene Leben, weil diese Dankesenergie die Flüssigkeit des verstorbenen Fleisches letztlich programmiert, positiv lädt.

Stellen wir uns einmal vor, es kommt von einem armen Tier, einer Kuh, die erschossen wurde, ins Hirn ... Diese Kuh hat sicherlich extrem viel Angst erlebt in ihren letzten Minuten, Sekunden ... und hat, als sie dieses Ding an den Kopf gehalten bekommen hat, bestimmt auch eine Art Schock erlebt. Dieser Schock hat sich im Fleisch verbreitet. Dann trägt dieses Fleisch also den letzten Energieimpuls des Schocks in sich, richtig?

Ja.

Und der Mensch kann jetzt durch das bewusste innerliche Bedanken diese Flüssigkeit umprogrammieren. Also die Schockenergie in eine Dankesenergie umwandeln, oder wie würdest du das sagen?

Die Programmierung bedeutet, dass der Schockzustand des

Fleisches sich verändert und die Kraft dabei wandelt. Das Ergebnis bedeutet, dass bestenfalls neutrales Fleisch aufgenommen wird welches keineswegs programmiert ist.

Okay, und wie können wir das den Menschen weitergeben? Wenn man zum Beispiel bei einem Geschäftsessen ist? Nicht jeder kann vorher ein Gebet sprechen. Kannst du mir kurz sagen, was man tun kann, wenn man umgeben ist von vielen unbewussten Menschen, die diesen Akt falsch verstehen könnten?

Die kurze Bereitschaft innezuhalten und sei es nur für Sekunden, in denen ihr bewusst formuliert: **Ich danke diesem Leben, das ich dies nun in mich aufnehmen darf.**

Das war's?

Ja.

Ach, das geht ja wirklich ziemlich schnell. Und natürlich die Konzentration auf das Essen.

Ja.

Das gilt also für Fisch, Fleisch ... was haben wir denn noch? – Ich mag zum Beispiel gerne Süßigkeiten, sie sind meine Geistesnahrung im Sinne von körperlicher Geistesnahrung, weil sie meine Nerven ernähren, die den ganzen Tag sehr, sehr viel zu tun haben. Gibt es da etwas, was du mir sagen möchtest?

Die Aufnahme von Zucker wirkt ähnlich der Drogen in der

Welt der Menschen. Ihr solltet dies wissen und ausgleichen. Wenn du Süßigkeiten aufnimmst, beachte, dass du dabei sehr viel Flüssigkeit aufnehmen solltest. Diese Flüssigkeit hilft der Verarbeitung dieses Stoffes und spült ihn schnell aus dem Körper heraus.

Ah, okay. Was ist generell mit Drogen? Möchtest du dazu etwas sagen?

Nein.

Kann man generell sagen, dass Menschen, die Drogen nehmen ... also rauchen, eigentlich gehört auch Alkohol dazu, Haschisch und so weiter ... Kann man sagen, dass sie einfach viel Wasser trinken müssen?

Ja, eine grobe, grobe Beschreibung der Lösung dieses Zustandes.

Du meinst, man könnte es grob so sagen, aber es gilt nicht individuell.

Jein. Individuell ist so vielfältig wie die vielen Tiere eures Planeten. Denn jedes Gefäß eures Körpers ist anders und die Gedanken, die Umwelt, die Art der Ernährung, die Art der Haltung, die Art der Bewegung ... all dies und noch so viel mehr wirkt immer ineinander, so dass die pauschale Regelung „viel Wasser zu trinken, während man viele Drogen konsumiert" zwar ein Ansatzpunkt, aber nicht die generelle Lösung bedeutet.

∞

Okay, verstehe. Fällt dir noch etwas zum Thema Ernährung ein?

Nein.

Mir gerade auch nicht. Doch, eine allerletzte Frage. Was würdest du den Menschen ans Herz legen, wie oft sie Nahrung zu sich nehmen sollten: drei Mal am Tag, also morgens, mittags, abends, oder öfter? Vielleicht auch nur ein Mal am Tag? Bitte gib mir mal aus deinem Wissen eine Antwort.

Eine sehr vielschichtige Frage, denn nicht jedes Gefäß ist gleich. So mancher braucht drei Mal am Tag Nahrung, andere die stündliche Nahrungsaufnahme. Auch da kann ich leider keine Pauschalregel geben, doch wichtig ist, wirklich den Signalen des Körpers zu lauschen und denen zu folgen.

Nun ja, es gibt Menschen, die sind sehr dick, weil sie andauernd essen. Das ist dann ja nicht wirklich richtig.

Ihre Problematik ist eine ganz andere, nicht die Nahrungsaufnahme drei Mal am Tag oder stündlich, sondern allenfalls die Art des Essens und der Bewegung und so weiter ...

Okay, dann fällt mir jetzt wirklich nichts mehr ein. Dann würde ich sagen, danke dir für heute, bis morgen.

Danke.

Liebe.

Die 3 Säulen der Erziehung

Heute sprechen wir über das Thema Erziehung. Lieber König Salomon, lieber Freund, was möchtest du zum Thema Erziehung berichten?

Eine Menge. Ohne Erziehung irrt die kindliche Seele durch den Tag und darauffolgend das Leben. **Wer die Überzeugung lebt, dass die Kinder keinerlei Erziehung erfahren sollten, um sich frei zu entfalten, der formt dadurch ungezähmtes, wirklich kraftvolles Verhalten.** *Das Problem der Thematik ist, dass der menschliche Geist aus der Form gerät, wenn man ihm keine Form gibt. Dies ist übrigens auch die Ursache für deine immer wiederkehrende Frage, warum die Menschen überhaupt Religionen brauchen. Doch bleiben wir bei diesem Thema. Die Menschen brauchen Führung.* **Der menschliche Geist ist sehr getrieben von den körperlichen Impulsen und solange diese Triebe ungeformt blühen, wirkt er wie ein Schaf in einer Schafsherde.** *Wer dies erkennt, beginnt Erziehung als eine Lehrerschaft in Liebe und Achtsamkeit dem Wesen gegenüber aufzunehmen. Die kindliche Seele braucht die Vorbilder der Eltern. Sie braucht kraftvolle Unterstützung und sie braucht Liebe. Diese drei Komponenten:* **Vorbild, Kraft und Liebe bilden die Basis der eigentlichen Entfaltung der Seele.** *Weit mehr als das formlose Erziehen.*

Was genau meinst du mit Erziehung? Das waren jetzt die Eckpfeiler, aber was meinst du, wie sollte die Erziehung vonstattengehen?

Es gibt Menschen, die Ohrfeigen geben und meinen, es sei in Liebe geschehen. Was sind deine Werkzeuge der Erziehung?

Werkzeuge des Vorbilds sind einfach zu beschreiben. Ihr seid das, was eure Kinder werden möchten.

Werkzeuge der Kraft zeugen von Stabilität. Wer in seinen Äußerungen und Entscheidungen kraftvoll wirkt, der erfüllt dadurch gleichzeitig wieder die Vorbildfunktion. Kraft beschützt und Schutz ist sehr wichtig, um der Seele das Gefühl der Heimat zu geben. Kraft ist aber auch Ausdruck des freien Willens. Der, wie ihr alle wisst, fester und essentieller Bestandteil des ganzen Seins ist. Wo Kraft ist, wird auch gelehrt, diese Kraft zur Umsetzung der vielen Ziele einzusetzen. Ohne Kraft ist das Leben schwer. Wer also selbst Kraft in sich trägt und diese nutzt, um dem kleinen Menschen Schutzkraft und Vorbild zu sein, der tut sehr viel Gutes.

Liebe ist weit mehr noch wichtig als all die anderen beiden Komponenten. Durch Liebe blüht die Seele und nur dort, wo die Seele blüht, können die Tugenden, Werkzeuge und Kräfte einer Seele wirklich entfalten. Dort beginnen die mitmenschlichen Empfindungen. Dort beginnt Lebenskraft und dort wächst Freude.

Empathie *braucht ihr, um die Menschen zu fühlen, wenn sie mit euch in Interaktionen sind, arbeiten oder leben.*

Freude ist der Schlüssel für eure Heilung, *sollte jemals Krankheit den Körper einholen. Diese drei Unterkomponenten der Liebe sind die Pfeiler des seelischen Wachstums eines Menschen. Wer die Liebe seinen Kindern weitergeben kann, wie auch Kraft und Vorbildfunktion, der hat die Chance der Weitergabe seines Wesens tatsächlich genutzt und nicht nur*

273

∞

Versorger gespielt.

Nun ja, wir kreisen einen Bereich ein, in dem nicht wirklich viele Menschen bewusst sind. Deswegen denkt der eine oder andere vielleicht, er sei ein Vorbild, wenn er jemanden schlecht behandelt, so nach dem Motto: du musst lernen, dass du mit Menschen so und so umgehst. Das heißt, ist nicht die Bewusstheit der Eltern auch eine wichtige Voraussetzung?

Absolut, aber das ist ein anderes Thema. Die Bewusstheit des Menschen selbst haben wir besprochen. Ich gehe davon aus, dass ihr begriffen habt, wie alles ineinander wirkt und wächst. Über unbewusste Menschen und ihre unbewussten, taumelnden Leben möchte ich hier gar nicht sprechen, sondern ich möchte bewegen, helfen, um aus dieser Misere herauszutreten.

Ich verstehe, du setzt also voraus, dass die Eltern bewusste Menschen sind und willst ihnen vermitteln, was sie dann ihren Kindern weitergeben können.

Genau.

Was macht man, wenn man ein Kind hat, das schwer erziehbar ist. Im Sinne von, dass es die Impulse, die man geben möchte, nicht aufnimmt. Nicht zuhört, zumacht ... warum auch immer.

Eine sehr komplexe Frage. Wenn die Kinder sich so verhalten, dann reagieren sie unbewusst auf etwas Vorangegangenes. Ich kann jetzt die einzelnen Fälle nicht beschreiben, aber dann ist die Ursache zu finden und in die drei Pfeiler zu verwandeln. Waren die Eltern wirklich vorbildhaft dem Kind gegenüber oder haben sie sich vor seinen Augen gestritten, gezankt, gekämpft und nicht geliebt? Waren sie schwach dauerhaft in ihrer Kraft und konnten es nicht beschützen? Konnten sie ihm kein Vorbild sein, wie wertvoll Kraft im Leben ist und für die Verwirklichung der eigentlichen Träume? Waren sie niemals liebevoll zueinander und haben dadurch die Kraft der Liebe lebendig übertragen können? Ich bin mir sicher, dass all die Eltern, die diese Thematik haben, irgendeine dieser Säulen mindestens, wenn nicht gar mehrere, nicht leben.

Du meinst, das Kind reagiert immer nur?

Ja. Selbst wenn die Seele eine sehr kraftvolle und sehr aggressive Seele ist, dann kannst du sie über diese 3 Säulen formen.

Und wenn man selbst keine Kraft hat und es nicht schafft, dann ist es ein Zeichen von eigener Schwäche und man sollte selbst meditieren und zu Kräften kommen. Aber so viele Menschen haben sich so viel aufgeladen, dass sie keine Minute des Innehaltens finden und abends nur kaputt ins Bett fallen, um morgens wie eine Maschine aufzustehen und sich dann um ihre vielen Verpflichtungen zu kümmern. Da ist es doch eigentlich logisch, dass sie Kraft verlieren.

Ja, aber darüber haben wir schon gesprochen. Nichts begründet den Verfall, die Aufgabe der Seelenkraft. So viel Wertigkeit eurer Seele solltet ihr euch bewusst sein, sie zu nähren.

Okay, also du willst sagen, dass es dafür keine Entschuldigung gibt und dass es Ausreden sind, richtig?

Ja.

Okay, was ist, wenn einer oder beide Elternteile sehr krank sind und deswegen die drei Säulen nicht leben können? Was macht man dann?

Dann sind die anderen Säulen dennoch lebbar. Liebe ist nicht an die körperliche Gesundheit gebunden. Sie lebt im Herzen, weil sie in der Seele blüht. Die Vorbildfunktion kann auch über Dialoge und lehrreiche Informationen gelebt werden, auch diese ist nicht an die körperliche Verfassung gebunden. Lediglich die Kraft des Körpers ist dann nicht vorhanden und dadurch kann der schützende Aspekt nicht so gelebt werden. Aber dennoch ist alles andere machbar.

276

Und was ist, wenn jemand einen Elternteil verloren hat?

Dann kann der andere Elternteil die drei Säulen der Erziehung leben.

Und was ist, wenn ein Kind beide Elternteile verloren hat?

Das ist kompliziert. Dann müssen andere, fremde Menschen diese Dinge beleben. Das vorbildhafte Leben ist machbar. Selbst als Fremder kann man ein Vorbild sein. Die Kraft des Schutzes und die Erfahrung der Kraft, welche Voraussetzung für die **Verwirklichung** *der eigenen Ziele ist, ist auch machbar über Fremde. Lediglich die Säule der Liebe könnte hier sehr kritisch werden.*

∞

Und was macht man dann? Wie kann man solchen Menschen helfen?

Ich weiß es nicht.

Ich hatte mal bei Freund der Indianer gehört, dass die Seelen sich die Eltern aussuchen. Haben sich die Seelen diese Erfahrung ausgesucht, dass beide Elternteile weggehen?

*Nein, ihre Wahl traf auf die Energetik, die das Elternpaar verbunden hat. Doch was das Schicksal, das Leben letztlich mit diesem Elternpaar macht, weiß die Seele nicht. Niemand kann alle Bewegungen der Seelen voraussehen. **Sie entscheiden jeden Moment, jeden Tag aufs Neue.***

Okay, also ist es mehr oder weniger Schicksal und sie geben sich dem hin. Man könnte doch einem Kind im Sinne einer Vorbildfunktion sagen: Bitte finde etwas, das du liebst, zu dem du liebende Bezüge bekommst, damit die Seele diese drei Säulen erlebt.

*Ja, das ist richtig, doch hat diese Seele die Liebe nicht zurück empfangen. Die Erfahrung der Liebe bedeutet ja vor allem, dass sie empfunden wurde als Kraft zwischen den Eltern und dem Kind. Ich meine hier nicht die Erfahrung der Liebe zu anderen Dingen generell. **Die dritte Säule der Liebe bedeutet die Erfahrung der Liebe als Eltern zu einem Kind.***

Das kann man so gesehen nicht ersetzen. Schwierig. Nun das Leben hat sich immer seinen Weg gesucht und wird es weiterhin tun. Es ist allerdings kein Geheimnis, dass diese Kinder eine verschobene Wahrnehmung haben, was das Thema Liebe betrifft.

Jein. Ich weiß es nicht.

Okay, wir haben die drei Säulen der Erziehung, die drei Pfeiler der Liebe. Gibt es noch etwas, was du festhalten möchtest?

*Ja. Das Wachsen. Die Seele des Kindes wird im Laufe der Zeit ihre Kraft verlieren, in der das Ego steigt. Dies auszugleichen geht mit den besagten drei Säulen. Doch wird die Kraft des eigenen Egos mehr und mehr die Verwirklichung der eignen Wünsche fordern und der "Kampf" zwischen Seele und Ego bestimmt dann den Alltag des Menschen. Sei er noch so gut erzogen in allen 3 Säulen, dies wird für jede Seele eine Aufgabe. Das Wachstum dieser Kräfte ist ganz normal, doch man sollte sich ihrer bewusst werden. Die seelische Kraft braucht immer und immer wieder die Hinwendung, Aufmerksamkeit. Alle Menschen, die sich kreativen Prozessen hingeben, wie schon benannt, die sie aus der Zeit und aus dem Wahrnehmen der Örtlichkeit locken und holen, sind Nährstoffe der Seele. Diese Nahrungsaufnahme muss wieder und wieder, im besten Falle kontinuierlich betrieben werden, denn die meiste Zeit verbringen die Menschen in ihrem Alltag in der Kraft des Egos. Wer also die Seele in sich leben und wachsen, fördern will, der muss dieses Wachstum achtsam begleiten. **Wie eine Blume, die Wasser braucht, so kann eure Seele nur aufgrund eurer Bereitschaft in euch, sich ihr zuzuwenden, wachsen. Sie kann es nicht von alleine.**

Das heißt, das seelische Wachstum ist an die bewusste Entscheidung gebunden, dass man sich der Seele zuwendet. Ich dachte, eine Seele wächst auch an der Erfahrung der Unbewusstheit.

∞

Nein. Überhaupt nicht. Sie „schläft", während ihr durch das Leben unbewusst taumelt. Nur die bewusste Hinwendung der an die eigenen seelischen Impulse bedeutet wirkliches Wachstum und überhaupt die Wahrnehmung dieser Kraft.

Ist dieses seelische Wachstum eigentlich abhängig davon, ob es Impulse von außen bekommt oder kann es auch aus sich heraus passieren? Beispiel: Jemand ist so abgelenkt, er hat einen 16-Stunden Tag in einer Fabrik, dass er nur schläft, isst, arbeitet, schläft, isst, arbeitet. Kann dieser Mensch seine Seele trotzdem wahrnehmen oder nicht?

*Ja, das Wahrnehmen der innersten Kraft ist nicht an Zeit gebunden und hat nicht wirklich etwas mit der Ablenkung zu tun, die ihr täglich erfahrt. Es kann etwas in einem Sekundenmoment erfahren werden und dieser kann ganze Bewegungen des Lebens nach sich ziehen. Wirklich tiefgehend. **Ablenkung ist also nur eine Ausrede, die seelischen Inhalte nicht zu betrachten.***

Verstehe, du meinst, die Menschen reden sich raus, nach dem Motto: Ich hab so viel zu tun gehabt, da konnte ich mich nicht auch noch meinen seelischen Impulsen widmen.

Wir haben die drei Säulen, die drei Pfeiler ... möchtest du noch etwas zu dem Thema sagen?

Nein.

Mir fällt auch nichts mehr ein. Möchtest du den Menschen noch

etwas zum Schluss mitgeben?

Das Leben wird dich reich beschenken an Kraft, Liebe, Freude und Lebenslust, wenn du die Seele leben lässt.

Schön gesagt. Danke dir vielmals und bis bald.

Danke.

Liebe.

Die Glücksformel

Lieber König Salomon, lieber Freund, heute möchte ich dich zum Thema Glück befragen. Ich stelle fest, dass Glück wie ein Gewürz nötig ist, um das Leben in einer bestimmten Richtung zu leben, vor allem wenn es um Wünsche geht und um Hoffnungen. Doch Glück ist etwas, das man meiner Meinung nach nicht wirklich bestellen kann, sich auch nicht wünschen kann. Da ich diesbezüglich noch relativ im Dunkeln tappe, möchte ich dich einmal befragen, was du zu der Zutat Glück, zu dem Element, zu dem Rohstoff Glück zu sagen hast. Generell - was du wahrnimmst und was du darüber weißt, bitte.

Du beginnst die menschliche Natur zu verstehen. Besonders die glücklichen Menschen würden dir andere Antworten geben als die Unglücklichen. Es ist nämlich ausschließlich eine Frage der Wahrnehmung, ob ein Mensch Glück empfindet oder nicht.

Ja, doch ich möchte bitte nicht über das Glücklich-Sein sprechen. Ich möchte das Glück, den Faktor Glück besprechen. Glück in den Begegnungen, Glück in einer bestimmten Art von Kreativität, wenn man Ideen hat, die anderen Menschen gefallen. Das bitte ganz deutlich ausklammern, ich möchte nichts wissen darüber, wie Menschen das Glücklich-Sein empfinden, das ist eine andere Thematik. Bitte lass uns hier über Glück sprechen.

*Beides hängt zusammen, aber alle Informationen werden natürlich einzeln besprochen. Also: **Das Glück ist die Fügung***

unterschiedlicher weltlicher wie auch feinstofflich kosmischer Elemente zu einer fördernden Komponente. *Wer über weite Strecken in seinem Leben keinerlei glückliche Fügung erfahren hat, der befindet sich dann auch in der Problematik, das glückliche Sein nicht zu empfinden. Verstehst du?*

Ja, natürlich, ich weiß, dass alles immer ineinander wirkt, aber ich möchte verstehen, warum manche Menschen eben keine glücklichen Fügungen erfahren oder zumindest über einen langen Zeitraum nicht.

Über meine Wahrnehmung kann ich dies folgendermaßen beschreiben: Wenn die Seele durch die verschiedenen Prozesse des Reinigens oder Verunreinigens geht, so gibt es dabei auch immer die Zeit der intensiven Reflektion über das bereits Geschaffene. Wer in diesem Zustand ist, fühlt sich alleine und lieblos, doch eigentlich ist es eine wichtige Zeit des Reinigens, mehr als andere Zustände.

Durch unterschiedliche Umstände dieser Seelenqualitäten, ihren Resonanzen auf ihre bereits erschaffenen Taten, ihre Gedanken, ihre Gefühle der Emotionalität des Körpers, in dem sie wohnen, der Art und Weise zu reden, der Art und Weise auf Menschen nicht zuzugehen oder auf sie zuzugehen aber in der falschen Haltung, falschen Erwartungshaltungen ... so viele Dinge wirken alle wie ein ganz bestimmter Cocktail, würdet ihr sagen, der verursacht, dass Seelen die Wahrnehmung der Isolation empfinden. **Doch eigentlich passiert nur, dass die gesammelte Bündelung der bereits erschaffenen Taten eine Energetik erschafft.**

Du meinst also, dass es das Ergebnis dieser vielen Dinge, die man

∞

getan hat, ist, dass man in einem Zustand in seinem Leben angekommen ist, in dem es vielleicht keine förderlichen Komponenten gibt?

Ja, absolut.

Puuuh ... aber so mancher Mensch ist in einem solchen Zustand schon viele, viele Jahre, und man denkt sich: Meine Güte, wann ist es endlich vorbei, wann hat dieser Mensch wieder Glück?

Das mag sein, doch die Wandlung muss in diesem Menschen geschehen, Sylvia. Nicht in der Außenwelt.

Okay, aber ich kenne zum Beispiel sehr viele Künstler, die wenig Talent haben, aber viel Glück hatten, auf ihrem Weg die richtigen Menschen zu treffen.

Alles was sie erleben, ist dabei auch genauso Resonanz ihrer vorherigen Taten wie bei den anderen, die keinerlei derartiges Glück hatten, aber mehr Talent hatten.

Hm, okay, und das Gleiche gilt dann auch zum Beispiel für Startup-Unternehmen. Wie ist das bei einem Unternehmen? Ist das Unternehmen an die Resonanzen des einen Ideengebers, des Inhabers gebunden oder bestimmt das das Team, die Teamenergie?

Wichtige Frage, danke dir dafür: Durch den Impulsgeber, also den Inhaber im besten Fall, werden die Impulse gesetzt, aber wenn dieser fördernde Menschen um sich schart, so kann so manche Blockade, die dieser Mensch in sich trägt, überwunden werden mit Hilfe des Glücks der anderen.

∞

Ach, aber dann kommt der ja nie zu seiner Einkehr, wie du sagen würdest, zu seiner intensiven Betrachtung?

Jein.

Wie meinst du das?
Also ist es nur eine Art Aufschub?

Ja.

Hmm, na ja, okay, ... kann man also sagen, Glück ist das Ergebnis all des Schaffens eines Menschen?

*Ja, wie ich bereits gesagt habe, ist **Glück die Wirkung aller bereits gesetzten Impulse im Kosmos.** Seid ihr liebevoll gegangen, so werden die Resonanzen leichter und beweglicher Blockaden entfernen können. Seid ihr in Gram, Frust besonders viel Hass oder Wut, so werden die Resonanzen weniger flexibel Blockaden entfernen können. Alles ist immer ein Zusammenspiel aus unendlich vielen, vielen Komponenten. Wie ein Meer aus unendlich vielen einzelnen kleinen Teilen an Energieformen.*

Hmm, das heißt, jeder Mensch, der das Gefühl hat, dass er kein Glück in seinem Leben hat, sollte beginnen, noch ein bisschen mehr zu reflektieren, was er getan hat und dies verändern. Was rätst du den Menschen, die meinen, solch ein Glücksgefühl oder das Glück als solches noch nicht erfahren zu haben?

Siehst du, du kommst in den Bereich, wo du das Glücklich-

Sein auch mit benennst.

Ja, ich weiß. Bitte lass uns aber dabeibleiben. Du weißt, was ich meine?

*Ja, du kannst diesen Menschen bitte kommunizieren, dass ihre Impulse in das Leben allesamt, jeder Einzelne, wie auf einer Perlenkette fest angebracht sind und **je liebevoller, kraftvoller und friedlicher diese Impulse sind, umso leichter lassen sich die nächsten Schritte tun.***

Hmm, das heißt, man beschließt in einer Sekunde, dass man jetzt doch mit mehr Liebe, mehr Hingabe, Achtsamkeit und Friedlichkeit, Respekt und Eigenverantwortung den Menschen gegenüber treten will und dann beginnen sich schon die ersten Resonanzen zu ändern. Hmm, was machen wir mit den Menschen, die keine Kraft mehr dafür haben?

Eine wichtige Frage: Sie weiterhin daran erinnern, dass Meditation, innere Stille, Ruhe, Rasten und kosmische Chi-Übungen wie das kosmische Kreuz hilfreich sind auf diesem Weg.

Okay, das heißt, man kann pauschal sagen, ein Mensch, der vielleicht gar kein Talent hat, aber unendlich beschenkt wird mit Dingen, die wir als Menschen gut und wichtig finden - Gesundheit, Reichtum, Liebe - hat in seinem Vorleben wohl einiges richtig gemacht, oder?

Ja, absolut. Apropos, du sprichst es an, wenn ich über Resonanzen der vergangenen Taten spreche, dann meine ich natürlich nicht nur die in diesem Leben, sondern die aus allen bereits gelebten Inkarnationen.

Mhm, okay, verstehe. Das heißt, das Glück ist eigentlich eine Art Spiegel, der einem immer eine Momentaufnahme der gesammelten Impulse gibt und dabei auch ein bisschen wertend ist, so nach dem Motto: Warst du gut, erfährst du Glück, warst du es nicht, erfährst du es nicht?

> *Jein, wenn du so weiterdenkst, verwirrst du die Menschen nur.* ***Glück ist ein Verdienst aber immer auch eine Resonanz auf die innere Haltung.*** *Ändert also alles, was euch an den jetzigen Punkt gebracht hat, und alles andere wird dem folgen. Geduld ist natürlich auch eine sehr wichtige Komponente und sie braucht Kraft. Daher werdet das bewusste Menschenkind, das ich schon mehrfach benannt habe.* ***Glück ist die Resonanz des Kosmos auf eure Taten.***

Wow, Glück ist die Resonanz des Kosmos auf eure Taten. Ja, das ist sehr stark und sehr eindeutig. Danke dir vielmals. Hmm, ja da fällt mir eigentlich gar nichts mehr ein. Doch, eine Frage hab ich noch. Es gibt ja Menschen, die wirklich gute Ideen haben und dennoch in ihrem Leben nicht vorwärtskommen, weil sie eben wirklich kein Glück hatten, vielleicht auch kein gutes Händchen bei der einen oder anderen Problematik. Was kannst du solchen Menschen raten, die vielleicht voller Liebe ihre Impulse setzen, aber dann vielleicht kein Glück haben, die richtigen Leute zu treffen?

> *Eine sehr gute Frage: Je mehr sie dies tun, umso größer ist die Chance, dass sie diese Menschen treffen. Dabei, und das ist das Aller-, Allerwichtigste, verwandelt sich ihre innere*

∞

Haltung aus der in-sich-bestehenden wartenden Haltung in eine aktive Haltung und schon beginnt alles darauf zu reagieren. Verstehst du?!

Ja, ja, ich verstehe, das heißt, bisher war ihr Tun ein mehr oder weniger Warten, also ein Nicht- genügend-tun, um wirklich die richtigen Menschen zu treffen; aber durch die Änderung der inneren Haltung, die bedeutet, noch aktiver in die Welt hinauszugehen und Menschen zu treffen, erhöht sich wiederum die Chance, andere Menschen zu treffen. Und das wiederum formt den Menschen, der die Menschen trifft. Alles in allem wirkt hier zusammen.

Ja, absolut. Genau das ist das, was geschieht. Alle diese Menschen haben die gleichen Chancen, dann das richtige Team zu finden.

Hmm, okay, also ist ein Empfinden von „kein Glück zu haben" auch immer ein Aufruf, das aktuelle Leben noch ein bisschen anders zu leben, um die Ziele zu erreichen?

Ja.

Aber ich habe auch schon Menschen erlebt, die haben über wirklich sehr viel Tun und sehr viel Fleiß am Ende doch nicht ihr Ziel erreicht, weil ihnen dann vielleicht an anderen Stellen das Glück gefehlt hat. Woran lag das vielleicht?

Wenn fleißige Menschen keine Ergebnisse in dem von dir benannten Sinne erreichen (weil sie auch immer ein Ergebnis in sich erfahren, nämlich die Ansammlung der Erfahrung), dann *ist dies noch immer die Zeit der Reflektion, in der darüber sinniert werden will, ob dies der richtige Weg ist. **Fleiß mag eine Tugend sein, aber nicht der Schlüssel zum Glück.***

Hmm, aber es gibt doch das Glück der Fleißigen? Man sagt doch, dass Menschen, die sehr fleißig sind, dann auch ein gewisses Glück haben?

Ja, das gilt, wenn die Herzensenergie derart abgestimmt auf das Tun ist, dass sie auch dabei Glück erschaffen.

Das ist übrigens sehr interessant. Du sagst, dass wir Glück erschaffen, das ist also nichts, das von außen von alleine passiert?

Ja, das ist die Wahrheit. Ihr erschafft es über die Resonanzen auf eure Taten.

Hmm, okay, das heißt, dieser Mensch befindet sich dann noch in dieser Phase, in der er reflektieren und auch immer noch was ändern muss; nur arbeiten, aber irgendwie am falschen Ende, ist dann auch nicht das Richtige?

*Ja, die Seele mag vielleicht etwas anderes erfahren. Das Herz ist der Schlüssel. **Hört auf die Herzenergie, denn dort liegt die Kraft, die euch bewegt in die Größe des Ergebnisses.***

Hmm, ich überlege gerade noch ... spielt hier auch das Thema Verdienst mit hinein, oder wäre das ein anderes Kapitel? Nein, das gehört zusammen, gell?

Glück ist auch Verdienst.

Mhm. Hmm, also sollte man sich für diejenigen Menschen, die Glück haben, freuen, weil sie es sich verdient haben?

(Lacht) Ja, das kannst du so sagen.

Schade, das hat ein bisschen etwas von „man wird vom Kosmos bestraft, wenn man nicht brav war"?

Ja, du formulierst es wieder einmal relativ abstrakt.

Na ja ... es gibt eine ganze Institution, die mit derartig abstrakten Bildern arbeitet. Natürlich bin ich dadurch ein bisschen beeinflusst.

Das solltest du lassen, denn der Kosmos wertet nicht. Ihr seid verantwortlich für die Impulse. Alle, jeder, jeden Tag, jeden Moment, IMMER! Also höre bitte auf, dieses Gefühl zu übermitteln, dass hier aus einer anderen Instanz heraus über andere gerichtet wird. Das ist nicht der Fall. Ihr seid dazu aufgerufen, im Fluss des Lebens mit den Energien zu gehen und zu wirken oder eben nicht. Wer die Energiegesetze, wie wir sie hier formulieren, studiert, kann wenig falsch machen. Wer sie noch nicht studiert, wird noch ein paar Dinge mehr falsch machen, aber auch dies ist kein Weltuntergang, wie du sagen würdest. Die Werkzeuge, die Möglichkeiten liegen allesamt bereit. Ihr müsst sie nur benutzen.

Ja okay, das hab ich verstanden. Danke, dass du das noch einmal sagst, das ist sehr hilfreich, weil es im menschlichen Hirn oft wirklich so verankert ist, dass man dazu neigt zu denken: Damals habe ich bestimmte Fehler gemacht und jetzt werde ich dafür bestraft. Aber dass am Ende immer wieder gesagt wird, dass man selber diese Werkzeuge besitzt und einsetzen kann und man heute noch damit beginnen kann, sein Leben zu verändern, das machen Wenige. Und es bringt mich noch zu einer weiteren Frage: Was ist jetzt mit den Menschen, die körperlich vielleicht ein bisschen gehandicapped sind und nicht so ganz frei in ihren Schritten, das Leben zu ändern?

Das ist eine andere Sache. Wenn die Werkzeuge natürlich nicht allesamt so verfügbar sind wie generell in einem gesunden Körper, dann ist dies eine Grenze, die man akzeptieren muss, aber dennoch kann der Mensch durch die Seele in ihm die Erkenntnisse weiter formen, durch die Seele sprechen zu wollen, das heißt, solange die Werkzeuge des Sprechens, des Singens, des Musizierens, des Malens oder irgendwelche anderen Werkzeuge noch zur Verfügung stehen (also körperliche Werkzeuge wie Hände, Stimme, Augen), dann ist immer noch genügend Chance gegeben, über diese Werkzeuge die Impulse zu setzen, die euch in der Zukunft das mit Glück beschenken.

Hmm, verstehe. Nehmen wir als Beispiel eine Seele, die in einem Kriegsgebiet geboren wurde, oder anders gesagt, sie wurde in einem Gebiet geboren, in dem dann relativ zügig Krieg war, und um diesen Menschen herum gibt es wirklich keinerlei Perspektiven. Abgesehen davon, dass der Mensch vielleicht gesund ist und dadurch alle körperlichen Werkzeuge hat, wie gestaltet es sich mit diesen Seelen, die vielleicht auch gar nicht die finanziellen Mittel haben, ihr Glück zu finden?

∞

Alle Menschen tragen die Seele in sich, die sie antreibt. Werden die seelischen Impulse gehört, so bewegt diese Seele sie von diesem Ort hinweg, dort hin, wo sie mehr Werkzeuge vorfindet, um an ihren Träumen und Wünschen zu arbeiten. Die Wege sind machbar. Es ist nicht immer das Finanzielle, das euer Glück bestimmt oder eben nicht bestimmt.

Hmm, ... verstehe, haben denn alle Menschen in jeder Minute, in jeder Sekunde die gleichen Voraussetzungen, die gleichen kosmischen Potenziale, Glück zu kreieren?

Ja, absolut, aber natürlich.

Hmm, und wenn jemand in einem Gefängnis ist?

Sylvia ...

Ja, okay.

Das sind dann blockierende Umstände. Dann benimmt sich dieser Mensch so wie kein anderer positiv in dieser Institution und kann dadurch die Chance erschaffen, diesen Ort zu verlassen ...

Bitte nicht böse werden auf mich. Ich versuch ja nur wirklich alles abzufragen, damit es für jeden Leser so verständlich wie möglich wird, was genau die Zutaten sind, um das Leben glücklich zu machen. Und jetzt sind wir wieder bei deinem Ansatz, gell?

Ja, aus dem Glück entsteht das Glücklich-Sein. Wer die Kom-

ponente des Glück-Empfindens, Glücklich-Seins - verstehen will, sollte die innere Wahrnehmung genauer betrachten. Glücklich zu sein besteht vor allem aus der inneren Haltung heraus. Wer das Leben immer nur dunkel wahrnimmt, der empfindet natürlich weniger Glück, obwohl ihm vielleicht welches geschieht.

Hmm.

*Der Schlüssel ist natürlich wie immer die seelische Wahrnehmung. Daher bitte, liebe Menschen, vernehmt einmal mehr, **dass die Seelenreinigung in euch sehr, sehr wichtig ist, nicht nur um Glück zu erschaffen, sondern auch, um es zu erfahren.** Denn, was bringt es euch, immer nur die dunklen Wolken am Himmel zu sehen und nicht das Licht, das durch diese hindurchdringt.*

Mhm.

Selbst die traurigste Seele kann immer, immer, immer noch Glück empfinden. Das haben wir bereits besprochen, dass die Seelen niemals so kraftlos werden können, dass sie diese Energie nicht formen können.

Mhm, verstehe. Kann man sagen, dass Glücklich-Sein gleichzeitig auch Glück kreiert und umgekehrt?

*Wenn du diese Formel kommunizierst, würdest du das mit größte Geheimnis des kosmischen Seins verbreiten. **Glücklich zu empfinden, liebe Menschen, ist die Wiege des Glücks.** Wer* *glücklich empfindet, der kreiert über diese positiven Kräfte in seiner Seele so viel weitere positive Komponenten, dass ihm auch Glück widerfährt. Dieses Zusammenspiel ist wahrlich sehr mystisch. Denn es bedingt ausschließliches Vertrauen in die kosmischen Abläufe. **Wer also vertraut und diesem Vertrauen folgt, wird zügig Glück empfinden, Glücklich-Sein, und darüber wird seine Seele Glück kreieren.**️*

Okay, verstehe. Ein Griesgram kann so gesehen weniger Glück kreieren als das ein glücklicher Mensch tut. Ich verstehe, es gibt aber auch Menschen, die haben sehr viel Glück in ihrem Leben und empfinden trotzdem nichts davon. Sie sind immer nur gramig und frustriert. Was passiert mit denen?

Eine gute Frage, Sylvia. Die Menschen, die die Resonanzen ihres bisherigen Schaffens aller Leben als Glück, Glücksfügungen, Glücksmomente, Glücksideen und so weiter erfahren und dies nicht wahrnehmen können, gehen dabei das Risiko ein, dass sie diese Kraft verlieren.

Eieiei ... echt?

Ja.

Huuuh, das ist doof.

(Lacht) Das ist nicht doof, Sylvia, das ist eine wichtige Komponente des Kosmos. Sie verunreinigen über ihre „schlafende" Wahrnehmung dieses Geschenk.

∞

Wow, entschuldige, das ist doof. Das ist wirklich doof. Also sagen wir mal dumm. Aber gut, sie haben es sich wieder einmal selber kreiert, gell?

Ja.

Hmm, ich rege mich nur gerne auf, wie man so bescheuert sein kann, verstehst du? Da hat man schon, keine Ahnung, alle möglichen tollen Dinge, wonach sich vielleicht viele Menschen sehnen, und dann tritt man sie mit Füßen, das ist doch Wahnsinn.

(Lacht) Alle Menschen leben das Leben in ihrer Verantwortung. Wahnsinn ist es nur, wenn du weißt, wie lange sie dazu gebraucht haben, diesen Zustand zu erschaffen und wie schnell sie ihn vernichten.

294

Ja, das ist schade.

Ja, aber das ist der Lauf der Dinge und viele von ihnen erkennen dies meist in einem anderen Leben und beginnen von vorne die Kreation des eigenen Glücks.

Hmm, verstehe. Okay, danke dir. Das hat mir auch noch mal sehr geholfen, zu verstehen, wie das alles ineinander wirkt. Hast du noch etwas, das du dazu sagen möchtest?

Nein.

Einen Wunsch?

Nein.

Dann sind wir fertig für heute.

Ich danke dir vielmals.

Liebe.

Eigeninitiative

König Salomon möchte heute über Eigeninitiative referieren.
Lieber König, lieber Freund, bitte beginne damit, was du zu diesem Thema berichten möchtest.

Eine wichtige Komponente für das Erreichen der Ziele wie auch der Wünsche ist die Eigeninitiative. Der Mensch wird durch die Interaktion mit anderen Menschen zu einem wieder und wieder in Aktion und Reaktion miteinander agierenden Wesen. In eurer Welt der Macht, getrieben durch ein „Ego ohne bewusstes Sein", ist die Lehre von der Eigeninitiative wie das Benzin für euren Seelenmotor. So würdet ihr das in eurer Zeit bezeichnen.

Durch die Kraft des Inneren in euch wird das Herz angetrieben, aber leider auch das Ego. Diese beiden Komponenten des Antriebs bewegen euch und eure Körper. Geistig wie auch körperlich. Dieser Antrieb, egal durch was verursacht, ist der Schlüssel, euch in eurem Leben fortzubewegen. Fort-zu-bewegen aus dem Zustand, den ihr jetzt erfahrt. Doch die alles antreibende, verändernde Kraft ist auch der Schlüssel in eure Ohnmacht. Nur die Eigeninitiative bewirkt, dass durch die Aktion des Impulses aus euch heraus die empfundene Ohnmacht des Taumelns zwischen den Impulsen der anderen unterbrochen wird.

Die Eigeninitiative ist damit der Schlüssel in euer Schicksal.
Wer zu Hause sitzt und wartet, dass das Leben sich verwandelt, Menschenbegegnungen geschehen, die gar nicht nur zu

Hause geschehen können, Kontakte entstehen, die aber durch das Miteinander und nicht durch den Abstand entstehen müssen, entstehen sollen, Mauern der Kommunikation gebrochen werden, die aber nicht zu Hause gebrochen werden können, weil sie nur durch die Begegnung beginnen sich zu verwandeln - all dies und so viele weitere unendliche Beispiele sind der Aufruf an die Herzen in euch, dass ihr, **an dem Tag, an dem ihr einen Wunsch verspürt oder ein Ziel, unbedingt die eigene Initiative ergreifen solltet.** *Nichts passiert ohne die Impulse der Seelen.* **Wer aber durch zu viel Abstand und Kommunikationsmauern diese Impulse gar nicht wahrnehmen kann, der kann sich auch nicht bewegen.**

Hmm, lieber König Salomon, so mancher Mensch hat aber auch Gründe, Abstand von den Menschen zu nehmen, weil sie viel Leid, viel Unbewusstheit und viel Traurigkeit bringen. Was rätst du solchen Menschen?

Wie auch bei den anderen Menschen gilt es die Balance zu finden. Der Abstand ist absolut wichtig und auch richtig, doch die Kommunikation muss bestehen bleiben. Und das Kommunizieren nur über Telefon oder SMS, wie es bei euch heutzutage die Form ist, bringt derartigen Austausch nicht. **Es geht auch immer um einen, für euch meist unbewussten, Energieaustausch.**

Verstehe, aber das Risiko, dass sie erneut enttäuscht werden und wieder auf verletzende Menschen treffen, ist doch relativ groß, weil wir uns leider in einer mehr unbewussten Menschenwelt befinden als in einer sehr bewussten Welt.

Ja, das mag sein, doch besprechen wir hier die energetischen Muster. Und ich erkläre die Zusammenhänge. Wer in den Abstand geht, ohne weiterhin in Kommunikation zu bleiben, der wird in diesem Abstand seine Art des Lebens erleben, aber sie birgt die Gefahr, dass keinerlei Austausch mehr mit anderen Menschen auch zur Verkümmerung des Geistes und damit auch der Seele führt. Du erinnerst dich an die geistige Nahrung.

Ja, das tue ich. Okay, also muss jeder Mensch für sich selbst schauen, inwiefern er die Kommunikation, den Austausch und die Möglichkeit, eigene Impulse geben zu können, aufrechterhält, richtig?

Ja, absolut.

Was, wenn jemand körperlich verhindert ist und sich nicht mehr so gut in der Menschenwelt bewegen kann, um sie zu treffen, zu kommunizieren?

Wer körperlich behindert diese Problematik angeht, muss andere Wege gehen. Doch tatsächlich ist es möglich, diese zu finden. Die Bereitschaft in euch ist der Schlüssel dazu, die eigene Initiative zu aktivieren. Wer also innerlich bereit bleibt, findet immer, auch mit weniger körperlichen Werkzeugen, einen Weg.

Kannst du mir bitte noch erklären, wie das Ganze jetzt zum Beispiel mit Glück zusammenhängt? Wenn jemand es noch nicht geschafft hat durch seine Eigeninitiative genügend verdientes Glück anzuhäufen, ist das dann nicht manchmal auch vergebliche Liebesmüh?

$$\infty$$

*Nein, niemals sind eure Impulse verloren. Entweder sie bringen euch materielle Freude oder sie lehren eure Seele und dadurch bereichert ihr diesen Wissensschatz. **Alle Erfahrungen, egal wie klein sie noch scheinen, sind Teil der Energetik eurer Seele.** Wer dies verstanden hat, geht jede der Brücken und Wege auf andere Art und Weise, dankbar und bereit. Für den nächsten Schritt.*

König Salomon, wir leben in einer Welt, wo es Milliarden von Menschen gibt und manche haben mehr verdientes Glück im Laufe verschiedener Leben angehäuft, manche weniger, manche sind liebevoll, manche sind es überhaupt nicht. Da kann ich verstehen, wenn man in dieser Welt jegliche, wie sagt man, Ambition, Motivation verloren hat, zu glauben, dass man als das eine „kleine Licht", das man ist, auch nur irgendetwas in dieser Masse bewirken oder erreichen kann.

*Die Frage deutet auf eine Ungenauigkeit hin, Sylvia. Du fragst mit dem Anspruch, etwas zu bewirken in der Masse von Milliarden. Aber was ist mit der Welt der Einzelnen, der Familie, des Freundeskreises, der Mitarbeiter und so weiter. **Die Welt, in der ihr euch versucht zu bewegen, wird sich ändern, wenn ihr den Anspruch verändert.***

Ja, aber was ist so schlimm daran, wenn man den Anspruch hat, dass man Großes bewirken will, aber vielleicht nicht die Werkzeuge dazu hat, siehe das Glück, und nicht Kraft genug für die Eigeninitiative?

Deine Art zu denken ist sehr außergewöhnlich. Sehr wenige Menschen wollen viel bewegen, die meisten wollen nur ihr

∞

Leben formen.

Dann beantworte bitte ihnen die Frage - und mir.

Diejenigen, welche verschiedene Blockaden erfahren, aufgrund des noch nicht erschaffenen Glücks, werden dadurch weiterlernen, nach und nach, über die Eigeninitiative Glück zu erschaffen. Über all die Werkzeuge, die ich bereits genannt habe, Kommunikation, Bereitschaft, Aktivität und so weiter.

Hmm, okay, und was ist dann mit denen, die eben das Große im Blick haben und merken, sie haben eventuell Blockaden des Schicksals auf ihrem Weg?

*Auch bei ihnen gilt, über das Tun die Erfahrungen für die Seele anzureichern und dadurch den Schlüssel in das so genannte Glück zu finden und zu erschaffen. Die Werkzeuge sind immer die Gleichen, nur gilt es in euch die Motivation dazu zu finden. Wenn es dich motiviert, die Welt zu verändern, dann tu dies. Wenn es andere nicht motiviert, die Welt zu verändern, sondern allenfalls andere zu bewegen oder ihr eigenes Leben zu formen, dann haben sie diese Aufgabe und dieses Ziel. Ohne Wertung wird der Kosmos jeden von euch so unterstützen wie er agiert. Daher betone ich gerne noch einmal: **Die Aktivität des Geistes und damit verbunden auch eures Körpers bewegt euer Schicksal.***

Hmm, das ist eigentlich ein schöner Schlusssatz. Ich überlege gerade noch, ob ich eine andere Frage habe ... Wenn jemand antriebslos ist und keine Kraft mehr hat in der Seele, ich weiß, das hatten wir auch schon besprochen, dann findet er natürlich diese Kraft für die Eigeninitiative nicht. Dann muss er erst einmal andere Dinge erledigen, gell?

Ja, absolut. Das Finden der eigenen Mitte, Ruhen, Rasten, Leben, Genießen, das wären die ersten Schritte, bevor die eigene Kraft wieder nach außen treten kann.

Verstehe. Was ist mit Menschen, die ganz viel Eigeninitiative haben und ständig von der Langsamkeit anderer Menschen blockiert werden?

Eine Art des Mensch-Seins ist das Langsam-Sein. Wobei auch dies, liebe Sylvia, nur aus deiner Wahrnehmung so ist. Ihre Wahrnehmung befindet anders. Sie empfinden die Geschwindigkeit als gerade noch richtig, sie empfinden sie von dir teilweise als viel zu schnell und sind dadurch sofort überfordert.

Okay das ist ein anderes Thema. Aber mich würde trotzdem interessieren, warum sie so langsam sind? Was ist das?

Sie können nicht schneller denken und das umsetzen, was sie tun. Sie sind immer in der Aufmerksamkeit zu sehr bei so vielen Dingen gleichzeitig, dass all dies so viel Kraft kostet, sodass sie die Kraft, das Eine schnell und richtig zu tun, nicht oder nur sehr selten haben.

Ja, es ist unglaublich, ist das dann eine Frage der Konzentration?

Ja, absolut. Wieder kommst du an den Punkt der seelischen

Bewusstheit. Wer seelisch bewusst ist, kann sich auf eine Sache sehr intensiv, viel intensiver, konzentrieren als andere. Dies macht, dass er sehr, sehr effizient und schnell in dieser einen Sache wirkt - aber dabei andere Sachen ausblendet! Andere wiederum meinen, alle möglichen Dinge gleichzeitig tun zu können und zu müssen.

Ich weiß, was du meinst. Wenn du jetzt zum Beispiel eine Familie, Kinder und alle möglichen Verpflichtungen hast, die mit dem Familienleben einhergehen, dann bist du ja in der dauernden Ablenkung von einem Impuls in dir, welcher aber Eigeninitiative bräuchte, um dich zu diesen Wunschtraum oder an dein Ziel zu bringen. Aber diese Menschen können nicht sagen: „Ja, schönen Tag noch, ich bin jetzt dann mal mit meiner Sache beschäftigt", wenn die Kinder Hunger haben und etwas zu essen brauchen. Was machen diese Menschen dann?

(Lacht) Die suchen oder besser erschaffen sich die Momente, in denen sie derartige Konzentration wieder finden. Ganz einfach.

Ja, ich weiß, du sagst „ganz einfach" und ich höre schon, wie sie alle sagen: „Ja, ja das hört sich so einfach an und ist es aber gar nicht."

Sylvia. Du weißt, was ich meine.

Ja, natürlich. Ich will dir nur erzählen, wie sie darüber denken, wie sie funktionieren, sie haben immer Ausreden.

(Lacht) Ich weiß.

∞

Du meinst also, um Ausreden sind viele Menschen nie verlegen, aber das ist ja natürlich nicht das Thema, gell?

Ja.

Gut, wieder zurück zur Eigeninitiative. Ich glaube, wir haben verstanden, wie wichtig sie ist , wo sie herkommt, was sie blockiert und was in Zusammenhang mit ihr steht. Dann bedanke ich mich für diese Session und wünsche dir eine schöne Zeit, bis gleich.
Danke.
Liebe.

Danke.
Liebe.

Das Leben - Schlusswort

Lieber König Salomon, gibt es ein Thema, das du noch besprechen möchtest?

Das Leben.

Das Leben, aha. Was genau möchtest du dazu berichten?

*Das Leben wirkt oftmals als das Unangenehmste und Schrecklichste, was man sich als Mensch oder Seele vorstellen kann. Wer dabei die Kraft verliert, muss durch viele und sehr harte Prüfungen, um die Kraft des Kosmos wieder in sich zu leiten. Alle Menschen, die diese Zeilen lesen, sollten aber vor allem eines wissen: **Der Zyklus des Eintauchens in die Materie, um dort als körperliche Form zu leben, ist die schönste und wichtigste Erfahrung des Werdens der Seelen.** Damit möchte ich nicht die Form der Feinstofflichkeit weniger huldigen, doch will ich damit das Empfinden von Leid und Wunden, körperlich wie geistig, als Bestandteil des Prozesses der Seelenreise benennen.*

Feinstoffliche Form zu sein bedeutet, dass weniger körperliche Werkzeuge die Bewegungen der Seele ausführen. Dabei ist eine andere, viel feinere Form des Seins erfahrbar.

Wer aber so richtig Freude, Liebe, Spaß und Spiel, beherztes Lachen, leidenschaftliches Lieben, Köstlichkeiten der Mahlzeiten und alles Schöne der Vielfalt der Umwelt und Natur eures Planeten erfahren will, der findet dies natürlich nur

∞

über Werkzeuge des Körperlichen. **Feinstoffliches ist die kleine Reise der Seele.**

Grobstoffliches die große Reise. Wer die grobstofflichen, komplexen Erfahrungen gemacht hat, geht verwandelt wieder in das Feinstoffliche. Und umgedreht. Doch **niemals werden die Werkzeuge des Feinstofflichen die Vielfalt des Grobstofflichen bieten können.**

Das möchte ich euch heute bewusst machen. **Das Leben ist das größte, schönste, zukunftsweisendste und kraftvollste Werkzeug, das der Kosmos euch schenkt.** *Lebt diese Möglichkeiten bitte alle aus. Freut euch richtig, so wie ihr Freude nur im Körper erfahren könnt, lacht, schreit, brüllt vor Freude. Genießt die Sinne alle in vollen Zügen, als würdet ihr sie morgen verlieren. Lebt alle Ideen, die ihr habt, als seien sie der Anfang einer neuen Zeit. Lebt diese Impulse, macht sie lebendig wie die Kinder. Und wenn das Leiden über euch kommt, durch körperliche Defizite oder andere Umstände, so nehmt diese Erfahrung als eine weitere Chance, das Leben auszukosten.* **Jede Erfahrung, jeder Schritt, ALLES formt eure Seele!** *Daher geht bitte durch diese Erfahrungen nicht über Gram und über Frust sondern über die Dankbarkeit,* **dass nun eine andere Farbe des Seins eure Form lenken wird.** *Das Gefäß Seele wird über diese Erfahrung erneut wachsen.*

Aber was ist, wenn Menschen diese Kraft verlieren, dann sind sie nicht daran gewachsen, oder?

Doch. Das Wachsen, welches ich gerade benenne, meine ich nicht körperlich oder kräftemäßig. **Die Erfahrung in euch lässt die Seele wachsen.** *Wenn dabei Kraft verloren wird,* *bedeutet das „nur", dass die Seele eventuell über diese Erfahrung eine weitere Erfahrung beginnen wird, nämlich die Suche nach der kosmischen Kraft. Aber dies ist als weitere Erfahrung möglich und kein unbedingter Zustand.*

Du möchtest also sagen, dass Leid oder eben empfundenes Leid auf jeden Fall eine Chance ist, daran zu wachsen, auch wenn man dabei Energie verliert? **Wenn man Energie verliert, dann tut sich eine neue Möglichkeit einer Erfahrung auf, nämlich die Energie wiederzufinden,** richtig?

Ja, absolut, das hast du sehr süß gesagt.

Okay, das habe ich verstanden. Bitte sprich weiter.

306

Das Leben ist die kosmische Plattform der Körperlichkeit. Ohne zu leben, würde kein Bewusstsein wirklich geformt werden können.

Ja, ich weiß, was du meinst. Ich hatte das auch nicht verstanden bis ich die Erfahrung gemacht habe, dass man tatsächlich über das Erfahren oder Durchleben eines bestimmten Moments am Ende eben um diese Erfahrung reicher ist. Wenn mir jemand diese Erfahrung im Lehrbuch vorgelesen hätte, dann hätte ich sie immer noch nicht wirklich verstanden, so wie Seelen „verstehen" wollen.

Ja, alle Wirkung in die Seele hinein kann nur über das körperliche Empfinden gemacht werden.

Das ist ja verrückt. Das heißt, die Seele kann nur über das körperliche Empfinden wachsen, wo man doch eigentlich immer sagt, man soll die Emotionen loswerden, damit man wieder mit seiner Seele in Kontakt kommt.

Das ist sehr komplex, Sylvia, aber ja. Die körperlichen Werkzeuge sind in ihrer besten Potenz dazu da, die Seele zu formen. Dazu bedarf es natürlich eines bewussten Menschen. Nur das Leben als solches zu erleben und zu verleben, ist natürlich an keinerlei Wachstum der Seele gebunden. Aber durch die körperliche Kraft und die Herausforderung über das Ego, das aus dem Geiste entwächst, ist so viel an Möglichkeiten gegeben, dass der freie Wille, das Bewusstsein, die Bewusstheit und das Wirken als bewusste Seele in allen Formen geschult werden.

Was genau lernt der Mensch in der Körperlichkeit durch seinen freien Willen?

*Er lernt, dass überall und immer der freie Wille existiert und anwendbar ist. Wer etwas anderes glaubt und lebt, der irrt. Der freie Wille belebt die Körper, weil ihr euch dazu entschieden habt. **Jedes Tier, jede Kraft im Kosmos bewegt sich aufgrund des eigenen Impulses.** Und ob bewusst oder unbewusst, die Kräfte in Harmonie bewegen sich überall in kosmischem Einklang, und es gilt zu lernen, den **freien Willen in diesem ewigen Prozess des Einklangs anzuwenden.** Das Bewusstsein braucht das Begegnen verschiedener Umstände, um über diese Umstände zu der Erkenntnis zu gelangen, **was will die Seele, und dabei formt sich Bewusstheit.** Diese wiederum formt jeden einzelnen Schritt des Menschen und der*

Seele und wird zum ultimativen Werkzeug der Seele.
Die Erfahrung des Verbrennens auf der Herdplatte nimmst du so gerne als Beispiel, dann greife ich sie auf. Nur die Seele, die über den Körper und seine Verwundung dieses Leid erfahren hat, weiß ab diesem Moment, was zu tun ist, wenn sie sich einem Herd nähert. Dies bedurfte aber der Erfahrung und nicht der Belehrung von außen.

Ja, ich weiß, was du meinst. Also, wenn jetzt jemand gesagt hätte: „Achtung, Achtung, pass auf, du darfst deine Hände nicht auf die heiße Herdplatte legen, weil du dir sonst weh tust", hätte das nichts gebracht, gell?

Ja, absolut. Das ist die Essenz des ganzen Themas.
Leben bedeutet Erfahren, was nicht anders zu erkennen ist.
Ihr müsst also die Form des Seins im Körper als die wunderbarste und schönste Chance erfahren, die ihr jemals hattet.
Nutzt sie, lebt sie, baut daran, die Wünsche in euch zu beleben, seid liebevoll, friedvoll, brüderlich, weise, in Abstand oder in Nähe, egal wie, seid bewusst lebendig!
Bewusst lebendig! Bewusst am Leben und nicht das Leben zu Ende wünschend oder es gar mutwillig beendend.
Taucht ein in die Form des menschlichen Körpers, lebt die Werkzeuge, die er euch schenkt, und es sind so viele.
Lebt sie alle, erfreut euch aller.
Das ist mein Schlusswort.

Das ist dein Schlusswort für dieses Werk?

Ja.

∞

Wow, das ist noch ein bisschen schwer zu begreifen. Ich habe noch ein Kapitel, in dem ich dich deine Lebensformeln kommentieren lasse, aber dann haben wir jetzt alle deine Impulse so weit festgehalten, dass du sie für die Welt verewigt sind. Dieses Buch wird ab jetzt für immer erhältlich sein. Es wird gedruckt, wenn es jemand bestellt hat. Das kann bis in viele, viele unendliche Jahre so gehen und ich danke dir, dass ich die Übermittlerin sein durfte. Danke dir für diese Reise. Danke dir für deine Impulse, die sehr nah am Leben, sehr praktisch waren und noch einmal eine ganz andere Sicht auf das Sein geworfen haben. Wo andere Wesenheiten, die bis jetzt befragt wurden, oft sehr die feinstofflichen Impulse beschrieben haben, so hast du oft das Menschliche, das Leben als solches beschrieben, und das ist sehr hilfreich für all die Menschen, die das lesen. Greifbarer, verständlicher hoffentlich in vielen Punkten. Ich danke dir von ganzem Herzen dafür. Möchtest du noch etwas ganz zum Schluss sagen?

309

Ja, bitte.
Eine Seele wird nie vergehen *- werdet durch die vielen Impulse aus diesem Buch und aus all den anderen, die Sylvia vorbereitet und fertigt zu den unendlich göttlichen und wunderbaren Kräften, die ihr eigentlich seid.*
Die Erkenntnis des Großen in dem Kleinen macht die Seele zu dem universellen, über Allem wirkenden Werkzeug des Kosmos.

Danke dir vielmals.

Danke. Danke. Liebe.

310

Die 100 Lebensformeln Salomon's

Die 100 Lebensformeln Salomon's

Ich habe ein paar Sprüche von dir aufgeschrieben, die du mir im Laufe der letzten Jahre der Entfaltung meiner Gabe durchgegeben hast, und ich möchte diese jetzt nicht nur hier aufzeichnen, sondern ich möchte sie von dir kommentieren lassen, wenn du das möchtest. Lass uns mal beginnen, ich hoffe, dass das geht, weil ich dabei jetzt anders sitzen und sein muss. Ich beginne einfach zu lesen, was ich mir notiert habe, und du kannst es kommentieren.

**Sei dir der Verbindungen der Erscheinungen
in dir selbst bewusst.**

Möchtest du dazu etwas sagen?

> *Ja, bitte. Das Werkzeug des Bewusstseins kann euch helfen, die Verbindungen der Menschen zueinander wie aber auch die Verbindungen in die anderen kosmischen Formen bewusst zu machen. Dazu helfen die Übungen wie: das kosmische Kreuz, das Meditieren, aber auch andere stille Übungen. Dort in der Stille findet ihr die Verbindungen der unterschiedlichen Formen des Kosmos.*

Sei weich und stark zugleich.

> *Das ist der liebevollste Satz.*
> *Die Seele ist ein Werkzeug, das unterschiedliche Zustände*

erzeugen kann. Wer in der Seele weich bleibt oder wird, der kann durch diese Weichheit die Bewegungen des Kosmos fühlen. Die Harmonie des Moments oder das Disharmonische des Moments erfühlen und darauf reagieren. Begegnungen, Impulse, Entscheidungen, so vieles bedarf des Fühlens aus der Seele heraus, und wenn diese Seele weich genug ist, alle feinen Impulse des Kosmos aufzunehmen, dann kann sie diese nutzen, um sich damit fortzubewegen - zu bewegen.

Und das Starke?

Das Starke der Seele ist die Kraft in ihr. Ist eine Seele in sich voll bewusst geworden, was genau sie alles ist, an Vielfalt, Tiefe und Größe, so wird sie sich dieser Attribute nie wieder berauben lassen. Dieser Entschluss formt die so genannte Stärke, die ich hier meine. Ist die Seele fest entschlossen, dies zu erhalten, so wirkt dies manchmal wie eine gewisse Härte, ist aber letztlich nur die Kraft der Entschlossenheit, sich selbst zu schützen.

Erkenne die Ewigkeit aller Verbindungen.

Das ist ein sehr wichtiger Punkt. Dazu bedarf es der Bewusstheit einer sehr weisen alten Seele, oder der Bereitschaft, diesen Satz wirklich tief zu atmen.
Die Verbindungen, die ihr eingeht, egal mit wem und egal wie kurz, sind an eure Kraft gebunden. An eure Wachsamkeit, eure Bewusstheit, euer Bewusstsein. Wer unbewusst taumelnd die verschiedenen Kommunikationen in seinem Leben beginnt, der weiß nicht, wie lange die Impulse, die er gibt,

wirken. Doch ich möchte damit sagen, dass über die Kommunikation in eurem Leben, aber auch über die Nicht-Kommunikation, wie auch über andere Dinge, die Verbindungen aufbauen, Wege beginnen, die ihr nur schwer lenken könnt. Daher ist es wichtig, dass ihr bewusst die Schritte tut, die ihr tut, die Schritte setzt, die ihr setzt, alle in vollem Bewusstsein, dass die Verbindungen nur über bestimmte Gesetzmäßigkeiten wieder zu lösen sind, oder gegebenenfalls bestehen bleiben. Werdet der Meister dieses Spiels von Verbinden und Lösen. Aber um sich wieder zu lösen, braucht es tiefes Wissen. Das Verbinden ist der leichtere Schritt. Das Lösen aber der viel schwerere aber wichtigere Prozess.

Lebe in jedem Augenblick deine Energie.

Das ist einfach.

Ja, stimmt. Okay.

Das Bewusstsein des Intellekts erschafft den Gedanken der Trennung in Unbewusstheit und den Gedanken an Verbindung. Benutze das Werkzeug Intellekt, um mit Bewusstsein die Illusion der Trennung wieder aufzulösen.

Möchtest du dazu etwas sagen?

Ja, da wie immer das Bewusstsein natürlich ausschlaggebend dafür ist, wie ihr die Wahrnehmung des Lebens, das ihr lebt, lenkt.

Erkennt, dass die Verbindung zu etwas überdauert, so lange bis ihr es löst. Aber dieses Lösen ist, wie schon erwähnt, ein Prozess, der sehr viel Wissen braucht und letztlich gar nicht wirklich gelöst werden kann, weil alles im Kosmos doch immer auch in Verbindung bleibt.

Das Lösen von der Illusion der Trennung bedeutet gleichzeitig die Erkenntnis der Verbundenheit mit Allem. Das Leben bedarf mehrerer Stufen der Kommunikation.

Zunächst ist das bewusste Aufbauen der Verbindungen mit den Menschen die erste Stufe. Dann das Erkennen der Gesetze der Energie und das darauf folgende, eventuelle bewusst gewählte Trennen dieser Verbindungen. Diese Trennung aber muss in Harmonie und Ausgleich geschehen. Das vollzogen, bleibt die Erkenntnis der Verbundenheit mit allen Lebewesen bestehen und öffnet erneut das Bewusstsein für andere Stufen dieser Wahrnehmung.

Liebe das Leben als ewiges Gebet.

Dazu möchtest du nichts sagen?

Nein.

Alles klar, gell?

Ja.

Lebe ohne Angst vor den Sorgen des Alltags.

Die Angst, wie ihr wisst, ist nur eine Krankheit des Geistes.

Wer mit seiner Seele in Kontakt gerät, der fühlt keine Angst mehr, keine Angst. Daher ist es natürlich wichtig, dass man den Alltag ohne Ängste und Sorgen verlebt, um diese Krankheit des Geistes zu überwinden und zu heilen. Jeder Tag, den ihr in Angst verweilt und Sorge, ist ein verlorener für eure Seele.

Erkenne die Sonne in deinem Herzen.

Was möchtest du dazu sagen?

Dass ihr sehr viel Kraft entfalten könnt in eurem Körper. Doch ist diese Kraft, die ich meine, an die seelische Kraft gebunden, deswegen ist es sehr von Bedeutung, dass ihr die kosmische Kraft findet und euch mit ihr verbindet, bewusst verbindet. Dort liegen die Quellen des Wachstums. Jede Seele leuchtet in ihrem Körper, und durch das Herz spricht sie zu euch.

Liebe absichtslos in Abstand.

Das ist sehr wichtig. Wer das Gefühl des Bekehrens in sich trägt, der trägt eine Farbe der Absicht in sich, die das Lieben, das kosmische Lieben trübt.
Die Absicht zu lieben ohne Erwartung ist dabei die hellste Form des Liebens, doch generell gilt auch hier, das Sein als solches zu leben und nicht zu sehr zu wollen.
Begebt euch in das Gefühl des Liebens ohne Erwartung und ohne wirkliche Absicht, damit etwas zu bewirken. Seid einfach nur, und die Kräfte werden euch folgen. Der Abstand zu Leid

und Störung kann dabei sehr hilfreich sein.

Erkenne in jeder Situation die Aufforderung, den richtigen Weg zu gehen.

Ja. Durch die Erkenntnis, dass jeder Schritt in eurem Leben über viele Zeiten hinweg Resonanzen hervorrufen wird, ist gleichzeitig die Aufforderung, den richtigen Weg zu gehen.

Ja, ich nehme dazu immer gerne das Beispiel von den beiden Bahngleisen. **Das eine** weicht vom anderen nur weniger als einen Millimeter ab und dennoch werden die Insassen der Züge jeweils an einem anderen Ziel ankommen, weil nur diese winzige Differenz am Ende einen ganz anderen Weg bedeutet und geformt hat. Das ist finde ich eine schöne Metapher für die Verantwortung, die man in dieser Welt und in seinem Leben und mit seiner Seele hat.

Ja.

Lebe in Verantwortung für deine Handlungen.

Damit hast du soeben schon diesen Punkt kommentiert. Denn die Verantwortung geht natürlich einher mit diesem Bewusstsein.

Verstehe.

Es gibt kein Ein-für-alle-Mal, es gibt nur das ewig Neue, sei immer neu.

Die Formel des Wandels.
Alles wird immer im Wandel bleiben, und wer bereit dazu ist, wird diesen Wandel wie einen Tanz erfahren. Wer nicht dafür bereit ist, wird dies als dauerhaft beunruhigend und blockierend empfinden.

Lebe ewige Liebe in Demut.

Demut ist der Schlüssel in die Bereitschaft, die Verwandlung weiter anzunehmen, sich nicht zu sträuben, sondern, zwar freien Willens entscheidend, aber doch im Fluss der Energien zu wirken.

318

Lebe die männlichen Tugenden mit weiblicher Schwingung und umgedreht.

Die Formel der Geschlechter.
Das männliche Sein schenkt andere Werkzeuge als die weiblichen Körperlichkeiten. Doch um als ganzes Wesen der Seele Wachstum zu schenken, ist das weibliche Empfinden immer auch respektvoll achtsam und liebevoll nachzuempfinden und umgedreht. Die Frauen sollen immer auch in Verbundenheit mit den Männern fühlen wie diese. Dann beginnt das wirkliche Sein, über das Geschlecht durch die Aufnahme der Impulse des Gegengeschlechts zu der seelischen Kraft, die ohne Geschlecht ist, zu finden.

∞

Sieh dieses Leben als Generalprobe für die Premiere im Jenseits.

Das ist die Formel der Achtsamkeit.
Das Leben bietet euch nur jetzt in diesem Moment diese Chancen.
Wenn der Körper verlassen wird, müsst ihr die Erfahrungen, die ihr gemacht habt, anwenden im Sinne der Seelenkraft, die ihr dann geformt habt. Die Wahrnehmung dieser Seelenkraft nach dem Übergang, also ohne einen Körper und seine Werkzeuge, wird nur geformt im Körper. Daher ist dies noch die Möglichkeit, alles zu modifizieren, zu verändern, zu erlernen, zu korrigieren - danach ist dies nicht mehr so möglich.

Erhalte deine Seele in Freude.

Die Freude ist der Schlüssel aus dem besorgten Sein als Mensch in die Weite des Kosmos. Das Anreichern von Freude ist wie das Füllen des Tanks eurer mobilen Fortbewegungsmittel. Wer verstanden hat, dass nur über die Freude die seelische Kraft wirklich wachsen und weiten kann, der lebt das Leben als Priester.

Priester? Warum als Priester?

Weil er die kosmischen Gesetze lebt und dabei durch die Interaktion mit anderen Menschen diesen als Vorbild gilt.

Mhm. Okay.

Erhebe dich über die Gesetze der Menschen.

Sei achtsam und wachsam den Gesetzen der Menschen gegenüber. Sie sollen Form bringen, aber sie bringen auch viel Chaos. Ihre unmenschlichen Wirkungsweisen sollen dir der Pfad des Mensch-Seins sein, aber du sollst lernen, deine Flügel auszustrecken. Um zu fliegen.

Löse dich aus der Umklammerung deines Zweifels.

Eine wichtige Formel für die Menschheit. Denn Zweifel ist die Kraft des Egos in euch und sie trennt euch von dem Vertrauen, das die Seele lebt - leben möchte.

Erlebe jeden Augenblick als Geburt.

Das kostbare Sein wird nie vergehen, doch immer wandeln. Wer die Verwandlung als Geschenk des Kosmos für Wachstum, seelischen Reichtum, Kraft, Liebe und Freude erkennt, der begrüßt die Verwandlung des Kosmos als wichtigen „Motor" des Lebens und allen Seins.

Erhebe dich lächelnd und weise über die Perspektive der Gleichheit.

Im Wirken als Mensch wird euch gelehrt, Gleichheit als wichtigen Aspekt der Gesetze der Menschen anzunehmen, anzusehen. Doch der Kosmos ist Vielfalt und diese Vielfalt ist essentiell, um die einzelnen vielen, vielen Seelen auf ihrem Weg so frei wie möglich zu unterstützen. Die Seelen sind keine

Einzige wie die Andere, und gleich sind sie schon gar nicht. Somit nehmt bitte auf, das Leben als vielfältiges Spielfeld unterschiedlichster Seelenqualitäten zu betreten und keineswegs Gleichheit zu fordern. Allenfalls in Gesetzmäßigkeiten, die euer Überleben sichern - für die Existenz. Aber sowie diese Möglichkeit gegeben ist, stellt die Vielfalt wieder über das Gesetz.

Die Frage ist nicht, wie ändere ich die Andersartigen. Die Frage ist, wie gehe ich lächelnd mit ihrer Andersartigkeit um.

Das bedeutet die Folge der Formel von eben. Wenn jede Seelenqualität anders ist als die andere, bedeutet dies, dass ihr achtsam, liebevoll, bewusst und freundlich mit der Vielfalt umgehen solltet. Wenn Menschen Andersartigkeit lieben, so sind sie weitere, bewusstere, sehr in Verbindung mit sich und dem Kosmos existierende, viel dimensionale Wesen. Wenn sie Andersartigkeit verurteilen, blockieren, missachten und missbrauchen, dann sind sie sehr unbewusst und lieblos, weil unbewusst. Daher schaut genau, wer „feiert" das Leben als das Blumenmeer unendlicher Vielfalt, und wer will es bezwingen mit Regeln, Formen und Gesetzen. Die Gleichheit macht euch arm an Kraft, Freude, Individualismus und Lebendigkeit. Andersartigkeit ist das Lächeln des Kosmos.

Erfahre durch deine bewusste Verbindung mit der Quelle die ewige Verbindung mit der Quelle.

Das Bewusstsein ist der Schlüssel in Alles. Seid ihr bewusst, lebt ihr ein anderes Leben als unbewusste Menschen dies tun.

∞

Lebt ihr die Verbindung in den Kosmos, in die Quelle, bewusst oder nur als Nebensatz des Lebens.

Aber gibt es Menschen, die auch unbewusst eine Verbindung mit der Quelle eingehen können?

Jein. Die Frage ist die Bereitschaft. Ist ein Mensch bereit für diese Verbindung, ist es gut und der erste Schritt. Doch arbeitet er nicht an seiner Bewusstheit, dann wird diese Verbindung nie in ihre ganze Kraft gehen können, die sie aber als Potenzial trägt.

Verabschiede dich von der Illusion, einen Menschen verändern zu können.

Das ist der Schlüssel in den Frieden zu euch selbst. So viele Menschen glauben, über was auch immer, andere Menschen zu verändern, zu bekehren, zu belehren. Doch wer verstanden hat, wie wichtig der freie Wille, die Basis aller Bewegungen im Kosmos ist, und als solcher wirkt, der weiß, dass Veränderung zwar dauerhaft im Kosmos geschieht und der Motor dessen bedeutet, aber niemals von außen initiiert werden darf. Alle Menschen, die glauben, einen anderen Menschen verändern zu können, wirken in zweierlei Richtung falsch. Einerseits ist die impulsgebende Kraft des Außen, eine Seele in ihrem Innersten zu verwandeln, nicht möglich, andererseits verliert ihr dabei selbst sehr viel Kraft. Der Kampf- wie ihr sagen würdet - gegen Windmühlen. Denn die Seele bewegt sich nur über sich selbst hinaus und niemals, weil es andere wollen, andere fordern oder gar darum bitten. All dies funkti-

oniert nicht, und das ist auch gut so. Denn nur die Seele selbst aus sich heraus, kann den richtigen, tiefen, kräftigen Impuls setzen, ihre Veränderung hervorzubringen. Niemand anders und nichts anderes.

Ich empfinde dies übrigens auch als eine Art Schutz. Man kann als Seelenkraft also gar nicht manipuliert werden. Als Mensch wird man es dauernd, aber als Seele geht das nicht.

Absolut. Dies ist Schutz und universelles Gesetz aller Kräfte im Kosmos zugleich.

Nicht zu verbittern ist die Formel,
liebevoller Abstand das Gebot.

Eine Formel, die wenig Erklärung braucht. Verbitterung macht eure Seelen dunkel, lässt euch traurig scheinen und nimmt euch dadurch Lebenskraft. Wer dennoch Verbitterung und Traurigkeit empfindet, sollte über den Abstand zu den Menschen wirken, denn ihr seid nicht dazu gekommen, um andere zu bekehren, belehren oder ihnen zu dienen - ihr seid dafür gekommen, dass eure Seele wachsen, reich an Erfahrung werdend, Liebe leben will. In all ihren Formen und Farben.

Sei wollend und dies in heiterer Geduld.

Eine wichtige Formel. Denn der Wille darf einerseits nicht über die Kraft der anderen eingesetzt werden, aber er ist hilfreich, um euch selbst zu bewegen. Daher vernehmt und ver-

innerlicht, dass der Wille und seine Kraft, geballt mit der Herzensenergie, über viele unterschiedlichste Zeiten das Ergebnis bringen, welches ihr erschafft. Seid stark in eurem Willen, aber seid auch in Geduld. Denn sie ist wichtig, um den Gleichklang der kosmischen Kräfte zu leben und zu erfahren. Nicht über den starken Willen könnt ihr alles erschaffen, sondern über das Zusammenspiel eures Willens in Harmonie mit den kosmischen Kräften und ihren Wirkungsformen.

Lebe nicht im Gegenstoß auf die Negativität, lebe einfach liebevoll.

Der Mensch kann über unterschiedlichste Erfahrungen zu einem Gefäß voller Negativität werden. Das wird bedingt durch die sehr beeinflussbare Geisteskraft in ihnen, aber auch durch die große Gefahr, sehr wenig Verbindung in die kosmischen helfenden Kräfte zu leben. Dies alles und noch so viel mehr bedingt, dass ihr vorsichtig mit euren Gedanken umgehen solltet, denn sie sind wie die Wächter eures Geistes und blockieren oder fördern die Kräfte des Kosmos. Wer es nicht schafft, die Gedanken zu lenken, der wird zu einem manipulierten Gefäß, welches allen Frust, Leid und Lieblosigkeit in sich anreichert. Seid daher wachsam und führt eure Wächter: Die Gedanken.

Zeige Grenzen durch dein Sein, nicht durch Begrenzung.

Auch hier benenne ich als Ursache den freien Willen, der keineswegs andere Menschen blockieren, begrenzen oder in irgendeiner Art und Weise beeinflussen möchte. Seid einfach, was ihr seid, und akzeptiert die Andersartigkeit der Anderen. Grenzen sind für Seelen nicht existent. Sie werden über Energien vorgegeben, sind aber über die Bewegung und Veränderung der Seelenkraft in einem allesamt überwindbar. Daher ist das Setzen von Grenzen als bewusst egoistischer Impuls keinesfalls weise. Seid einfach, wie ihr und was ihr seid, und das lasst euch niemals nehmen. Das wiederum bedeutet eine Grenze, in Form von Respekt euch gegenüber, und bietet Schutz.

Verabschiede dich vom fragenden Denken, um frei zu sein, vertraue.

Das baut auf die Wächter des Egos, die Gedanken auf. Das Denken ist wichtig, um in der menschlichen Welt agieren zu können, doch darf es keineswegs zu der eigentlichen Kraft in euch werden. Daher möchte ich diesen Moment nutzen, um den Glaubenssatz, den Sylvia in ihrem Bewusstsein gelernt hat, kurz zu modifizieren: Es heißt nicht: Ich denke, also bin ich. Es heißt allenfalls: Ich denke und vertraue, also bin ich ganz.

Verstehe.

Vertrauen ist die Basis aller mächtigen Kräfte. Wenn ihr die Kraft in euch motivieren könnt, den kosmischen Bewegungen zu vertrauen und gleichzeitig in ihnen wirkt über eure Impulse - in Harmonie mit allen anderen, dann seid ihr das göttliche Wesen, was in euch schlummert.

∞

Begegne allen Erscheinungen im Kosmos voll Liebe.

Das bedingt Bereitschaft und Demut zugleich, dass alles Vielfältige und Individuelle im Kosmos so gewollt und gut ist. Wer die Kraft des Kosmos verstanden und seine Vielfalt erkannt hat, bleibt dankbar, demütig und respektvoll all diesen unterschiedlichen Formen gegenüber. Und dies wiederum bedingt das harmonische Wachstum in euch.

Vergib dir selbst.

Ja, vergib dir wie auch den anderen ihre Fehler und Missgeschicke. Der Mensch ist kein Wesen, welches dazu fähig ist, fehlerfrei zu sein. Die so genannten Fehler machen euch durch ihre mehrschichtigen Aufforderungen an Seele, Körper, Geist und Ego erst wirklich zu einem kosmischen Wesen. Das angebliche Bereuen von Fehlern ist nur der Aufruf an euch, den nächsten Schritt noch mehr in Bewusstsein zu tun. Wo ist also das Problem, wenn der Fehler die Aufforderung zu mehr Bewusstsein ist?!

Das hast du schön gesagt, weil dadurch das, was die Menschen als Fehler erkennen oder meinen zu erkennen, eigentlich das ist, was uns vorantreibt, gell?

Ja, absolut. Wer dies verinnerlicht hat, nimmt die Stolpersteine an, um an ihnen zu wachsen und zu stärken.

Begegne allen Menschen wie Figuren in einem Theaterstück.

Das Betrachten der menschlichen Untiefen und der Folgen der Instabilität in ihnen kann einerseits zu Frust und Gram führen oder aber zu betrachtender Barmherzigkeit, Liebe und Bereitschaft zu helfen. Daher möchte ich euch kurz dies verewigen: Die Welt des Seins verbirgt Vielschichtigkeit in sich. Das Verzweifeln über die Blockaden und Problematiken macht euch zu dem Werkzeug aller negativen Kräfte. Das Erkennen aber der Möglichkeiten und lernen aus ihnen heraus macht euch zu dem göttlichen Wesen, das ihr auch seid. Wer diese zwei Wege kennt, darf entscheiden. Diese Erkenntnis schenke ich euch hier.

**Du musst erkennen, welchen Wesen du begegnest und dich
nach dem Erkennen entscheiden,
ob du bleiben willst oder gehen.**

Mit dieser Lebensformel möchte ich euch darauf hinweisen, dass ihr die Werkzeuge in euch tragt, das Wesen, das euch gegenübertritt, zu erkennen. Seine Seele, sein Ego, seine Höhen und seine Abgründe. Dieses weitere Betrachten dessen, was hinter den körperlichen Formen alles noch steht, ist der Schlüssel in eure Befreiung. Denn wer die Kraft des Gegenübers sieht, verschwendet keine mehr. Alles was ihr tun solltet, um diese Formel anzuwenden, ist, die Werkzeuge in euch zu entfalten und entwickeln. Dazu gibt es unendliche Wege, die wir heute hier nicht erörtern wollen. Die Essenz dieser Botschaft lautet: Lerne, wer du wirklich bist, erkenne, wer dein Gegenüber ist, und agiere danach. Das Ergebnis mag

∞

dich manchmal schockieren, doch ist es niemals dazu da, dich zu blockieren, allenfalls dich zu befreien. Werde zu dem, was du wirklich bist und handle danach. Wer durch die dunkelsten Gänge der Erde kriecht, um dort die Befreiung seiner Kräfte zu suchen, aber die Flügel seiner Seele gar nicht ausbreiten kann, der sollte erkennen, dass er ein Vogel ist. Dann erst wird er wirklich in seiner Kraft wirken und die Gleichgesinnten finden können. Und Gleiches gilt anders herum. Wer durch die Luft taumelt und haltlos keine Orientierung findet, der sollte die Wärme des Bodens der Erde suchen und dort die Möglichkeiten nutzen. Dies nur als Metapher für die unterschiedlichen Arten auch in euren Seelen.

Es gibt keinen Ausstieg ohne den Ausstieg.

328

Das formuliert die Essenz der Botschaft, dass durch die menschlichen Impulse des Wirkens ohne die blockierenden, verletzenden oder schockierenden Impulse der Anderen, die Befreiung viel leichter wäre, aber oftmals die Kraft für diesen entscheidenden Schritt fehlt. Dazu ist schon viel gesagt in unseren Büchern. Aber wichtig ist immer, dass ihr in der Haltung bleibt, die euch den Ausstieg von diesem Teufelskreis, wie ihr es nennen würdet, übt und lebt. Ohne Ängste.
Wer den Impulsen aus seiner Seele heraus folgt, kann nichts Bösartiges tun.
Wer die Liebe als seine Botschaft mit sich trägt, kann nur Weite und Liebe bringen.
Wirkt mit diesem Wissen und geht, wenn ihr gehen müsst. Bleibt nicht in einer Kette, die nur ihr selbst lösen könnt.

∞

Weite deine Seele, dann folgt die Materie nach.

Dazu ist schon viel gesagt. Die Seele speist euren Körper. Mehr noch als ihr glaubt, lenkt sie die Formen der Knochen, der Muskeln und des ganzen Körpers. Lernt dies noch mehr zu integrieren in eure wirklichen Schritte im Leben und werdet dadurch zum Werkzeug der Seele, nicht zum Werkzeug eures Egos.

Beantworte die Angebote der Menschen nicht mit den Antworten der Menschen.

Wer die Weite der Seele und die Kraft aus ihr lebt, wird die Art des menschlichen Umgangs mehr und mehr als grob empfinden. Dies ist ein Indiz dafür, dass ihr die feine Wahrnehmung der Seele mehr und mehr fühlt. Dann lebt dieses Gefühl, weitet es noch mehr und bleibt in dieser Kraft. Die Folge daraus ist, dass die Kommunikation mit den Menschen sich verwandelt.

Erkenne im Anblick der Formlosigkeit deine Form.

Wenn du durch die unterschiedlichen Formen des Seins wirkst, so wird das Leben zu der Phase deines Wirkens, die du durch Langsamkeit, Begrenzung und kraftzehrende Impulse erlebst. Diese sehr grobe und materielle Form aber ist nur eine Lebensform. Alles Kosmische hat andere Formen und oftmals sogar gar keine. Dies zu akzeptieren und zu erkennen, dass Wesenheiten ohne Form existieren, bewusst wirken und Impulse über die Weite streuen, bedarf des mensch-

lichen Entschlusses, aus dieser Form zu wachsen und in ihr zu wirken. Unendlich aber über die Werkzeuge des Körpers. Wer die Unendlichkeit in sich fühlt, der weiß um die Bedeutung meiner Worte hier.

Verabschiede dich ohne Furcht von deinem Ego. Es ist nicht dein. Ich bin der Ich bin.

Wie schon zuvor benannt, gilt es auch hier, die Weite und die Unendlichkeit zu erkennen und nicht in der kleinen Welt des Egos zu verhaften. Das Wirken des Egos hat durchaus seine Berechtigung und hilft euch im Beruf und in der Familie Durchsetzung zu leben. Aber sollte diese Kraft nicht euer ganzes Leben bestimmen. Daher vergesst nie, dass die Seele aus euch herausstrahlt und diese Kraft wachsen kann. Das Ego braucht Aufmerksamkeit, die Seele braucht Liebe.

Liebe bedingungslos.

Durchaus der wichtigste Satz in unseren Lebensformeln. Denn wer die Liebe lebt, kommt schnell an den Punkt, an dem er diese Kraft nicht lenken möchte. Dann beginnt das bedingungslose und forderungslose, erwartungslose Lieben. Die nächste Stufe des Seins. Denn Lieben um der Aufmerksamkeit willen ist die Form des Egos.
Doch Lieben aus der Kraft der Seele, die nichts dafür, aber auch gar nichts dafür zurückfordert, sondern einfach nur Liebe ist, Liebe formt und Liebe geben will, diese Art des Seins ist die vollkommene. Daher werdet ganz und lebt immer auch in Liebe. Sei es noch so schwer, sei es noch so „unlo-

gisch", alles Wirken noch so bedenklich, sorgenvoll und kraftlos, diese Kraft ist der Schlüssel zu der Weite, die ihr eigentlich sucht. Lebt diese Kraft mehr und sie wird euch beleben.

Weniger denken, mehr lieben.

Dazu ist bereits viel gesagt.

**Jedes Leid ist die Aufforderung,
die Ursache des Leides aufzulösen.**

Das wäre der Satz, den ihr in den Religionen der Menschheit kommunizieren müsstet. Denn Leid wird oft als die Läuterung der Seele oder irgendwelcher sinnvollen Problematiken benutzt. Doch dies ist falsch. Leid ist kein Werkzeug des Kosmos. Im Gegenteil. Das Leiden benennt den Zustand der Kraftlosigkeit, die den Wesen begegnet, die die Liebe noch nicht in sich tragen oder zu wenig. Da aber die Religionen eurer Welt das Leid als einen wichtigen Pfad beschreiben, möchte ich damit hier beenden. Das Leiden ist kein Werkzeug des Kosmos - es ist eine Ausgeburt eures Geistes, der durch Machtspiele das Leiden nutzen möchte, über euch Gewalt zu bekommen. Verabschiedet euch von diesen Glaubensmustern, sie sind sehr gefährlich. Ihr würdet in den Lebensfragen sagen, das kostet dich dein Leben - ich sage, das kostet euch die Kraft eurer Seele, und das ist fast, als würde es euch die Seele kosten - wobei das nicht möglich ist. Aber du weißt, was ich meine.

Ja, das weiß ich. Okay.

Wisse, dass die Sonne ewig ist,
Verdunklung ist nur vorübergehend.

Wahrlich einer meiner Lieblingssätze. Denn er ist so schön einfach und bildhaft. Die Kraft der Quelle scheint euch immer, immer, immer in die Seelen. Durch eure Gedanken, eure Wirkungen, alles was ihr über die Zeit in eurem Leben erschafft, entstehen so genannte Verunreinigungen dieses Kanals in die Kraft der Quelle. Diese Kanäle gilt es zu reinigen und durch diesen Prozess die eigentliche Kraft des Kosmos wieder zu finden. Das wird das ganze Leben verwandeln. Alles Sein ist im ewigen Strom der Kraft lebendig und kraftvoll. Das Verlieren der Kraft ist ausschließlich das Ergebnis der eigens erschaffenen Glaubensmuster und menschlicher Blockaden und Ängste. Die Verdunklung eurer Seele ist daher nur ein Produkt des Egos. Nehmt diese Verdunklung weg und ihr seid so kraftvoll wie nie.

Lass dich in deinem Lieben durch nichts
und niemanden aufhalten.

Ähnlich dem Satz vorher möchte er kommunizieren, dass die Liebe grenzenlos wirkt und keinerlei Regeln kennt. Sie ist wie das Meer, das sich dauernd bewegt und durch alle Ritzen hindurch Leben erschafft.

Erkenne die Weite in der Konzentration.

Weite im Sinne der Seele ist anders als die Weite, die ihr kennt. Die Seele erfährt Weite über das Gefühl der Dehnung in die

∞

unterschiedlichen Formen des Seins. Das zu erkennen und erfahren, lebt die Konzentration in euch. Nutzt sie und übt, die Impulse der Seele noch deutlicher zu empfangen. Das Wandeln, das Formen, das Fühlen als etwas viel, viel Größeres als ihr in diesem Körper wahrnehmen könnt. Geht über diese Grenzen hinaus über die Konzentration auf euch selbst.

Lebe warm und weich.

Wärme für den Körper bedeutet Entspannung für ihn und Weichheit auch. Diese beiden Komponenten sind die Voraussetzung für die körperliche Entspannung und bieten dadurch die Möglichkeit, die Seele besser zu empfinden. Daher vergesst nie, die Lebensumstände über die Jahre so zu bauen, zu erschaffen, dass der Körper in dem bestmöglichsten Zustand der Empfindungen seiner Werkzeuge ist, und wachst in diesem Gefühl durch die Konzentration in eure seelische Wahrnehmung.

In den Erscheinungen des Kosmos bete ihren Ursprung an.

Das Leben und all seine Ausprägungen wie auch die Existenz der Energien ohne eine Lebensform sind allesamt die Erscheinungen der Kraft der Quelle allen Seins. Das bedeutet, dass durch die Unendlichkeit des Seins und all den Ausdrucksformen dieses Seins nur ein und die gleiche Kraft lebt. Die Kraft der Quelle.

An den Grenzen deiner Aufmerksamkeit erweitere deine Aufmerksamkeit.

Das Wirken als Mensch ist durch ganz unterschiedliche Aspekte des Äußeren beeinflusst. Die entscheidende Komponente, die äußeren Ablenkungen zu kontrollieren, ist die Aufmerksamkeit, das bewusste Lenken der Aufmerksamkeit. Durch diese Möglichkeit des bewussten Werkzeuges freier Wille kann die Aufmerksamkeit auf Dinge oder Taten durch Konzentration so gelenkt werden, dass all die äußeren Umstände ausgeblendet werden. Dies ist ein wichtiger Faktor zu erkennen, dass ihr die wirklichen Meister des Schicksals seid, das euch lenkt. Denn nicht das Außen lenkt euch sondern ihr!

Lebe jeden Augenblick in der Freude, ihn erlebt zu haben, er ist ein Lehrmeister deiner Seele.

Die Freude als das Lebenselixier der Seele habe ich nun schon sehr oft beschrieben. Der Hinweis auf dieses Lebenselixier der Seele kann dennoch nicht genügend geschehen. Die Weite des Kosmos, die Tiefe der Seele - all dies kann nur erfahren werden durch die Kraft der Freude in dir. Sei bewusst, dass du weit mehr bist als die Formen deines Körpers und erkenne die Freude als die dich am stärksten fortbewegende und belebende Kraft allen Seins.

Der Kosmos ist deine Heimat, nicht dein Körper.

Wenn der Körper die Reise in das Leben beginnt, so dient er dir als Werkzeug, die Seele zu formen.

Vertraue der ewigen Freude.

Wer erkannt hat, dass die Freude so bedeutungsvoll ist, der lernt, diese Kraft als einen festen Bestandteil seines Lebens zu integrieren. Dem folgt das tiefe Vertrauen, dass sie die Seele weiter und weiter in unendliche Kraft weitet und die Impulse des Kosmos dabei empfängt. Das Zusammenspiel zwischen Dehnung und Konzentration in den beiden Komponenten Seele und Körper wird dann zum Spielfeld deines Wesens.

Fühle dich allen Lebewesen in Liebe verbunden.

Ja. Das würde das Leben, das ihr lebt, um ein Vielfaches verwandeln, wenn dieser Leitspruch die Schritte eures Lebens lenken würde. Denn sei der Gram noch so groß, die Enttäuschung noch so hart - die Haltung in euch ist der entscheidende, ausschlaggebende Punkt. Wer die Haltung der respektvollen und liebevollen Umgangsweise in sich trägt, der vermeidet allein durch sein Agieren sehr viel an der unbewussten Resonanz. Wer aber in Gram und Frust die Schritte seines Lebens setzt, wird die anderen Kräfte nicht zu liebevollen Aktionen bewegen. Daher, seid selbst das Vorbild, dass den anderen das Licht scheint in ihre Dunkelheit.

Befrage alle Erscheinungen, was sie sind.

Aha, wie ist das zu verstehen?

Wenn der Dschungel dich irritiert, so beginne genauer hinzuschauen: Achte auf die Bewegungen, die Worte, die Aktionen, die Haltungen und die Formulierungen deines Gegenübers. Du wirst schnell erkennen, ob du dem sanftmütigen Seelenklang der hellen Seele lauschst und begegnest, oder den lauten, aggressiven Stimmen des Egos eines Menschen. Dort, wo das Ego regiert, reagiere. Dort, wo die Seele lebt und liebt, genieße.

Ach, das hast du aber schön gesagt. Aber die Formel lautet: Befrage alle Erscheinungen, was sie sind. Damit meinst du also eher, sie zu betrachten?

Die Art der Betrachtung ist das Fragen.

Aha, okay.

336 **Genieße jeden Augenblick, halte ihn fest und lasse ihn gehen mit jedem Atemzug.**

Wenn das Leben durch die vielen Ablenkungen dich müde und kraftlos macht, so wird dies Krankheiten nach sich ziehen, die deinen Körper noch mehr schwächen. Du kannst durch die Haltung des Respekts, der Liebe, der Freude, des lebensbejahenden Seins, diesen Prozess beenden. Sobald du die kosmischen Kräfte erfühlst und lebst, wollen sie die volle Aufmerksamkeit in den Moment des Jetzt. Dann begreifst du, wie wertvoll der Augenblick, der Moment des Jetzt in deiner ewigen Existenz als Seele ist.

∞

Wenn du den Abschied von der Sehnsucht nach Abwechslung als ewige Seeligkeit erlebst, bist du im Paradies.

Wer den Abstand zu den verletzenden und machtvoll aggressiven Menschen findet, der findet auch den Abstand durch den Abschied von der Bedürftigkeit. Denn wer sehnend, neidet, belügt und betrügt, der befindet sich in einer lähmenden Bedürftigkeit. Nehmt Abschied von diesen Dingen und die Freiheit des Seins wartet. Dort dehnt ihr euch. Lebt in Freude, Kraft, Liebe und weitet die Seele noch mehr in Kraft. Dieser Schatz ist ohne menschliche Wertung weit mehr wert als alles, was ihr an Werten kennt. Abstand und Konzentration auf das Wesentliche in diesem Abstand sind der Schlüssel zur Befreiung der Seele.

Ich bin immer wieder sprachlos über diese sehr kraftvolle Wahrheit, denn eigentlich kommt man auf die Erde, um zu sein, sich mit anderen auszutauschen und in diesem Austausch zu wachsen. Dann aber wird gelehrt, der Abstand zu Menschen und Dingen, Bedürftigkeiten und Sehnsüchten sei das Wichtigste. Das heißt, man könnte jetzt sagen, die Menschen, die im Kloster leben, machen es genau richtig. Aber wir wissen, dass das nicht der Fall ist. Dennoch könnte es verwirren.

Nein. Wer die Balance schafft zwischen der von dir so benannten Kommunikation untereinander, um die Visionen zu vollziehen und zu vollbringen, doch andererseits auch im Abstand genügend Balance erschaffen hat, der hat die beste Form des Seins auf eurem Planeten gefunden. Denn er schenkt dem Ego, was es braucht, um zu wachsen und sich zu erfahren in *materiellen Dingen, aber schafft gleichzeitig auch die Basis zum Entfalten der Seele und **erlebt** diese Entfaltung dann in den Momenten und Örtlichkeiten für die Seelenentwicklung. Mehr kann ein Mensch als solcher nicht tun.*

Erkenne, dass die ewig einzige wahre Familie die Verbindung mit der Quelle ist.

Das Weiten der Seelen hat die Ursache auch in der Sehnsucht nach der Kraft, die die Seelen nährt. Dort wo die Quelle lebt und klar als solche empfangen werden kann, ist die Heimat deiner Seele. Die Formen des Körpers und der Umwelt, in der du gerade bist, erschaffen durchdringbare, dennoch aber auch blockierende Formen und diese erschaffen ein Gefühl der Getrenntheit. Du bist aber niemals wirklich getrennt, denn deine Seele braucht die Kraft der Quelle wie ihr die Luft zum Atmen. Würde die Seele diese Verbindung verlieren, so würde sie nicht mehr existieren. Doch diesen Zustand gibt es nicht. Daher erkenne die einzige wahre Familie, die Verbindung in deinen Ursprung!

Das Leben ist die Prüfung des Kosmos an eure Seele, wie bewusst sie sich und ihrer eigenen Kraft bereits geworden ist.

Möchtest du dazu etwas sagen?

Ja. Durch die Inkarnationen der Seelen beginnt die Reise des Bewusstseins. Alle Seelen die die Inkarnationen wählen verändern ihre Bewusstheit. Nicht zu inkarnieren, bedeutet keine Veränderung am Bewusstseinsgrad zu bewirken. Nur über die

Inkarnation in Körper und deren Werkzeuge wird Bewusstsein geformt.

Eine Möglichkeit des Weitens der Seele ist das betrachten der Natur.

Das ist, weil durch die Betrachtung des Momentes des natürlichen Flusses aller Dinge vergisst der Mensch die Zeit und dabei kommt er mit seiner Seele in Kontakt. Das Betrachten der Abläufe in der Natur ist wie ein Anker in das was ihr nicht Lenken könnt aber ewig wirkt.

Wenig wirken bedeutet viel wirken lassen.

Die Formel des Belebens der eigenen Impulse. Alle Kraft kann wirken über eure Impulse, aber auch ohne diese den Fluss des Seins beleben. Das eine ist das aktive Wirken und das andere das Passive, doch ohne Wirkung ist nichts auf dem Planeten oder auch im Kosmos.

Mache dir die Menschen zu Partnern.

Das ist die Formel, um in der Menschenwelt durch Netzwerken das Ziel zu erreichen, das ihr wünscht. Die Thematik, dass Menschen alleine nicht so wirkungsvoll agieren können wie in und durch eine Gruppe, haben wir bereits besprochen. Diese Formel soll das Bewusstsein an dieses Wissen erinnern. Nicht alleine geht ihr und verändert die Welt, das geht nur in dem Team, der Gruppe, die ihr führt.

Wenig Liebe empfinden ist eine Krankheit der Seele.

Das Leben ist dazu da, die Liebe und all ihre Formen zu erfahren, aber oftmals vergessen die Menschen, dass dies das Ziel ist und das lebensverändernde, verbessernde Werkzeug. Wo die Liebe wohnt, dort wächst und gedeiht die Seelenkraft. Wer seine Seelenkraft nicht pflegt, der wird sie verlieren. Nie gänzlich, aber dennoch zu einem großen Teil. Dies ist die Ursache vieler Krankheiten.

**Aus der Erkenntnis das Leben zu spielen
entsteht das mutige Handeln.**

Möchtest du dazu etwas sagen? ... Nein okay, dann gehen wir weiter.

340 **Die Ohnmacht gibt es nicht, sie ist nur Aufforderung durch das
Warten hindurch zu brechen.**

Kein Kommentar, okay.

**Wer glaubt zu Wissen, der muss das Leben wandeln
in das Vertrauen.**

Selten ist eine Aussage so wichtig wie diese. Ihr verliert euch in Wissen und Kenntnis über Dinge, die ihr am Ende doch nur mit einem kleinen Teil eurer Werkzeuge erfahren habt. Das Wissen um die Veränderbarkeit der Wahrnehmung sollte demütig machen ,dass alles das, was ihr heute meint zu wissen, keinerlei Wertigkeit hat im Großen-Ganzen. Es ist wie eine Wertung, die morgen schon ganz anders aussehen kann. Ver-

traut mehr auf das, was euch führt und lenkt, lebt und leitet. Seid verbunden mit den Kräften der Natur und des Kosmos und vertraut darauf, dass er euch niemals fallen lässt. Dort, in diesem Moment, beginnt das wirkliche Erkennen der Größe und der Gesetze allen Seins.

Mehr Liebe, weniger Hass.

Das kommentierst du nicht weiter, weil es klar ist.

Mutige Menschen bleiben verbunden mit der angstfreien Kraft in ihrer Seele.

Kein Kommentar, okay.

Wer seine Seele betrachtet, sieht den Kosmos.

Möchtest du dazu etwas sagen? ... Nein.

Alle weisen Lehrer der Menschheit wollen dir zeigen, wer du wirklich bist, aber die Antwort liegt nur in dir selbst.

Die Formel des Selbstvertrauens. Alle Antworten werden in euch geformt. Betrachtet ihr euch, so findet ihr diese Lösungen für eure Probleme und betrachtet ihr euch nicht und fragt immer und immer wieder in das Außen, so werden sich dir Antworten in euch nicht formen können.

**Ohne Dankbarkeit keine Würde, ohne Würde keine Größe,
ohne Größe keine Kraft.**

Kein Kommentar, okay.

**Wenn auch das Leben sich wandelt in stetigen Beginn und
Ende, so bleibt doch die Seelenkraft auf ewig erhalten.
Du bist ewig.**

*Die Formel der Ewigkeit. Wer erkennt, dass alles, was ihr hier
tut nur der Dauer dieser Zeit und den Umständen dieser Zeit
betrifft, der geht spielerischer, weiser und kraftvoller dieses
Spiel an. Vertraut, dass alles geführt und beschützt wirkt und
lebt diese Dankbarkeit dieser Kraft gegenüber. Dort wohnt
auch eure Kraft.*

342

**Wirke durch das Wunder des Seins
aber vergesse nie dich selbst.**

*Mache dir die Werkzeuge deines Körpers zu nutze und er-
fahre die Lebendigkeit deiner Seelenkraft in diesem Körper
als unendlich.*

Ohnmacht ist eine Illusion. Befreie dich davon und werde ganz.

Kein Kommentar.

**Wenn die mühsamen Schritte des Seins weniger Kraft in dir er-
zeugen, zögere nicht länger die Blockaden zu durchbrechen.**

∞

Kein Kommentar.

Alle Sehsucht des Seins ist das Verlangen deiner Seele durch alle Phasen des Seins zu wachsen. Neugier treibt deine Wünsche, deine Wünsche treiben den Auftritt deines Egos.

Das ist eine spannende Brücke, die du da baust übrigens.

Danke. Aber ich möchte zeigen, wie alles miteinander wirkt und auch das Ego deines Lebenskörpers die Berechtigung hat als Brücke in deine Seelenkraft.

Du meinst also, dass Ego ist durchaus auch eine treibende oder eine arbeitende, eine formende Kraft?

Das Ego beginnt die materiellen Wünsche zu formen und die Seele bringt diese in kosmische Form. Beide wirken gemeinsam. Liebevoll und kraftvoll sollten sie sein.

Wenn du die dunklen Gedanken deines Lebens aus deinem Körper befreist durch Freude, so wird deine Liebe wachsen.

Kein Kommentar.

Wer Mut in seiner Seele trägt, wird das Leben anders wahrnehmen als der ängstliche.
Lebt den Mut und das Leben wird aktiv.

Durch die Kraft der Aktion, der Aktivität wird die Ohnmacht überwunden, das ängstliche geheilt und die Verbindung in den

Kosmos über das erfahrene Vertrauen weiter und weiter gestärkt. Somit ist Mut ein ganz wichtiges Werkzeug, um in eure Kraft zu kommen aus den Ketten des Menschseins heraus.

Über den Fokus auf das Schöne in euren Leben wird die Weite der Freiheit euer Geschenk.

Du weißt bereits, dass Freiheit das höchste Gut des Kosmos ist. So ist die Schönheit, ähnlich der Kraft der Mut zur Überwindung der Angst, die Brücke in die Freiheit. Und dort wo ihr euch frei fühlt, wächst die Seelenkraft und damit ihr. Nichts ist schöner, als dieses Wachstum zu begleiten.

Alle Liebe braucht Wiederholung.

Die Formel der Wiederholung. Alles auf dem Planeten in eurer Welt braucht Wiederholung, um wirkungsvoll zu sein. Die Liebe als kosmische Kraft selbst braucht diese auch, um von euch und den Mitmenschen wirklich aufgenommen und verstanden zu werden. Durchaus reicht ein einziger Impuls um wirkungsvoll zu sein, doch möchte ich darauf hinweisen, dass die Wiederholung um ein vielfaches wirkungsvoller ist.

Wenn durch das Beleben deiner weniger bewussten Farben in dir deine Vielfalt wächst, so wirke durch diese Vielfalt und nicht länger durch die Einfachheit.
Sei immer neu und lebe dies.

Kein Kommentar, okay.

Alle Wahrnehmung ist durch die Werkzeuge bestimmt, aber vor allem durch die bewusste Nutzung dieser Werkzeuge. Lerne sie kennen und nutze sie bewusst.

Durch die Erkenntnis der Werkzeuge des Menschseins, kann die Seele wirklich wachsen. Nutzt die Werkzeuge alle und macht sie zu den Spielfiguren auf eurem Spielfeld. Leblose Werkzeuge sind verlorene Chancen.

Selbst das älteste Weinglas wird nur dann wertvoll, wenn du ihm Wertigkeit gibst. Alle materiellen Anschaffungen bedürfen der Kopplung an das Glaubensmuster in dir den Dingen eine Bedeutung zu geben.

Die Formel des Glaubens. Wertigkeit entsteht in eurem Geist und dies gilt für alle Formen der Materie. Selbst Heilung in eurem Körper ist nur über die Glaubensmuster, dass die Wirkstoffe Heilung bringen vollziehbar. Nur die Impulse des Geistes, gekoppelt an die Seele sind das, was euch wirklich lenkt. Lernt zu erkennen, dass kein Glaubensmuster auf der irdischen Welt die wahre Wirklichkeit, die wahre Wirkung, die wahre Wertigkeit des Materiellen bezeichnet. Das Geld in euren Händen ist nur ein Papier. Ihr könntet es auch wegwerfen, wenn nicht so viel Glauben daran haften würde. Die Medizin in euren Händen ist nur so wirkungsvoll wie ihr offen für ihre Wirkung seid und daran glaubt. Das Vertrauen in den Kosmos ist nur dann existent, wenn ihr vertraut. Alles, wirklich alles hat seine Ursache in dem Geistigen-Seelischen. Durch die Gedanken wird die Verbindung zwischen den Seelen und dem Körper gehalten und gepflegt. Erkennt welche

Kraft in euch wohnt und wie sie euer Leben lenkt. Baut und erschafft. Und lasst euch nicht versklaven von Glaubensmustern anderer.

Naja, dazu muss ich ganz kurz sagen, wir können nicht einfach beschließen, dass das Geld, was wir in der Hand halten ja eigentlich soviel wert ist wie unser Klopapier. Wir müssen so manchen Glaubensmustern einfach folgen, weil sie Teil eines Systems sind, das meint, alles zu erhalten, was wir sind..

Ja, aber alle anderen Glaubensmuster, in denen ihr entscheiden könnt, solltet ihr überdenken und realisieren, dass sie nur Glaubensmuster sind. Wertigkeit entsteht nur in den Menschen selbst. Sie ist nichts was der Kosmos euch vorgibt.

Hmm ... aber wenn du sagst, das höchste Gut des Kosmos ist die Freiheit, dann ist das doch auch ein Glaubensmuster.

Nein, es ist ein Faktum, dass du daran erkennst wie es den Seelen in Freiheit geht und wie denen ohne Freiheit.

Hmm ... verstehe. Das heißt als Parameter könnte man sagen, gibt es etwas, das krank macht, dann stimmt das Glaubensmuster dahinter nicht. Gibt es etwas, das gesund macht, dann ist es, selbst wenn es ein Glaubensmuster ist, gut und Gesundheit steht für gesunde Seele.

Ja, aber bitte vermenge die Worte nicht zu sehr. Freiheit ist kein Glaubensmuster - es ist die Kraft des Kosmos.

Verstehe. Das wäre als würde ich das, das Wasser fließt als ein Glaubensmuster finden, aber es ist ein Faktum.

Ja.

Sehr gut. Also eher ein Naturgesetz? Ist Freiheit ein Naturgesetz.

Ja, ein Energiegesetz.

Ahh, okay. Verstehe.

Wo der Mitmensch deine Aufmerksamkeit sucht, sieh genau hin und betrachte ihn. Liebe ist weit. Mauern sind ein Zeichen von Lieblosigkeit.

Möchtest du dazu noch etwas sagen?

Ja. Begegnest du Menschen, die dir offen und weit gegenüber stehen, so öffne dich ihnen und du wirst schöne Momente mit ihnen kreieren. Begegnest du Menschen voller Blockaden und Grenzen und Negativität, so verschließe dich und gehe in Abstand. Nur so ist Schutz möglich, der dich in deiner Kraft bewahrt.

Mhm.

Wenn das Leben durch alle Umstände weiter Kräfte kostet, achte darauf die Lebenskraft wieder herzustellen.

Kein Kommentar, okay.

**Ohne die Verbindung in die Quelle bewusst wahrzunehmen,
werdet ihr überleben, aber nicht sein.**

*Vergesst nie, dass ihr genährt werdet in eurer Seele von der
Kraft der Quelle, die ihr über das Chi atmet. Werdet euch dieser Kraft bewusst, so atmet ihr Kraft. Werdet ihr dieser Kraft
nicht bewusst, so verlebt ihr das Leben taumelnd und von den
Kräften des Kosmos am Leben erhalten. Ändert dies und werdet aktiv. Nutzt den freien Willen, das Chi in euch zu lenken,
wann immer, wo immer ihr wollt.*

Das Wirken der Ohnmacht bedingt deine Willenskraft.

*Die Formel des Willens. Ihr lebt auf einem Planeten der Ge-
gensätze. Alles was, das eine ist, kann es das andere bewirken. Somit kann das Empfinden von Ohnmacht die Willenskraft in euch fördern. Nutzt diese Formel und geht bewusst
in die Ohnmacht, um dort eure Kraft für den Willen zu finden. Nehmt dies als ein Geschenk der Kraft auf und bewegt
euch fort aus dem Empfinden der Ohnmacht in die Aktivität
des Kreierens hinein.*

**Mache das Leben zu einem Märchen
in dem das Gute immer siegen wird.**

Das ist ein schöner Spruch (Lacht). Möchtest du dazu etwas sagen?
... Nein.

∞

Menschen sind wie Tiere, aber sie besitzen das Ego, das die negativen Seiten des Tiers mehr fördert als die positiven Seiten der Seele.

Dazu gibt es nichts zu sagen.

Träume deine Schritte, bevor du sie gehst. Sie werden dich auf die unterschiedlichen Möglichkeiten aufmerksam machen, was alles möglich ist.

Seid das göttliche Wesen, das in euch lebt und nutzt die medialen Fähigkeiten, die Teil eurer Seele sind, um das zu träumen, was ihr wünscht und geht bewusst die einzelnen Schritte bis zu der nächsten Stufe durch. Fühlt, wo ihr euch gut fühlt und wo nicht so gut und folgt diesen Gefühlen. Dort liegt die Antwort für euer Schicksal.

Trinke die Freude des kindlichen Menschen wie das Wasser.

Heißt das ... des kindlichen Menschen, meinst du jetzt, der Kinder wie sie sich freuen, das sollen wir uns anschauen und so leben?

Nein. Werdet wie die Kinder und lebt diese Freude alle weiter, egal in welchem Alter.

Ahh, okay, ja. Aber dann hättest du auch schrieben können, werdet wie die Kinder.

Nein, weil ich die Freude benennen wollte, die in euch

schlummert, wie zu der Zeit, als ihr als Kinder wart.

Ordne dein Leben so ordnet sich dein Schicksal.

Die Formel der Ordnung. Leben braucht Ordnung. Nur wer die Übersicht und die Ordnung in seinem Leben integriert, kann dies auch lenken und seine weiteren Schritte betrachten. Wer keine Struktur und Form in sein Leben bringt, der wird taumelnd von Ereignis zu Ereignis begrenzt in seinem eigentlichen Sein.

**Vergängliches bleibt vergänglich,
Unendliches begleitet dich dabei.**

Kein Kommentar.

**Suche die Wahrheit deiner Existenz
und finde deine Bestimmung.**

Kein Kommentar.

Alle Liebe ist kostbarer als jede Materie auf eurer Welt.

Das Lieben ist das Werkzeug der Seele. Wenn ihr den Körper verlasst, so verlasst ihr die Werkzeuge dieser Form und es bleibt euch nur noch die Kraft der Liebe. Habt ihr genügend Liebe in eurem Leben angereichert, so könnt ihr euch Kraft dieser Liebe anders bewegen, anders wahrnehmen als ohne diese Kraft. Werdet euch dieser Wahrheit bewusst und lebt in

Liebe so oft, so viel und so schön ihr nur könnt. Das Leben ist vergänglich, aber der Moment der Liebe nicht.

Wow, Danke.

Durch Raum und Zeit wirken deine Schritte. Warte nicht auf die Resonanzen, sie sind immer und werden immer sein. Oftmals aber außerhalb dieses Lebens in einer anderen Zeit.

Durch das Wirken der Impulse, die ihr setzt, setzt ihr auch die Schritte für eure Zukunft. Wer glaubt, dass Resonanz sofort geschehen muss, der irrt gewaltig. Wer neidvoll fragt, warum der eine oder andere ohne sichtbaren Impuls soviel Wohlstand und Kraft erfährt, der denkt zu kurzlebig. Ihr seid weit mehr als ihr glaubt und ihr seid es schon weit länger als ihr glaubt. Alles, was euch widerfährt ist das Ergebnis der Schritte eurer anderen Leben und jeder von euch hatte andere Leben. Somit sind auch alle aktuellen Schritte wieder die Samen eurer Zukunft, eurer zukünftigen Leben, eures zukünftigen Seins. Erwartet nicht Resonanz als etwas Spiegelndes im Jetzt. Werdet euch gewiss sie ist ewig.

Mache dir deine Seele bewusst und gehe den Weg des Herzens.

Kein Kommentar.

Der Weg des Geldes ist ein Spiel, verliere dich nicht darin.

Kein Kommentar.

Werte keine Lebensweise eines anderen, beachte, ob sie dir schadet oder nicht.

Kein Kommentar.

Bleibe du selbst ohne anderen zu schaden.

Wer sich selbst verwirklichen möchte sollte dabei immer in Zusammenspiel und Bewusstheit, dass er das Ergebnis der eigenen Geschichte lebt, ohne Wertung über die anderen Menschen, agieren.

Niemals schade einem anderen und niemals bleibe bei einem Wesen das dir Schaden zufügt. Wandle weiter in Vertrauen. Wachse und erstarke.

Fühle das Gegenüber, bevor du entscheidest.

Empathie ist etwas, das euch nicht gelehrt wird. Daher möchte ich es mehrfach betonen. Fühlt: Fühlt das Gegenüber und fühlt vor allem, wie es sich fühlt, wenn ihr das was ihr jetzt sagt kommuniziert.

Miss die Liebe in den Menschen und nicht das Ego und seine Kraft.

Ohne Liebe würde der Kosmos eine Maschine sein. Ihr seid aber Seelen, und Seelen lieben. Betrachte dein Umfeld und finde die Liebe, dort ist Reichtum und Wohlstand für deine Seele. Wer stark in seinem Ego lebt, kann dir durch seine Lieblosigkeit auch schaden. Vorsicht vor den starken Egos.

∞

Sie sind lieblos, freudlos und Leid bringend.

Werde das unendliche Wesen in dir und lebe es.

Kein Kommentar.

**Betrachte das Leben als die Generalprobe,
dein Sein in Unendlichkeit ist dein wahres Ich.**

Folge deinem Herzen, nicht den Menschen.

**Lebe ohne Ängste, sie blockieren und bremsen deine Kraft,
dein Wachstum.**

Eine sehr wichtige Formel. Die Angstfreiheit ist der erste Schritt, um ganz zu euch zu kommen. Werdet angstfrei wie auch immer. Nehmt euch Hilfe, sucht euch Menschen, Formen, Mittel, egal wie, werdet angstfrei, denn nur dann kann eure Seele wirklich wachsen.

Werde Mensch, doch bleibe Seele.

Die letzte Lebensformel beschreibt, dass ihr das Körperkleid nur für eine Weile tragt, um dann wieder das zu werden, was in euch schwingt. In jeder Zelle, jeden Tag, jeder Moment, jede Sekunde. Wer glaubt, dass er von seinen Gedanken gelenkt wird, der täuscht sich leicht. Sie sind die Brücke in eure Seele. Also lebt die Seele kraftvoller und die Gedanken werden sich wandeln. Und damit auch eure Taten. Werdet freudvoll, liebevoll und kraftvoll als Mensch und wisst, wie viel

mehr ihr eigentlich seid. Wie weit ihr wirklich seid und wie ewig ihr wirklich wirkt. DANKE. LIEBE.

Noch etwas Salomon?

Nein

Gut, dann sind dies die Lebensformeln - zumindest in der Form, wie ich sie jetzt habe. Ich behalte mir vor, dass ich sie weiter lebendig halte und immer wieder ergänze, aber zum heutigen Zeitpunkt ist dies erst einmal festgehalten. Schauen wir, was noch kommt.
Danke.
Liebe.

Nachwort

Wieder ein Stück mehr aus der Welt des Kosmos gelernt.
Wieder ein bisschen weiser,
wieder ein bisschen bewusster
reisen wir durch die Zeiten.

Alles Leben vergeht
und wird doch ewig wandeln.
Alles Wissen besteht
und kommt doch immer wieder abhanden.

Ich bin dankbar und froh zugleich,
Werkzeug des Kosmos zu sein,
dieses Wissen zu bewahren,
uns daran zu erinnern.

An alles, was ist.
An die Ganzheit, die ist.
An die Ewigkeit in Deiner Seele.
An alles, was Du wirklich bist.

Um es zu lieben,
und in Liebe
weiter und immer weiter
zu wachsen.

Danke. Liebe.
Sylvia Leifheit

PS: Ich möchte dieses Werk lebendig halten, daher bitte ich Euch,
mir zu schreiben - sollte ich noch Fragen vergessen haben. Ich werde
diese in der nächsten Auflage beantworten lassen:
contact@silverline-publishing.com

Das neue Kybalion *

Aufgrund meiner eigenen Erfahrungen und Erkenntnisse möchte ich
diese Gesetze nun etwas korrigieren und dadurch vervollständigen.

1. Das Prinzip der Mentalität:
Das All ist Geist, der Kosmos ist geistig. Alles ist mit allem verbunden.

2. Das Prinzip der Entsprechung:
Wie unten, so oben, wie oben, so unten.

3. Das Prinzip der Schwingung:
Nichts ist in Ruhe, alles ist in ständiger Bewegung.
Aus sich heraus und in sich hinein sind die zwei Richtungen
dieser Bewegungen.

4. Das Prinzip der Resonanzen:
Die Resonanzen agieren und reagieren in Form von Ursachen
und Wirkungen zu- und miteinander.

5. Das Prinzip der Bewusstheit:
Energie ist Bewusstsein.
Bewusstsein formt Wahrnehmung –
Wahrnehmung formt Aufmerksamkeit.
Aufmerksamkeit formt Bewusstheit.
Bewusstheit formt bewusstes Sein.

6. Das Prinzip der Reinheit:
»Verunreinigung« ist der Auslöser für das Wachstum des Bewusstseins.

7. Das Prinzip der Transformation:
Die Gesetze sind ewig, der Geist ist ewig, aber wandelbar – von Zustand zu Zustand, von Grad zu Grad, von Lage zu Lage, von Schwingung zu Schwingung …

Die Gesetze der Dualität – wie Polarität, Geschlecht und Rhythmus – sind keine universellen Gesetze, sondern sie gelten nur in der grobstofflichen Materie bis in die erste Energiewelt hinein, aber nicht über sie hinaus.

* Aus „Das 1x1 des Seins"

Die zehn Gebote des Neuen Zeitalters *

SEI IN VERBUNDENHEIT

Alles ist mit allem verbunden. Es gibt keine Trennung außer der Illusion einer Trennung, die du selbst (er-)schaffst.

SEI GÖTTLICH

Du bist Gott. Du bist der Schöpfer deines Lebens – niemand anderes.

SEI VERANTWORTUNGSVOLL

Du trägst die Verantwortung für alles, was du tust oder nicht tust.

SEI MUTIG

Du entscheidest. Auch nicht entscheiden zu wollen ist eine Entscheidung.

SEI WACHSAM

Öffne dein Herz. Bewusstes Sein entsteht in deinem Herzen. Deine Bewusstheit bestimmt deine Wahrnehmung, und diese formt deine Erfahrungen und damit dein Wirken. Vertrauen und Hingabe sind Schlussfolgerungen der Herzöffnung.

SEI RESPEKTVOLL

Begegne den Menschen, Tieren und Pflanzen mit Respekt. Respektlosigkeit ist eine Form der Trennung. Sei dir bewusst, dass diese Trennung Resonanzen hervorruft, die dir schaden können.

SEI BEWUSST

Du bist ewig. Du bist Energie mit einem Bewusstsein, die nie verge-

∞

hen kann und durch die Zeiten, Welten und die Planeten reist.

SEI LIEBEVOLL
Liebe oder Macht. Niemand hat Macht über dich und dein Leben. Alles, was du tust – liebe es! Lieben heißt, bewusst zu sein.

SEI DANKBAR
Das Leben ist ein Geschenk, jeder Moment kehrt nie wieder zurück, daher sei dir dieser Kostbarkeit des Seins bewusst. Lebe den Moment, als sei er dein letzter hier auf diesem Planeten und in dieser Form.

SEI DIR DEINES WERTES BEWUSST
Du bist wertvoll und einzigartig. Niemand hat das Recht, dir Leid zuzufügen.

* Aus „Das 1x1 des Seins"

Bezugsquellen

Zum Stabilisieren der Energie:
Weihrauch Oman
http://www.bitto.at/

Schutz:
Ich habe lange gesucht, um ein universelles Werkzeug zu finden. Es ist leider nicht sehr günstig, aber dennoch hat es mich durch wirklich dauerhafte Effizienz überzeugt. Man sollte bei diesem Thema nicht sparen, da es essentiell für unser seelisches Wachstum ist. Dieses Produkt baut für den Träger ein Schutzfeld, das nach meinen Erfahrungen wirklich dauerhaft bestehen bleibt, ohne dass wir bewusst etwas dafür tun müssen. Man muss es nicht zwingend am Hals tragen, sondern nur in Körpernähe.
„Om Tat Sat Anhänger"
http://www.fostac.de

„Es gibt keine Grenzen, außer die unserer Wahrnehmung."
Sylvia Leifheit

Danke.

Liebe.